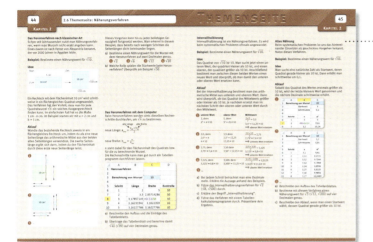

Die **Themenseite** enthält oftmals anspruchsvolle Aufgaben zu einem einzigen, interessanten Thema. Die mathematischen Inhalte werden dabei miteinander verbunden.

Der **zweite Teil** enthält „Diskussionsaufgaben": Bezieht Stellung zu den Behauptungen und begründet oder widerlegt sie. Anschließend vergleicht ihr eure Ergebnisse mit einem Partner.

Die Doppelseite **Das kann ich!** hat verschiedene Teile:
Im **ersten Teil** findet ihr Aufgaben, die ihr alleine löst. Anschließend bewertet ihr euch; die Lösungen dazu findet ihr im Anhang. Die Aufgaben sind Grundaufgaben des Kapitels, ihr solltet also einen Großteil davon gut schaffen.

Mithilfe der Tabelle im **dritten Teil** könnt ihr prüfen, was ihr gut könnt und wo ihr noch üben müsst. Ihr findet auch Seitenverweise zum Nacharbeiten.

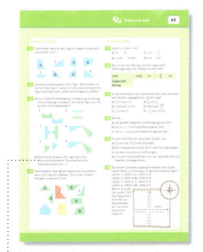

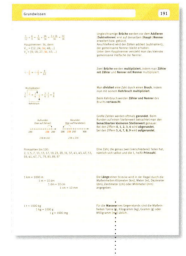

Die Seite **Auf einen Blick** enthält das Grundwissen des Kapitels in kompakter Form.

Habt ihr auch nichts vergessen? Auf den Seiten **Kreuz und quer**, die „zwischen zwei Kapiteln" stehen, könnt ihr testen, ob ihr im Stoff der zurückliegenden Kapitel bzw. Schuljahre noch fit seid.

Wollt ihr Mathe-Stoff nachschlagen, der schon länger zurückliegt? Am Ende des Buches findet ihr das **Grundwissen**.

Mathe.Logo 8

Regelschule Thüringen

Herausgegeben von Michael Kleine und Matthias Ludwig

Bearbeitet von Heiko Etzold,
Eva Fischer,
Attilio Forte,
Toralf Hieb,
Sabine Igler,
Michael Kleine,
Matthias Ludwig,
Thomas Prill,
Birgit Skorsetz

C.C.BUCHNER

Mathe.Logo 8

Regelschule
Thüringen

Dieses Werk folgt der reformierten Rechtschreibung und Zeichensetzung.
Ausnahmen bilden Texte, bei denen künstlerische und lizenzrechtliche Gründe
einer Änderung entgegenstehen.

1. Auflage [4321] 2015 2014 2013 2012
Die letzte Zahl bedeutet das Jahr dieses Druckes.
Alle Drucke dieser Auflage sind, weil untereinander unverändert, nebeneinander
benutzbar.

© 2012 C.C. Buchners Verlag, Bamberg

Das Werk und seine Teile sind urheberrechtlich geschützt. Jede Verwertung in
anderen als den gesetzlich zugelassenen Fällen bedarf der vorherigen schriftlichen
Einwilligung des Verlages. Das gilt insbesondere auch für Vervielfältigungen,
Übersetzungen und Mikroverfilmungen.
Hinweis zu § 52a UrhG: Weder das Werk noch seine Teile dürfen ohne eine solche
Einwilligung in ein Netzwerk eingestellt werden. Dies gilt auch für Intranets von
Schulen und sonstigen Bildungseinrichtungen.

Herausgeber: Michael Kleine, Matthias Ludwig
Autoren: Heiko Etzold, Eva Fischer, Attilio Forte, Toralf Hieb, Sabine Igler,
Michael Kleine, Matthias Ludwig, Thomas Prill, Birgit Skorsetz
Redaktion: Georg Vollmer
Grafische Gestaltung: Wildner + Designer GmbH, Fürth, www.wildner-designer.de
Druck- und Bindearbeiten: Stürtz GmbH, Würzburg

www.ccbuchner.de

ISBN 978-3-7661-**8431**-3

Inhalt

Mathematische Zeichen und Abkürzungen 6

1 Lineare Zuordnungen 7
1.1 Proportionale und umgekehrt proportionale Zuordnungen 8
1.2 Lineare Zuordnungen 12
1.3 Zuordnungen im Alltag 16
1.4 Vermischte Aufgaben 20
1.5 Themenseite: Mathematisch modellieren 24
1.6 Das kann ich! 26
1.7 Auf einen Blick 28
Kreuz und quer 29

2 Wurzeln 31
2.1 Quadrat- und Kubikzahlen 32
2.2 Wurzeln 34
2.3 Rechnen mit Wurzeln 38
2.4 Irrationale Zahlen 40
2.5 Vermischte Aufgaben 42
2.6 Themenseite: Näherungsverfahren 44
2.7 Das kann ich! 46
2.8 Auf einen Blick 48
Kreuz und quer 49

3 Körperbetrachtungen 51
3.1 Körper erkennen 52
3.2 Körper darstellen – Schrägbilder 54
3.3 Körper darstellen – Zweitafelbilder 58
3.4 Körper darstellen – Netze 60
3.5 Körper herstellen 62
3.6 Satz des Pythagoras 64
3.7 Pythagoras und Körper 68
3.8 Vermischte Aufgaben 70
3.9 Themenseite: Faltfiguren 72
3.10 Das kann ich! 74
3.11 Auf einen Blick 76
Kreuz und quer 77

4 Inhalt

4	**Zinsrechnung**	**79**
4.1	Grundaufgaben der Prozentrechnung	80
4.2	Vermehrter und verminderter Grundwert	84
4.3	Zinsrechnung	88
4.4	Zinsrechnung im Alltag	92
4.5	Vermischte Aufgaben	94
4.6	Themenseite: An der Börse	96
4.7	Das kann ich!	98
4.8	Auf einen Blick	100
	Kreuz und quer	101

5	**Wahrscheinlichkeitsrechnung**	**103**
5.1	Daten auswerten	104
5.2	Zufallsversuche	106
5.3	Das Gesetz der großen Zahlen	108
5.4	Laplace-Wahrscheinlichkeit	112
5.5	Wahrscheinlichkeiten im Alltag	114
5.6	Vermischte Aufgaben	118
5.7	Themenseite: Glück im Spiel	120
5.8	Das kann ich!	122
5.9	Auf einen Blick	124
	Kreuz und quer	125

6	**Terme und Gleichungen**	**127**
6.1	Terme aufstellen und vereinfachen	128
6.2	Terme umformen	130
6.3	Binomische Formeln	134
6.4	Gleichungen lösen	138
6.5	Bruchgleichungen	142
6.6	Mit Formeln umgehen	146
6.7	Vermischte Aufgaben	148
6.8	Themenseite: Rätselkönig	150
6.9	Das kann ich!	152
6.10	Auf einen Blick	154
	Kreuz und quer	155

7	**Volumen und Oberfläche**	157
7.1	Umfang eines Kreises	158
7.2	Flächeninhalt eines Kreises	160
7.3	Netze von Zylinder und Kegel	162
7.4	Oberfläche von Prisma und Zylinder	164
7.5	Oberfläche von Pyramide und Kegel	166
7.6	Volumen von Prisma und Zylinder	168
7.7	Volumen von Pyramide und Kegel	170
7.8	Volumen einer Kugel	172
7.9	Oberfläche einer Kugel	174
7.10	Zusammengesetzte Körper	176
7.11	Vermischte Aufgaben	180
7.12	Themenseite: Viva Las Vegas	184
7.13	Das kann ich!	186
7.14	Auf einen Blick	188
Kreuz und quer		189

Grundwissen 191

Lösungen zu „Das kann ich!" 197

Stichwortverzeichnis 207

Bildnachweis 208

Mathematische Zeichen und Abkürzungen

$\mathbb{N}$	Menge der natürlichen Zahlen	ggT (m; n)	größter gemeinsamer Teiler von m und n
$\mathbb{Z}$	Menge der ganzen Zahlen	H (Z)	absolute Häufigkeit, mit der das Ergebnis Z (z. B. Zahl) vorkommt
$\mathbb{Q}$	Menge der rationalen Zahlen	h (Z)	relative Häufigkeit, mit der das Ergebnis Z (z. B. Zahl) vorkommt
$\mathbb{D}$	Definitionsmenge		
$\mathbb{L}$	Lösungsmenge	$\overline{x}$	arithmetisches Mittel
$=$	gleich	P (A)	Wahrscheinlichkeit, mit dem das Ereignis A eintritt
$\approx$	ungefähr gleich	P ($\overline{A}$)	Wahrscheinlichkeit, mit dem das Gegenereignis von A eintritt
$>$	größer als	|n|	Betrag der Zahl n
$<$	kleiner als	P, A, ...	Punkte
$\geq$	größer oder gleich	P (x|y)	Punkt P mit den Koordinaten x und y
$\leq$	kleiner oder gleich	g, h, ...	Geraden, Strahlen
$\hat{=}$	entspricht	$\overline{PQ}$	Strecke mit den Endpunkten P und Q, auch Länge der Strecke
$\mid$	teilt	$\alpha, \beta, \gamma, ...$	Winkelbezeichnungen
$\nmid$	teilt nicht	°	Grad, Maßeinheit für Winkel
$+$	plus	LE	Längeneinheit
$-$	minus	u	Umfangslänge
$\cdot$	mal, multipliziert mit	r	Radius eines Kreises
$:$	geteilt durch, dividiert durch	d	Durchmesser eines Kreises
a^n	Potenz; „a hoch n"	π	Kreiszahl, $\pi \approx 3{,}14$
$\sqrt{n}$	(Quadrat-)Wurzel aus n	FE	Flächeneinheit
$\sqrt[3]{n}$	Kubikwurzel aus n	A	Flächeninhalt
$\frac{a}{b}$	Bruch mit Zähler a und Nenner b	V	Volumen, Rauminhalt
%	Prozent	$\perp$	senkrecht auf
$T_n = \{...\}$	Teilermenge der Zahl n	$\parallel$	parallel zu
$V_n = \{...\}$	Vielfachenmenge der Zahl n		
kgV (m; n)	kleinstes gemeinsames Vielfaches von m und n		

1 Lineare Zuordnungen

Einstieg

- Temperaturen werden in vielen Ländern, beispielsweise den USA, in Grad Fahrenheit (°F) anstelle von Grad Celsius (°C) angegeben. Bestimme die Temperaturangaben in der Karte in °C.
- Lege eine Wertetabelle an, die zwischen 0 °C und 100 °C in Abständen von 10 °C die zugehörigen Temperaturen in °F angibt.
- Stelle die Zuordnung *Temperatur in °C → Temperatur in °F* grafisch dar. Beschreibe den Verlauf des Graphen.

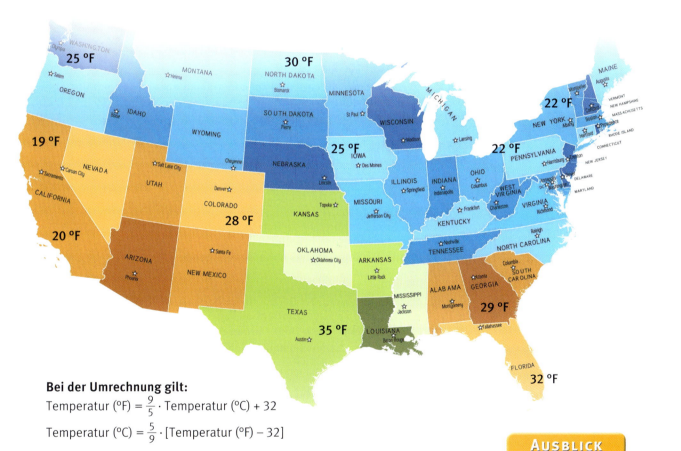

Bei der Umrechnung gilt:

Temperatur (°F) = $\frac{9}{5}$ · Temperatur (°C) + 32

Temperatur (°C) = $\frac{5}{9}$ · [Temperatur (°F) − 32]

Ausblick

Am Ende dieses Kapitels hast du gelernt, ...
- wie man proportionale und umgekehrt proportionale Zuordnungen beschreiben kann.
- was eine lineare Zuordnung ist und wie sie mit einer proportionalen Zuordnung zusammenhängt.
- wie sich die Rechenvorschriften linearer Zuordnungen bestimmen lassen.
- Zuordnungen aus dem Alltag zu beschreiben und zu untersuchen.

1.1 Proportionale und umgekehrt proportionale Zuordnungen

KAPITEL 1

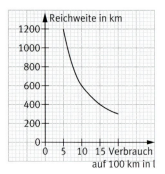

Bei einer Autovermietung sind verschiedene Fahrzeuge im Angebot, die in der Tabelle mit dem zugehörigen Tankvolumen aufgeführt sind.

	1	2	3
Auto			
Tankvolumen	45 l	55 l	70 l

- Wie teuer ist eine Tankfüllung für die einzelnen Autos, wenn man Diesel (Super E10) tankt? Beschreibe deinen Rechenweg.
- Wie groß sind jeweils die Mehrkosten für eine Tankfüllung, wenn man statt Super E10 nun Super (SuperPlus) tankt? Beschreibe dein Vorgehen.

Je nach Fahrweise kommt man mit einer Tankfüllung unterschiedlich weit. Die Abbildung zeigt verschiedene Reichweiten bei derselben Tankfüllung.

- Lies aus dem Schaubild so gut wie möglich die Reichweite für einen Verbrauch von 6 l (8 l, 11 l, 16 l) auf 100 km ab.
- Bei einem Verbrauch von 10 l auf 100 km kommt man mit einer Tankfüllung etwa 600 km weit. Berechne die Reichweite für einen Verbrauch von 5 l (15 l, 12 l) auf 100 km. Beschreibe deinen Rechenweg.

*Das Rechnen in drei Zeilen von der Ausgangsgröße auf eine geeignete Zwischengröße und dann zur gesuchten Größe nennt man **Dreisatz**.*

Eine proportionale (umgekehrt proportionale) Zuordnung liegt bereits vor, wenn nur jeweils eine der Eigenschaften erfüllt ist.

Einen solchen Graphen nennt man Hyperbel:

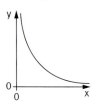

MERKWISSEN

Eine Zuordnung heißt **proportional**, wenn zum Doppelten (zum Dreifachen, …, zur Hälfte, …) der Ausgangsgröße das Doppelte (das Dreifache, …, die Hälfte, …) der zugeordneten Größe gehört. Diese Eigenschaft nutzt man beim Rechnen mit einer **Tabelle** aus.
Eine proportionale Zuordnung hat außerdem folgende Eigenschaften:

Tabelle

Anzahl Pralinen	Masse in g
6	90
2	30
8	120

:3 und ·4

Graph	Quotientengleichheit	Verhältnisgleichheit
Die Punkte liegen auf einer **Gerade durch den Ursprung**.	Der **Quotient** aus zugeordneter Größe und Ausgangsgröße ist **stets gleich**.	Zwei Ausgangsgrößen **stehen im gleichen Verhältnis** wie die zugeordneten Größen.

Eine Zuordnung heißt **umgekehrt proportional**, wenn zum Doppelten (zum Dreifachen, …, zur Hälfte, …) der Ausgangsgröße die Hälfte (ein Drittel, …, das Doppelte, …) der zugeordneten Größe gehört.
Diese Eigenschaft nutzt man beim Rechnen mit einer **Tabelle** aus. Außerdem gelten folgende Eigenschaften:

Tabelle

Anzahl Personen	Gewinn in €
10	1500
5	3000
15	1000

:2 und ·3

Graph	Produktgleichheit
Die Punkte liegen auf einer Kurve, die **Hyperbel** heißt.	Das **Produkt** aus zugeordneter Größe und Ausgangsgröße ist **stets gleich**.

KAPITEL 1

BEISPIELE

I Ein 250-g-Barren reines Gold kostet etwa 9200 €. Wie teuer sind 100 g reines Gold? Löse die Aufgabe auf verschiedene Arten.

Lösung:

Tabelle	Graph	Quotientengleichheit
Masse | Preis :5 (250 g | 9200 €) :5 ·2 (50 g | 1840 €) ·2 100 g | 3680 €	Preis in €, Masse in g; Gerade durch Ursprung, bei 100 g ≈ 3680 €	$\dfrac{x}{100\,g} = \dfrac{9200\,€}{250\,g}$ $x = \dfrac{9200\,€}{250\,g} \cdot 100\,g$ $x = 3680\,€$
Verhältnisgleichheit		**Beschreibung**
250 g ≙ 9200 € 100 g ≙ x	$x = 100\,g \cdot 9200\,€ : 250\,g$ $x = 3680\,€$	Wenn 250 g Gold 9200 € kosten, dann kostet ein Fünftel des Goldes, also 50 g, auch ein Fünftel des Preises, nämlich 1840 €. Also kosten 100 g Gold 3680 €.

II Bei einem Schulfest verkauft die Klasse 8b Kuchen vom Blech. Die Schüler möchten den Kuchen in 15 Stücke zerschneiden und jeweils 1,40 € pro Stück verlangen. Nina macht den Vorschlag, den Kuchen in nur 10 Stücke zu zerlegen. Welchen Preis sollte die Klasse 8b in diesem Fall verlangen? Löse die Aufgabe auf verschiedene Arten.

Beachte, dass die Gesamteinnahme gleich bleiben soll.

Lösung:

Tabelle	Graph	Produktgleichheit
Anzahl | Preis :3 (15 | 1,40 €) ·3 ·2 (5 | 4,20 €) :2 10 | 2,10 €	Preis in €, Anzahl; Hyperbel, bei 10 ≈ 2,10 €	$x \cdot 10 = 1,40\,€ \cdot 15$ $x = \dfrac{21\,€}{10}$ $x = 2,10\,€$
Beschreibung		
Wenn man 15 Stück für je 1,40 € verkauft, dann muss man bei einem Drittel der Menge (5 Stück) den dreifachen Preis verlangen, also 4,20 €. Somit kostet bei 10 Stücken jedes nur halb so viel wie bei 5 Stücken, nämlich 2,10 €.		

VERSTÄNDNIS

- Jede Zuordnung ist entweder proportional oder umgekehrt proportional. Stimmt das? Begründe.
- Jede (umgekehrt) proportionale Zuordnung ist stets eindeutig. Erkläre.

1.1 Proportionale und umgekehrt proportionale Zuordnungen

Aufgaben

1 Ist die Zuordnung proportional oder umgekehrt proportional? Begründe.
  a) *Anzahl der Teilnehmer bei einem Ausflug → Preis pro Teilnehmer*
  b) *Geschwindigkeit eines Pkws → Fahrzeit in h*
  c) *Anzahl der Zuckerpäckchen → Gesamtpreis in €*
  d) *Schrittlänge in cm → Anzahl der Schritte für eine Strecke*

Lösungen zu 2:
1,5; 2,25; 2,4; 3; 3,75; 4;
4,8; 5; 5$\frac{2}{3}$; 7,5; 9; 11$\frac{1}{3}$;
12,75; 16; 19,2; 22$\frac{2}{3}$; 24;
25,5; 28,8; 30; 38,4; 48;
51; 60

2 Übertrage ins Heft und ergänze die fehlenden Werte so, dass die Zuordnung ...

① proportional ist.

a)
x	1	5	12	20
y		12		

c)
x	4	10	16	32
y		12		

② umgekehrt proportional ist.

b)
x	1	2	3	4
y			17	

d)
x	2	3	8	12
y			6	

3 In Geschäften müssen die Preise für Grundmengen von 100 g oder 1 kg angegeben werden. Berechne beide Preise.

a)
300 g kosten 2,79 €.

b)
125 g kosten 0,85 €.

c)
360 g kosten 1,98 €.

4 Vervollständige die fehlenden Werte der umgekehrt proportionalen Zuordnung mithilfe der Produktgleichheit. Welche Bedeutung hat das Produkt?

a)
Anzahl Arbeiter	4	6		18
Anzahl Arbeitstage	36		16	

b)
Anzahl Gewinner	3	4		12
Gewinn pro Person in €		1592,40	663,50	

5 Bei Rasendünger wird immer angegeben, für wie viel m² die Menge reicht.

①  7,5 kg Reicht für 250 m².
②  10 kg Reicht für 330 m².
③  1,5 kg Reicht für 60 m².

  a) Bestimme für die verschiedenen Sorten die Menge, die pro m² vorgesehen ist.
  b) Berechne für jeden Rasendünger, wie weit die Menge reicht, wenn man 2 Packungen (3 Packungen, 4 Packungen, $\frac{1}{2}$ Packung, $\frac{1}{5}$ Packung) auf den Rasen streut.

6 Ein Rechteck soll einen Flächeninhalt von 72 cm² haben.
  a) Übertrage die Tabelle in dein Heft und vervollständige sie.

Länge in cm	1	2	3	4	6	8	12	18	24	36	72
Breite in cm											

Wähle einen geeigneten Ausschnitt für den Graphen.

  b) Zeichne den zugehörigen Graphen. Beschreibe seinen Verlauf.

7 Drei Becken werden gleichmäßig mit Wasser befüllt.

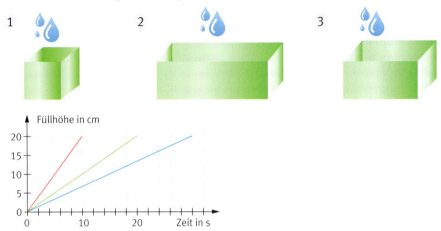

a) Welcher Graph gehört zu welchem Becken? Begründe.
b) Erstelle für jedes Becken eine Tabelle und lies die Füllhöhe nach jeweils 5 s so genau wie möglich aus den gegebenen Graphen ab.
c) Wie ändert sich pro Sekunde die Füllhöhe in jedem Becken? Bestimme.
d) Miss mit einem Lineal die Außenmaße der Becken. Welcher Zusammenhang besteht zwischen ihnen und den Ergebnissen in c)?

8 Eine Eigenschaft proportionaler Zuordnungen ist die Quotientengleichheit. Man kann sie auch verwenden, um eine Rechenvorschrift anzugeben.

> Du weißt bereits: Der Quotient, bei der die Ausgangsgröße eine Einheit ist, heißt Proportionalitätsfaktor.
>
> Alle anderen gesuchten Größen sind **Vielfache** bzw. **Teile dieser Einheit**. Man kann also eine **Rechenvorschrift** angeben:
> y = Proportionalitätsfaktor · x,
> wobei gilt:
> x: Vielfaches bzw. Anteil der Einheit
> y: zugeordnete Größe zu x
>
> **Beispiel**:
> 2 Eiskugeln kosten 1,40 €. Ermittle die Preise für verschiedene Anzahlen an Eiskugeln.
> Es gilt Quotientengleichheit, also:
>
> $$\frac{70 \text{ ct}}{1 \text{ Kugel}} = \frac{140 \text{ ct}}{2 \text{ Kugeln}} = \frac{350 \text{ ct}}{5 \text{ Kugeln}} = \ldots$$
>
> **Rechenvorschrift**:
> $y = \frac{70 \text{ ct}}{\text{Kugel}} \cdot x$
>
> x: Anzahl der Kugeln
> y: Preis für die Anzahl der Kugeln

1 3 kg Sand kosten 1,98 €.
2 35 l Super kosten 54,60 €.
3 6 Eier der Größe L wiegen 408 g.
4 Für 150 Mio. km braucht Licht 8 min.
5 Ein Turm aus 20 5-ct-Münzen ist 33,4 mm hoch.
6 45 m² eines Teppichbodens kosten 517,50 €.

a) Bestimme zu jeder Zuordnung einen Proportionalitätsfaktor und eine Rechenvorschrift. Beschreibe, was die einzelnen Teile der Rechenvorschrift bedeuten.
b) Bestimme mithilfe der Rechenvorschrift mindestens drei weitere Wertepaare.

1.2 Lineare Zuordnungen

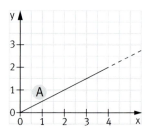

Bei Zuordnungen können Zahlen und Variablen auf verschiedene Arten miteinander verbunden werden.

	x	0	1	2	3	4	5
A	y = 0,5 · x						
B	y = 0,5 · x + 1						
C	y = 0,5 · x + 2,5						

- Übertrage die Tabelle ins Heft und vervollständige sie.
- Zeichne die Graphen zu den drei Zuordnungen.
  1. Welcher Graph gehört zu einer proportionalen Zuordnung?
  2. Wie unterscheiden sich die Graphen voneinander?
  3. Welcher Zusammenhang besteht zwischen Graph und Term?

MERKWISSEN

Eine Rechenvorschrift ist eine Gleichung, bei der jedem x-Wert ein y-Wert zugeordnet wird (bzw. umgekehrt).

Der Proportionalitätsfaktor wird mit m abgekürzt, der feste Wert mit n.

Eine Zuordnung nennt man **lineare Zuordnung**, wenn alle Wertepaare auf einer **Gerade** liegen. Die **proportionale Zuordnung** ist ein **Sonderfall** der linearen Zuordnung, deren Graph durch den Ursprung verläuft.

Zu einer **proportionalen Zuordnung** gehört eine **Rechenvorschrift** der Art:
y = Proportionalitätsfaktor m · x
kurz: y = m · x

Der Graph einer **linearen Zuordnung** ist gegenüber dem einer proportionalen Zuordnung um **einen festen Wert n** entlang der y-Achse **verschoben**. Zu einer linearen Zuordnung gehört folgende **Rechenvorschrift**:
y = Proportionalitätsfaktor m · x + fester Wert n
kurz: y = m · x + n

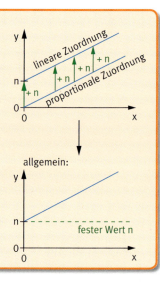

BEISPIELE

kWh ist eine Einheit für die Energie.

I Energieversorgungsunternehmen berechnen für Strom meist eine monatliche Grundgebühr sowie einen Preis für den Verbrauch pro Kilowattstunde (kWh).

a) Welche Gebühr entspricht einem Proportionalitätsfaktor m, welche einem festen Wert n? Begründe.

b) Die Stadtwerke Mühlhausen bieten Strom für eine monatliche Grundgebühr von 6 € an bei einem Verbrauchspreis von 0,25 €/kWh.
  1. Stelle eine Rechenvorschrift für den monatlichen Preis auf.
  2. Zeichne einen Graphen, der den Sachverhalt wiedergibt.

Lösung:

a) Der Preis für den Verbrauch pro kWh entspricht dem Proportionalitätsfaktor m.
Die monatliche Grundgebühr entspricht dem festen Wert n einer linearen Zuordnung.

Um den Graphen einer linearen Zuordnung zu zeichnen, benötigt man zwei Punkte. Neben dem festen Wert n auf der y-Achse bestimmt man einen weiteren Punkt.

b) 1. y = 0,25 €/kWh · x + 6 €
x: monatlicher Verbrauch in kWh;
y: Gesamtpreis

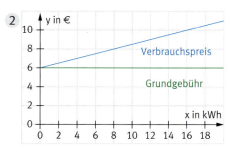

KAPITEL 1

> - Jede proportionale Zuordnung ist eine lineare Zuordnung. Erkläre.
> - Warum reichen zwei Punkte aus, um den Graphen einer linearen Zuordnung zeichnen zu können?

AUFGABEN

1 Um welche Art der Zuordnung handelt es sich? Benenne.

a) 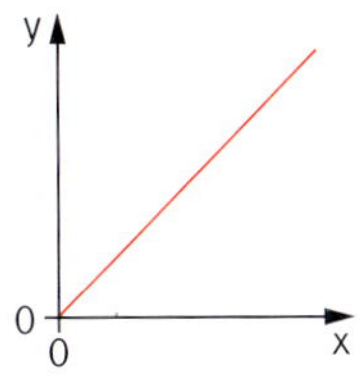 b) 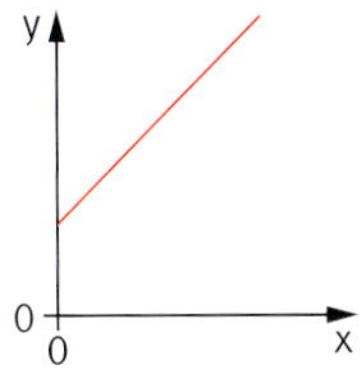 c) 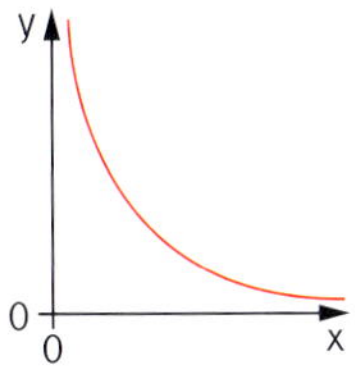 d)

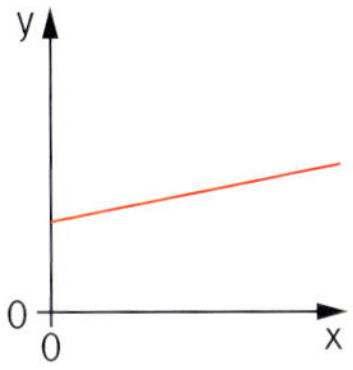

2 Bestimme die fehlenden Rechenvorschriften der Zuordnungen, wenn diejenige zum schwarzen Graphen bekannt ist.

a) 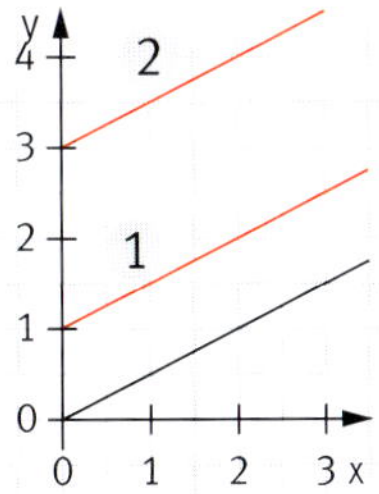 $y = \frac{1}{2}x$ b) 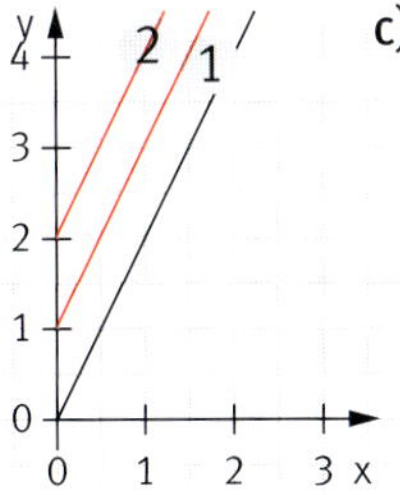 $y = 2x$ c) 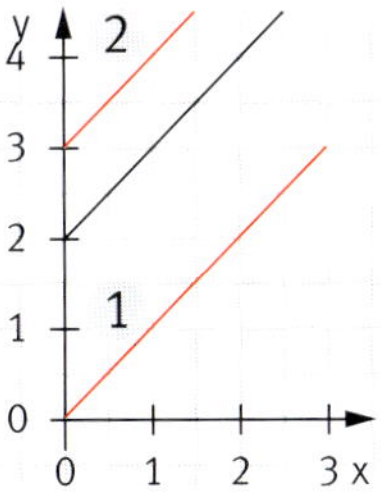 $y = x + 2$ d) 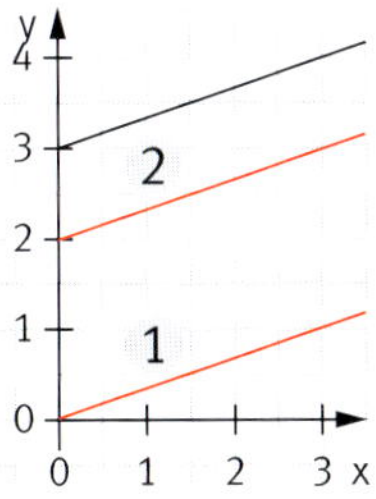 $y = \frac{1}{3}x + 3$

3
1. Bei einem Leihwagen wird eine Leihgebühr von 99 € fällig. Außerdem werden für jeden gefahrenen Kilometer noch einmal 0,11 € berechnet.
2. Bei einem Online-Kaffeeversand werden pro Kaffeepackung 3,10 € berechnet, zuzüglich einer Versandgebühr von 4,95 €.
3. Eine Online-Bank stellt monatlich eine Servicegebühr von 2,95 € in Rechnung. Außerdem wird jede Überweisung mit 0,25 € abgerechnet.
4. Eine Ferienwohnung kostet pro Tag 45 €. Unabhängig von der Aufenthaltsdauer werden für die Endreinigung 30 € erhoben.

a) Beschreibe bei jedem Sachverhalt den Proportionalitätsfaktor m.
b) Gib jeweils eine Rechenvorschrift an. Welche Bedeutung hat der feste Wert n?

4

	x	0	1	2	3	4	5	6
1	y = 2x + 4							
2	x	0	1	2	3	4	5	6
	y = 3x + 1							
3	x	0	2	4	6	8	10	12
	y = 0,25x + 6							
4	x	0	0,5	1	1,5	2	2,5	3
	y = 5x + 2,5							

a) Übertrage die Tabelle in dein Heft und vervollständige sie.
b) Zeichne den zugehörigen Graphen in ein Koordinatensystem.
c) Wie lautet die Rechenvorschrift der zugehörigen proportionalen Zuordnung?

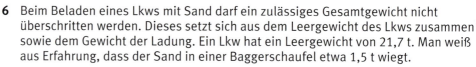

5

a) Bestimme die Rechenvorschrift für die zugehörige lineare Zuordnung.
b) Zeichne den Graphen in ein Koordinatensystem und bestimme die Rechenvorschrift, wenn der Graph parallel zur y-Achse …

   A um eine Einheit nach unten verschoben wird.
   B um drei Einheiten nach oben verschoben wird.

6 Beim Beladen eines Lkws mit Sand darf ein zulässiges Gesamtgewicht nicht überschritten werden. Dieses setzt sich aus dem Leergewicht des Lkws zusammen sowie dem Gewicht der Ladung. Ein Lkw hat ein Leergewicht von 21,7 t. Man weiß aus Erfahrung, dass der Sand in einer Baggerschaufel etwa 1,5 t wiegt.

a) Welches Gewicht entspricht beim Beladen eines Lkws einem Proportionalitätsfaktor m, welches einem festen Wert n? Begründe.
b) Stelle eine Rechenvorschrift auf, mit der man für jede Baggerschaufel Sand das Gesamtgewicht des Lkws bestimmen kann. Zeichne den zugehörigen Graphen.
c) Bestimme rechnerisch und grafisch, mit wie vielen Baggerschaufeln der Lkw beladen werden kann, bis ein Gesamtgewicht von 40 t (55 t) erreicht ist.

7 Die Graphen zeigen zwei Angebote für Mietwagen. Dabei werden neben einer Mietgebühr noch Abnutzungskosten pro gefahrenem Kilometer berechnet.

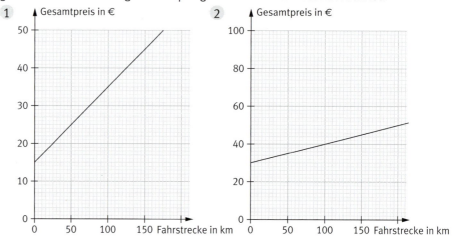

Lies so genau wie möglich ab.

a) Welche Gesamtkosten fallen für eine Fahrstrecke von 50 km (100 km, 120 km, 175 km) an?
b) Wie viele Kilometer ist jemand gefahren, der 30 € (50 €) bezahlen muss?
c) Wie teuer sind die Kosten pro Kilometer? Wie hoch ist die Mietgebühr? Stelle eine Rechenvorschrift zu diesem Sachverhalt auf. Beschreibe dein Vorgehen.
d) Beschreibe, für welche Fahrstrecken sich welches Angebot eignet.

8 1 Addiere zum Doppelten einer Zahl jeweils 0,5 hinzu.
2 Addiere zum Dreifachen einer Zahl die Zahl 2.
3 Die Zahl 4 wird jeweils zur Hälfte einer Zahl hinzugefügt.
a) Stelle eine Rechenvorschrift auf, mit der man für jede beliebige Zahl x die gesuchte Zahl y bestimmen kann.
b) Erstelle eine Wertetabelle, die für x-Werte von 0 bis 5 die y-Werte angibt.
c) Stelle mithilfe der Tabelle den Sachverhalt grafisch dar.

9 Die Abbildung zeigt die Preistabelle eines Anbieters für digitale Fotoabzüge.
a) Übertrage die Tabelle ins Heft und vervollständige sie.

	Anzahl x der Fotos	20	40	60	80	100
1	Gesamtpreis y					
2	Gesamtpreis y					
3	Gesamtpreis y					

	Größe (cm × cm)	Preis pro Abzug
1	9 × 13	0,10 €
2	10 × 15	0,15 €
3	13 × 18	0,20 €

Versandkosten: 3,00 €

b) Stelle für jede Fotogröße eine Rechenvorschrift auf, mit deren Hilfe man die Kosten bestimmen kann.
c) Zeichne die Graphen für jede Fotogröße und vergleiche sie. Beschreibe Gemeinsamkeiten und Unterschiede. Nutze die Ergebnisse aus b).
d) Ist die Zuordnung *Größe des Fotos → Preis pro Abzug* proportional? Überprüfe.

ALLTAG

Mit Tabellenprogrammen Wertetabellen anlegen

Mithilfe einer Rechenvorschrift lassen sich Wertetabellen anlegen. Für eine Wertetabelle werden zunächst die Ausgangswerte in eine Spalte eingetragen. Dieses geht beispielsweise wie folgt:

1 Reihe von natürlichen (ganzen) Zahlen   2 Zahlenreihe mit festgelegter Schrittweite:

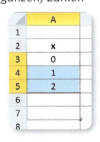

Fortsetzen wie unter 1 beschrieben

Es werden die ersten Zahlen der Reihe eingegeben und markiert. Mit dem Mauszeiger geht man zum Quadrat in der unteren Ecke: Der Zeiger wird zum Kreuz +. Bei gedrückter Maustaste setzt man die Reihe fort.

Eine Zelle mit der Schrittweite zwischen den einzelnen Werten wird festgelegt (hier B1). In der Tabelle wird der Anfangswert (hier A3) notiert. Der nächste Wert ergibt sich aus Anfangswert + Schrittweite. Da die Schrittweite sich beim Kopieren nicht ändern soll, schreibt man vor Zeilen- und Spaltenbezug ein „$"-Zeichen.

Beim ersten Ausgangswert berechnet man anschließend den zugeordneten Wert und füllt mit der Kopierfunktion aus 1 die weitere Tabelle aus.

Gegeben sind die folgenden Rechenvorschriften:
a) y = 3x + 4   b) y = 5x + 3   c) y = 4x   d) y = x + 2,5
- Lege jeweils eine Tabelle an für x-Werte zwischen 0 und 10 mit Schrittweite 1 (Schrittweite 0,5).
- Zeichne die Graphen zu den Zuordnungen mithilfe des Tabellenprogramms.

1.3 Zuordnungen im Alltag

1 Im Haushalt lassen sich oftmals die Kosten für Wasser, Strom, Gas usw. mithilfe von linearen Zuordnungen beschreiben.

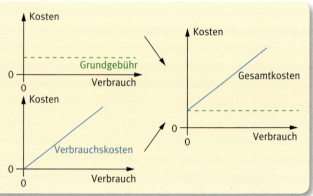

Für Wasser, Strom und Gas muss jährlich eine **Grundgebühr** entrichtet werden, die der Anbieter verlangt, um seine Fixkosten zu decken. Diese Gebühr ist unabhängig vom Verbrauch. Zusätzlich kommen noch die **verbrauchsabhängigen Kosten** hinzu.

Die Abbildungen zeigen die Wasserkosten in Abhängigkeit vom Verbrauch.

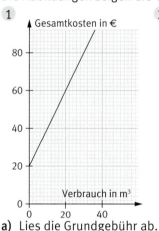
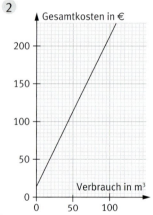
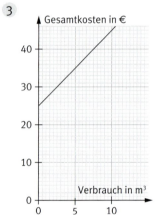

a) Lies die Grundgebühr ab.
b) Bestimme die Kosten für 1 m³ Wasser so genau wie möglich.
c) Stelle die Rechenvorschrift für die Zuordnung auf.
d) Bestimme die Kosten für einen Verbrauch von 70 m³ (120 m³, 165 m³) rechnerisch.

kWh ist eine Einheit für elektrische Energie (Kilowattstunde).

2 Die Tabellen stellen jeweils die Verbrauchs- und die Gesamtkosten für Gas in einem Jahr dar.

1
Gasverbrauch in m³	0	100	200			1000
Verbrauchskosten in €	0	90	180	450		
Gesamtkosten in €	30				660	

2
Stromverbrauch in kWh	0	200	400			2000
Verbrauchskosten in €		50	100	250		
Gesamtkosten in €		120			420	

a) Übertrage die Tabellen in dein Heft und vervollständige sie.
b) Stelle die Zuordnungen in einem Koordinatensystem dar.
c) Gib die Rechenvorschriften für die Zuordnungen an.

3 Die Abbildung zeigt einen Ausschnitt aus dem Tarifblatt für eine Wasserversorgung.

Allgemeiner Tarif für die Wasserversorgung
- Der Wasserpreis beträgt 1,87 € pro m³ (cbm).
- Grundpreis: Als monatlicher Teilbetrag des Jahresgrundpreises werden neben dem Wasserpreis für einen Hauswasserzähler 1,64 € erhoben.

a) Gib eine Rechenvorschrift an, mit der man die Gesamtkosten pro Monat und pro Jahr bestimmen kann. Worin unterscheiden sich die Rechenvorschriften?

b) Die Tabelle zeigt den aktuellen Zählerstand und den des Vorjahres an. Berechne die Gesamtkosten. Für die Abrechnung werden die Nachkommastellen vernachlässigt.

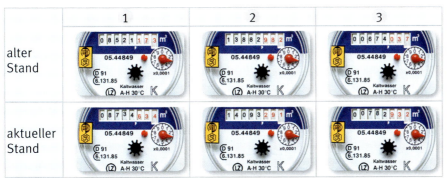

c) Wo findest du bei dir im Haus den Wasserzähler? Lies den Zählerstand ab und vergleiche ihn mit dem Zählerstand des Vorjahres. Frage dazu nach. Welche Rechenvorschrift legt der Anbieter zugrunde? Stelle die Ergebnisse deiner Klasse vor.

4 Die Stadtwerke bieten ihren Kunden verschiedene Stromtarife an.

Tarif	Classic	Best Natur	Aqua 100
Grundpreis pro Jahr	69,90 €	78,00 €	85,00 €
Arbeitspreis pro kWh	23,2 ct	22,8 ct	22,4 ct

Die Verbrauchspreise werden auch oft Arbeitspreise genannt.

a) Stelle eine Rechenvorschrift auf, mit der man für jeden Tarif die Gesamtkosten bestimmen kann. Wie lautet die zugehörige Zuordnung?

b) Lege eine Wertetabelle an und bestimme die Gesamtkosten pro Jahr für einen Verbrauch von 0 kWh, 200 kWh, 400 kWh, …, 2000 kWh.

c) Zeichne die Graphen der drei Tarife in ein einziges Koordinatensystem.

d) Ab wann lohnt sich welcher Tarif? Erkläre mit den Ergebnissen aus b) und c).

Du kannst auch ein Tabellenprogramm nutzen.

5 Bei Taxifahrten setzt sich der Gesamtpreis, der vom Fahrgast zu zahlen ist, aus der Grundgebühr, verschiedenen Zuschlägen und dem Preis für die Kilometerleistung zusammen. Die aktuellen Tarife müssen im Taxi sichtbar sein.

Grundgebühr		2,10 €
Arbeitspreis	km-Preis für die ersten 4 km	1,70 €
	km-Preis ab dem 5. km	1,50 €
Zuschläge	Kinderwagen, Rollstuhl	frei
	je Koffer im Kofferraum	0,50 €
	Großraumtaxi einmalig	3,00 €

Welche der Preise sind feste Werte, welche sind Proportionalitätsfaktoren?

1.3 Zuordnungen im Alltag

6 Ein Taxiunternehmen hat die folgenden Tarife:

Grundgebühr	1,90 €	km-Preis für die ersten 5 km	1,80 €
Wartezeit je Stunde	24,00 €	km-Preis ab dem 6. km	1,50 €

a) Frau Sabatini bestellt sich ein Taxi für die 16 km lange Fahrt zum Messezentrum. Der Taxifahrer muss vor ihrem Haus jedoch noch 8 min warten. Erkläre die nebenstehende Rechnung für den Gesamtpreis, den Frau Sabatini am Ziel bezahlen musste.

Grundgebühr		1,90 €
Fahrstrecke	5 · 1,80 €	9,00 €
	11 · 1,50 €	16,50 €
Wartezeit	$\frac{8}{60}$ · 24 €	3,20 €
Gesamtpreis		30,60 €

b) Berechne den Gesamtpreis für eine Strecke ...
  ① von 4 km (12 km) ohne Wartezeit.
  ② von 17 km mit einer Wartezeit von 12 min.
  ③ von 21 km mit einer Wartezeit von 21 min.
  ④ von Gera nach Jena hin und zurück, wenn die Entfernung der Orte voneinander 44 km beträgt, und das Taxi in Jena 38 min wartet.

7 In einem Taxameter werden die Fahrpreise bestehend aus Grundgebühr und Arbeitspreis angezeigt. Einmalige Zuschläge werden gesondert ausgewiesen.

Tarifzone 1:
Grundgebühr: 2,20 €
1,70 € pro km

Tarifzone 2:
Grundgebühr: 2,50 €
1,90 € pro km

a) Berechne jeweils die Fahrstrecke und den gesamten Fahrpreis.
b) Wie teuer wären dieselben Fahrten jeweils in Tarifzone 2? Nutze die Ergebnisse aus a).

8 In der Stadt Erfurt gelten die folgenden Taxitarife.

	werktags 5–22 Uhr	übrige Zeit
Grundpreis	2,20 €	2,30 €
km-Preis für die ersten 2 km	2,00 €	2,00 €
km-Preis ab dem 3. km	1,45 €	1,65 €

Als Werktage werden die Arbeitstage von Montag bis Freitag bezeichnet.

a) Lege eine Wertetabelle an, aus der man den Gesamtpreis werktags zwischen 5 und 22 Uhr bis zu einer Fahrstrecke von 12 km ablesen kann.
b) Erstelle mithilfe von a) einen Graphen. Wie verläuft der Graph zwischen den einzelnen Punkten? Erkläre.
c) Berechne den Gesamtpreis für eine 15 km lange Fahrstrecke ...
  ① werktags zwischen 5 und 22 Uhr. ② sonntags zwischen 5 und 22 Uhr.
d) Frau Grabowski lässt sich von einer Feier um 1 Uhr nachts mit einem Taxi nach Hause fahren. Sie muss 16,20 € bezahlen. Wie weit ist sie gefahren?
e) Erstelle weitere Aufgaben und lasse sie von einem Partner lösen.

9 Die Auswahl an Handytarifen für Gesprächsminuten ist sehr unübersichtlich. Die meisten Tarife lassen sich jedoch einigen Grundarten zuordnen.

1 keine Grundgebühr, Preis pro Minute
2 Grundgebühr, Preis pro Minute
3 Grundgebühr, Freiminuten, dann erst Preis pro Minute
4 Grundgebühr, alle Minuten sind frei („Flatrate")

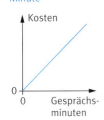
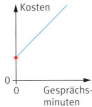
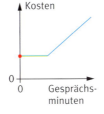

a) Ordne den Angeboten jeweils eine der vier Arten zu.

	BASE	SUN	MOON	HIGH	FREE	EASY	FUN
Grundgebühr	0 €	19,99 €	4,99 €	2,99 €	1,88 €	17,90 €	0 €
Freiminuten	0	0	100	0	50	0	0
Gesprächsminute	9 ct	0 ct	4,5 ct	6 ct	10 ct	0 ct	8 ct

b) Welchen Handytarif hast du? Lässt er sich zuordnen?
c) Um welche Art von Zuordnung handelt es sich bei den einzelnen Tarifarten?
d) Gib die Rechenvorschriften für die Tarife aus a) an, die keine Freiminuten haben.
e) Beschreibe in Worten, wie eine Rechenvorschrift zu den Tarifen MOON bzw. FREE aus Teilaufgabe a) aussehen muss.

10 a) Wie können die Handytarife zu folgenden Graphen aussehen? Beschreibe.

1
2
3
4

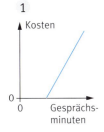
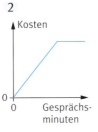
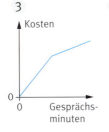
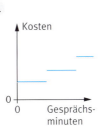

b) Erfinde selbst Tarife und zeichne die zugehörigen Graphen.

11 Die Graphen stellen die Kosten für verschiedene Handytarife (nur Gesprächszeit) dar.

a) Gib für jeden Tarif die Grundgebühr und den Minutenpreis an.
b) Bestimme grafisch und rechnerisch die Kosten bei den einzelnen Tarifen, wenn man im Monat 50 min (80 min, 100 min, 160 min) telefoniert.
c) Wann lohnt sich welcher Tarif? Beschreibe.

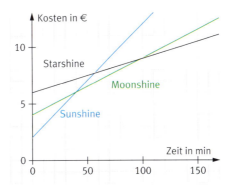

1.4 Vermischte Aufgaben

1 Untersuche, ob eine bekannte Art der Zuordnung (proportional, umgekehrt proportional, linear) vorliegt.

a)
x	3	5	9
y	1,35	2,25	4,05

b)
x	4	5	8
y	9,0	7,2	4,5

c)
x	2	5	7
y	15,6	37,5	54,6

d)
x	0	2	8
y	2,5	4,5	10,5

e)
x	2	4	5
y	$9\frac{1}{4}$	$4\frac{5}{8}$	$3\frac{7}{10}$

f)
x	4	5	8
y	4,7	5,7	8,7

g)
x	2,5	4,0	6,5
y	52,0	32,5	22,0

h)
x	1	2	7
y	5,5	6,0	8,5

i)
x	3,2	4,8	5,1
y	5,76	8,64	9,18

2 Entscheide, ob die Zuordnung linear ist oder sogar proportional. Begründe.
a) *Menge an Heizöl, die jemand kauft → Preis für das Heizöl in €*
b) *Fahrstrecke in km mit einem Taxi → Gesamtpreis in €*
c) *Fahrstrecke in km mit einem Bus → Fahrpreis in €*
d) *Anzahl der Arbeitsstunden → Arbeitslohn auf einer Rechnung*
e) *Brenndauer einer dünnen Kerne in min → Länge der Kerze in cm*

3 Auf einer Kirmes werden an einem Essensstand Tabellen angelegt, an denen man die Preise für bestellte Portionen direkt ablesen kann.

Schaschlik
1 Portion – 2,60 €
2 Portionen
3 Portionen
4 Portionen
5 Portionen

Bratwurst
1 Wurst
2 Würste – 3,60 €
3 Würste
4 Würste
5 Würste

Pommes
1 Portion
2 Portionen
3 Portionen – 4,20 €
4 Portionen
5 Portionen

Fischbrötchen
1 Brötchen
2 Brötchen
3 Brötchen
4 Brötchen
5 Brötchen – 11,25 €

Erinnere dich: Eine Zuordnung ist eindeutig, wenn jeder Ausgangsgröße genau eine Größe zugeordnet wird.

a) Übertrage die Tabellen in dein Heft und vervollständige sie.
b) Beschreibe, wie die Anzahl der Portionen mit dem Preis zusammenhängt.
c) Beschreibe die Art der Zuordnung. Ist sie eindeutig?

4 Ein Schwimmbecken wird gleichmäßig mit Wasser befüllt. Lies so genau wie möglich ab.
a) Wie viel Wasser befindet sich nach 2 h (3 h, 5 h, 6 h, 7 h) im Becken?
b) Nach welcher Zeit sind 20 000 l (50 000 l, 80 000 l) im Becken?
c) Wie viel Wasser fließt pro Stunde in das Becken? Gib eine Rechenvorschrift an, mit der man den Zufluss bestimmen kann.
d) Das Becken ist 25 m lang und 8 m breit. Das Wasser soll 1,80 m tief sein.
  ① Wie viel Wasser passt in das Becken? Gib das Ergebnis in m³ und l an.
  ② Wie lange dauert das Befüllen des Beckens? Runde geeignet.

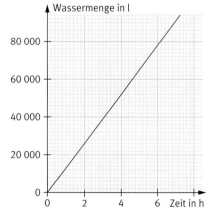

5 ① Wenn bei einem Ausflug 28 Personen mitfahren, dann muss jede Person 4,50 € bezahlen.
② Bauschutt wird abtransportiert. 4 Lkws benötigen dafür 5 Tage.
③ Wenn man auf der Autobahn die ganze Zeit 120 km/h fährt, dann dauert die Fahrt insgesamt 1,5 h.
④ Ein Sportverein verlangt von seinen 243 Mitgliedern im Jahr jeweils 23 €.
⑤ Bei einer Safari reicht der Wasservorrat für 6 Tage, wenn 5 Personen mitfahren.
a) Die Zuordnungen sind umgekehrt proportional. Welche Bedeutung hat das Produkt aus Ausgangsgröße und zugeordneter Größe? Bestimme seinen Wert.
b) Bestimme mindestens zwei weitere Wertepaare dieser Zuordnung.

6 Bei der Weinlese werden viele Helfer benötigt. Die Dauer der Ernte hängt davon ab, wie viele Helfer zur Verfügung stehen.
a) Aus Erfahrung weiß man, dass die Ernte bei 12 Helfern 5 Tage dauert. Wie lange dauert sie ungefähr bei 3 (5, 8, 15, 20) Helfern? Lege eine Tabelle an.
b) Stelle den Sachverhalt als Graphen dar.

7 Gib für die blauen und grünen Graphen jeweils eine Rechenvorschrift an.

a)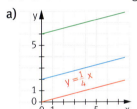
b)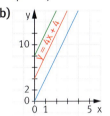
c)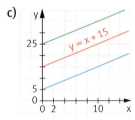

8 Die Tabelle zeigt die Tagesangebote einer Autovermietung.

Fahrzeugtyp	1	2	3	4
Grundgebühr	59 €	69 €	69 €	99 €
Preis pro km	14 ct	22 ct	19 ct	19 ct

a) Beschreibe den Sachverhalt in Worten. Welche Zuordnung liegt vor?
b) Welcher Graph gehört zu welchem Angebot? Begründe.
c) Stelle für jedes Angebot eine Rechenvorschrift auf.
d) Bestimme die Mietkosten für jeden Fahrzeugtyp, wenn man ihn einen Tag mietet und 100 km (150 km, 220 km) weit fährt.
e) Bei Mietangeboten werden oft mit der Grundgebühr auch 100 Freikilometer angeboten. Wie ändern sich die Graphen? Beschreibe.

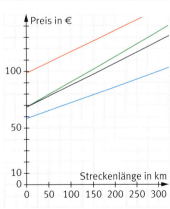

1.4 Vermischte Aufgaben

9 Herr Förster leiht sich für seinen Garten eine Fräse aus.
   a) Erkläre den dargestellten Sachverhalt.
   b) Wie hoch ist die Grundgebühr? Welche Mietkosten werden pro Stunde berechnet?
   c) Stelle eine Rechenvorschrift zu dem Sachverhalt auf.

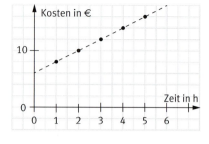

Einzelpreise
Erwachsene – 6,50 €
Schüler – 5,00 €

Gruppenpreise
ab 10 Personen:
Erwachsene – 5,50 €
Schüler – 4,00 €

ab 20 Personen:
weiterer Nachlass um 0,50 € pro Person

10 Im Goethehaus in Weimar gelten die nebenstehenden Eintrittspreise.
   a) Übertrage die Tabelle in dein Heft und ergänze sie.

Anzahl	1	2	5	8	9	10	11	12	15	18	19	20	21	22
Gesamtpreis bei … Schülern														
Gesamtpreis bei … Erwachsenen														

   b) Stelle den Sachverhalt für Schüler und Erwachsene jeweils grafisch dar. Beschreibe den Verlauf der Graphen.
   c) Sind die Zuordnungen linear (proportional)? Begründe deine Antwort.

11 Zeichne die Graphen zu folgenden linearen Zuordnungen in ein Koordinatensystem. Benenne den Faktor m der zugrunde liegenden proportionalen Zuordnung sowie den festen Wert n.
   a) $y = 2x + 4$
   b) $y = \frac{1}{4}x + 5$
   c) $y = x + 3$
   d) $y = 2 + 0,5x$

12

 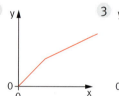 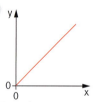

   a) Welcher Graph gehört zu einer linearen Zuordnung?
   b) Erfinde zu jedem Graphen einen passenden Sachverhalt und stelle ihn deiner Klasse vor.

13 Glühbirnen wurden in der Europäischen Union nach und nach verboten und durch sogenannte Energiesparlampen ersetzt.

kWh (Kilowattstunde) ist ein Maß für die Energie, die in einer Stunde umgewandelt wird:
$1~kWh = 1000~W \cdot h$

Bestimme die Strommenge für dieselbe Lebensdauer, bevor du die Kosten vergleichst.

Anschaffung: 14,90 €
Lebensdauer: ca. 10 000 h
Leistung: 12 Watt

Anschaffung: 0,99 €
Lebensdauer: ca. 1000 h
Leistung: 60 Watt

   a) Vergleiche die Kosten miteinander, wenn 1 kWh 19,5 ct kostet.
   b) Kritiker stellen solchen Rechnungen gegenüber, dass die Herstellung und der Materialverbrauch von Energiesparlampen nicht besonders umweltfreundlich sind. Informiere dich im Internet und stelle die Argumente deiner Klasse vor.

Kapitel 1

14 In einigen Ländern ist auch heute noch die alte Einheit oz. („Unze", engl. ounze) gebräuchlich. Bemerkenswert ist, dass die Einheit sowohl für Massen als auch Volumen verwendet wird:

a) Die Masse von Lebensmitteln wird in oz. angegeben.
1. Wie viel Unzen entsprechen 100 g?
2. Wie viel Gramm entspricht 1 Unze?
3. Zeichne einen Graphen, aus dem man für verschiedene Angaben in g die zugehörige Angabe in oz. ablesen kann.

> 188 g
> NET WT 6,63 oz.

b) Die Menge an Parfüm wird oftmals auch in der Einheit fl. oz. („Flüssigkeitsunze", engl. fluid ounze) angegeben.

1. Übertrage die Angaben in einen Graphen und verbinde die Punkte.

Volumen in ml	20	45	75	140	180
Volumen in fl. oz.	0,7	1,6	2,6	4,9	6,3

Die Angaben in der Einheit fl. oz. werden üblicherweise auf 1 Dezimale gerundet.

2. Gib mithilfe des Graphen das Fassungsvermögen folgender Flakons jeweils in der anderen Einheit an.

3,4 fl. oz.   80 ml   17 fl. oz.   15 ml

Schaue zu Hause einmal nach, ob du die Einheiten auf Produkten findest.

3. Berechne die Menge für 100 ml (1 fl. oz.) in der anderen Einheit.

c) Die Bezeichnung Unze kommt von der lateinischen Einheit Uncia und bedeutet $\frac{1}{12}$. Finde in Büchern oder im Internet heraus, von welchen Größen jeweils der zwölfte Teil gebildet wurde und präsentiere deine Ergebnisse.

Technik

Zuordnungen im Haushalt

Bei einer Kaffeemaschine lässt sich untersuchen, wie lange der Kaffee braucht, um durch die Maschine zu fließen.

- Fülle Wasser in die Maschine und stoppe die Zeit, bis das Wasser zur jeweiligen Tassenmarkierung der Kanne durchgelaufen ist. Vervollständige die Tabelle.

Anzahl Tassen	0	1	2	3	...
Zeit in s					

- Zeichne einen Graphen und beschreibe die Zuordnung.
- Erstelle eine Tabelle zur Zuordnung *Durchlaufzeit in s → Füllhöhe der Kanne in cm*. Nutze die Ergebnisse aus deiner vorherigen Messung. Zeichne und beschreibe die Art der Zuordnung.

Wie lange dauert es, um Wasser zum Sieden zu bringen?
- Besorge dir ein geeignetes Thermometer, fülle 1 l Wasser in einen Kochtopf und fixiere das Thermometer an einer festen Stelle im Wasser. Stelle den Topf auf eine Kochplatte mit voller Leistung. Miss mit einem Thermometer alle 20 s die Temperatur und trage die Werte in eine Tabelle ein.
- Zeichne den Graphen zu dem Sachverhalt und beschreibe die Zuordnung.

1.5 Themenseite: Mathematisch modellieren

Der Modellierungskreislauf
Sachaufgaben sind ein wichtiges Arbeitsgebiet in der Mathematik. Für die Bearbeitung kennst du bereits das **F**rage-**R**echnung-**A**ntwort-Schema. Dieses soll hier weiter fortgesetzt werden.
Die bisherigen Schritte bei der Bearbeitung von Sachaufgaben lassen sich wie folgt zusammenfassen:

① Du sollst den Sachverhalt **verstehen** und eine **Frage** selbst formulieren, wichtige Informationen entnehmen und **Vereinfachungen** machen.

② Du entscheidest dich für ein **mathematisches Modell** (z. B. eine proportionale Zuordnung), mit dessen Hilfe du den Sachverhalt bearbeiten möchtest, und **übersetzt** die Informationen in das mathematische Modell.

③ Du **bearbeitest** das mathematische Modell. Es gibt verschiedene Möglichkeiten (z. B. grafisch, rechnerisch, durch Argumente).

④ Du **deutest** das mathematische Ergebnis in der Realität: Sind Rundungen o. Ä. sinnvoll, …?

⑤ Du **bewertest** das reale Ergebnis im Hinblick auf den Sachverhalt: Gibt es Aspekte, die du nicht berücksichtigt hast? Waren die Vereinfachungen oder das mathematische Modell richtig?

Der Ablauf lässt sich auch als Kreislauf darstellen:

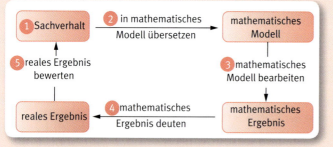

Der Windelstreit – ein Beispiel
Familie Kleine erwartet ihr erstes Kind und überlegt, welche Windeln am besten geeignet sind.

| Herr Kleine möchte Stoffwindeln nehmen. Eine Stoffwindel kostet 19,50 €. Er meint, dass 20 Stoffwindeln reichen. Pro Windel schätzt er die Waschkosten auf 10 ct. | Frau Kleine möchte gerne Einwegwindeln verwenden. Sie rechnet pro Windel mit Kosten von etwa 30 ct. |

① **Verstehen**: Die Kosten für Stoffwindeln werden mit denen von Einwegwindeln verglichen.
Frage: Was ist günstiger?
Vereinfachungen im Text:
Anzahl der benötigten Stoffwindeln (20 Stück)
Kosten für einen Waschgang (10 ct = 0,10 €)
Kosten für die Einwegwindeln (30 ct = 0,30 €)
Weitere Vereinfachung, die festgelegt wird:
Pro Tag werden etwa 5 Windeln gebraucht.

② **Mathematisches Modell**:
Modell Herr Kleine: Die Zuordnung
Anzahl Stoffwindeln → Kosten in € ist linear:
fixe Anschaffungskosten: 20 · 19,50 € = 390 €,
Waschkosten hängen von der Zahl der Windeln ab.
Modell Frau Kleine: Die Zuordnung
Anzahl Einwegwindeln → Kosten in € ist proportional.
Übersetzung in eine Rechenvorschrift
(k: Kosten; x: Anzahl der Windeln):
Modell Herr Kleine: $k_{Stoff} = 0,10\ € · x + 390\ €$
Modell Frau Kleine: $k_{Einweg} = 0,30\ € · x$

③ **Bearbeitung**: Grafische Lösung mit einem Tabellenprogramm

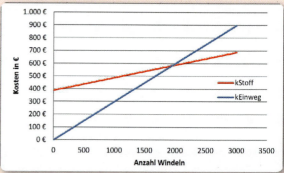

④ **Bedeutung**: Der Schnittpunkt gibt an, wann die Kosten gleich sind. Vorher sind Einwegwindeln günstiger, danach Stoffwindeln. Hier liegt der Schnittpunkt bei etwa 1950 Windeln. Bei täglich 5 Windeln wären das 390 Tage.
Antwort: Nach gut einem Jahr werden Stoffwindeln günstiger.

⑤ **Bewertung**: Jede Vereinfachung kann hinterfragt werden (z. B.: Müssen Stoffwindeln erneuert werden?). Wie sieht es mit Preissteigerungen aus? Die Berechnungen sind zwar richtig, aber es handelt sich sicherlich nur um ein einfaches Modell. In der Realität werden neben den Kosten auch andere Faktoren wie die Waschzeit bei Stoffwindeln, Umweltaspekte bei Einwegwindeln usw. wichtig sein.

THEMENSEITE

KAPITEL 1

Alles Flatrate oder was?

Flat-for-all	Surf and more
• Flat ins Festnetz • Flat in alle Handynetze • Flat ins Internet 29,99 € im Monat	9,99 € im Monat • 100 Freiminuten in alle Netze • ab Minute 101 in alle Netze 2,9 ct • Internetflat

Vergleiche die beiden Tarife mithilfe der fünf Schritte des Modellierungskreislaufs. Folgende Teilschritte können dabei helfen:

① Formuliere eine Frage und beschreibe diejenigen Vereinfachungen, die in der Aufgabe stecken, und diejenigen, die du noch treffen musst.

② Beschreibe das mathematische Modell, das du zugrunde legst.

③ Bearbeite das mathematische Modell aus ②. Entscheide dich für eine Vorgehensweise (z. B. zeichnerisch, rechnerisch).

④ Welche Bedeutung hat das Ergebnis aus ③? Beschreibe kurz.

⑤ Bewerte deine Lösung aus ④. Welche Vereinfachungen lassen sich verändern? Welche Auswirkungen haben diese Veränderungen?

Viele Wege führen nach ...
Die Karte zeigt einen Ausschnitt aus Thüringen.

Welches ist der schnellste Weg von Bad Berka nach Arnstadt?
Bearbeite die Aufgabe anhand der fünf Schritte des Modellierungskreislaufs und stelle das Ergebnis deinen Mitschülern vor.

Alles digital?
Auch in Zeiten von Digitalkameras lassen viele Menschen gerne noch Fotos entwickeln. Doch welches Angebot soll man nehmen? Stell dir vor, jemand möchte 100 Fotos entwickeln. Berate ihn und erkläre dein Vorgehen. Nutze die Schritte des Modellierungskreislaufs.

Foto-Quick

9 × 13 14 ct
10 × 15 16 ct
13 × 18 23 ct

Versandkosten: 2,95 €
ab 50 Fotos entfallen die Versandkosten

Easy-Click

Format	Einzelpreis	ab 50 Fotos
9 × 13	15 ct	12 ct
10 × 15	18 ct	15 ct
13 × 18	25 ct	20 ct

Versandkosten: 1,99 €

Der einfachste Weg zum Urlaubsfoto

1.6 Das kann ich!

Überprüfe deine Fähigkeiten und Kenntnisse. Bearbeite dazu die folgenden Aufgaben und bewerte anschließend deine Lösungen mit einem Smiley.

☺	😐	☹
Das kann ich!	Das kann ich fast!	Das kann ich noch nicht!

Hinweise zum Nacharbeiten findest du auf der folgenden Seite. Die Lösungen stehen im Anhang.

Aufgaben zur Einzelarbeit

1 Übertrage in dein Heft und ergänze die fehlenden Werte einer proportionalen Zuordnung.

a)
x	3,5	7	8,5	35
y		56		

b)
x	10,5	23,5	28,8	30,4
y				152

c)
x	2,1	3,6	4,8	9,3
y	0,7			

d)
x	6,8	9,2	12,2	17,9
y			18,3	

2 Ergänze in deinem Heft die Werte einer umgekehrt proportionalen Zuordnung.

a)
x	2	7	8	10
y			14	

b)
x	$\frac{1}{5}$	$\frac{3}{8}$	$\frac{5}{6}$	$\frac{7}{10}$
y	$17\frac{1}{2}$			

c)
x	0,3	0,4	0,6	1,5
y		2,7		

d)
x	3,5	7,5	10,5	15,0
y			$183\frac{3}{4}$	

3 Handelt es sich um eine proportionale oder eine umgekehrt proportionale Zuordnung? Begründe und gib drei mögliche Wertepaare an.
a) *Anzahl Hotelübernachtungen → Preis in €*
b) *Farbverbrauch in l → gestrichene Fläche in m²*
c) *Anzahl Teilnehmer eines Ausflugs → Preis pro Teilnehmer in €*
d) *Fahrpreis Stadtbusticket → Fahrstrecke in km*
e) *Anzahl Eiskugeln → Preis in €*
f) *Anzahl der Gewinner einer Lotterie → Gewinn pro Gewinner in €*

4 Die 60 Sänger des Steigerwaldchores Erfurt singen das Lied „Freude schöner Götterfunken" in etwa drei Minuten. Wie lange braucht ein Chor für dieses Lied, der aus 20 (45, 75) Sängern besteht?

5 Eine Schokoladenfirma rechnet für 1 kg Vollmilchschokolade mit Materialkosten von 2,50 €. Welche Materialkosten fallen bei den jeweiligen Schokoladengrößen an?

a)
b)
c)
d)

6 Bestimme den Proportionalitätsfaktor der Zuordnung und gib dann die Rechenvorschrift an.
a) Drei Kugeln Eis kosten 1,80 €.
b) 25 DIN-A4-Blätter wiegen ungefähr 125 g.
c) Ein Turm aus vier Autoreifen hat eine Höhe von 792 mm.

7 Liegt eine lineare Zuordnung vor? Begründe.
a) Taxifahrt: 2,70 € Grundgebühr; 1,30 € pro km
b)
Anzahl Bratwürste	1	2	3	4
Verkaufspreis	1,40 €	2,80 €	4,20 €	5,60 €

c)
Anzahl Stühle	20	15	12	8
Anzahl Sitzreihen	24	32	40	60

8 Welcher Graph gehört zu welchem Sachverhalt? Ordne zu und begründe.

Reparaturdienst **1**
Anfahrt: 45 €
Kosten je Stunde: 30 €

Gartengeräteverleih **2**
Grundgebühr: 8 €
1. Stunde frei
jede weitere Stunde: 4 €

Aushilfe gesucht: **3**
Stundenlohn: 12 €

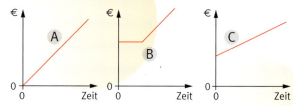

9 Bestimme die Rechenvorschrift, mit der man die Wasserkosten berechnen kann.

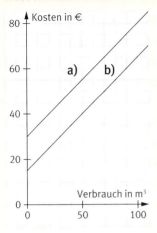

10 Stelle den Sachverhalt jeweils grafisch dar.
  a) Bei einem Autoverleih zahlt man pro Tag 25 € sowie 0,30 € pro Kilometer.
  b) Ein Schlüsseldienst berechnet 40 € für die Anfahrt sowie 35 € pro Stunde.
  c) Ein Internetdienst verlang im Monat 9,99 € sowie 0,02 € pro MB Datentransfer.
  d) Ein Telefonanbieter verlangt 29,95 € pro Monat als Flatrate. Darin sind alle Gebühren enthalten.
  e) Ein Taxiunternehmen verlangt 2,50 € für die Autofahrt als Basispreis sowie 0,90 € pro Kilometer.

11 AKTION

Smartphone für 0,- €

Tarif	Grundgebühr (pro Monat)	alle Netze (pro MB)
FUN	19,99 €	0,50 €
SUN	9,99 €	0,80 €

  a) Stelle eine Rechenvorschrift für jeden Tarif auf.
  b) Zeichne die Graphen der Tarife in ein Koordinatensystem.
  c) Vergleiche die Tarife miteinander. Wann lohnt sich welcher Tarif?

Aufgaben für Lernpartner

Arbeitsschritte
1 Bearbeite die folgenden Aufgaben alleine.
2 Suche dir einen Partner und erkläre ihm deine Lösungen. Höre aufmerksam und gewissenhaft zu, wenn dein Partner dir seine Lösungen erklärt.
3 Korrigiere gegebenenfalls deine Antworten und benutze dazu eine andere Farbe.

Sind folgende Behauptungen **richtig** oder **falsch**? Begründe schriftlich.

12 Die umgekehrt proportionale Zuordnung ist ein Sonderfall der proportionalen Zuordnung.

13 Bei einer umgekehrt proportionalen Zuordnung ist das Produkt der Wertepaare stets gleich.

14 Wird bei einer proportionalen Zuordnung die Ausgangsgröße verfünffacht, dann wird die zugeordnete Größe gefünftelt.

15 Jede lineare Zuordnung ist auch eine proportionale Zuordnung.

16 Die Vorschrift y = 2x + 4 bedeutet, dass der Graph der Zuordnung die y-Achse bei y = 2 schneidet.

17 Der Graph einer linearen Zuordnung verläuft immer durch den Ursprung des Koordinatensystems.

18 Der Graph einer linearen Zuordnung ist immer eine Gerade.

19 Eine Grundgebühr bewirkt stets eine Verschiebung des Graphen entlang der y-Achse.

Aufgabe	Ich kann ...	Hilfe
1, 2, 3, 4, 5, 12, 13, 14	proportionale und umgekehrt proportionale Zuordnungen anhand ihrer Eigenschaften erkennen und fortsetzen.	S. 8
6	eine Rechenvorschrift zu proportionalen Zuordnungen angeben und nutzen.	S. 11
7, 8, 15	entscheiden, ob eine lineare Zuordnung vorliegt.	S. 12
9, 16	die Rechenvorschrift für lineare Zuordnungen bestimmen.	S. 12
10, 17, 18	den Graph einer linearen Zuordnung zeichnen.	S. 12
11, 19	Sachaufgaben aus dem Alltag durch Zuordnungen und ihre Eigenschaften bearbeiten.	S. 16

1.7 Auf einen Blick

S. 8

Wenn 250 g Gold 9200 € kosten, dann kostet ein Fünftel des Goldes auch ein Fünftel des Preises. Also kosten 100 g Gold 3680 €.

①
Masse	Preis
250 g	9200 €
50 g	1840 €
100 g	3680 €

(:5, ·2)

②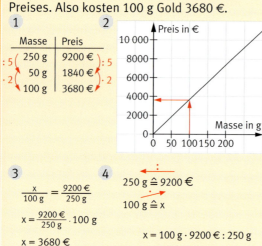

③ $\dfrac{x}{100\,g} = \dfrac{9200\,€}{250\,g}$

$x = \dfrac{9200\,€}{250\,g} \cdot 100\,g$

$x = 3680\,€$

④ 250 g ≙ 9200 €
100 g ≙ x

$x = 100\,g \cdot 9200\,€ : 250\,g$
$x = 3680\,€$

Eine Zuordnung heißt **proportional**, wenn zum Doppelten (zum Dreifachen, ..., zur Hälfte, ...) der Ausgangsgröße das Doppelte (das Dreifache, ..., die Hälfte, ...) der zugeordneten Größe gehört.
Neben dieser **Beschreibung** gibt es folgende Möglichkeiten der Darstellung:

- **Tabelle**: Berechnung mithilfe des Dreisatzes, bei dem auf beiden Seiten die gleichen Operationen durchgeführt werden.
- **Graph**: Alle Punkte liegen auf einer Gerade durch den Ursprung.
- **Quotientengleichheit**: Der Quotient aus zugeordneter Größe und Ausgangsgröße ist stets gleich.
- **Verhältnisgleichheit**: Zwei Ausgangsgrößen stehen im gleichen Verhältnis zueinander wie die entsprechenden zugeordneten Größen.

S. 8

Wenn man 15 Stück Kuchen für je 1,40 € verkauft, dann muss man, um die gleichen Einnahmen zu erzielen, bei einer Teilung des Kuchens in 10 Stücke pro Stück 2,10 € verlangen.

①
Anzahl	Preis
15	1,40 €
5	4,20 €
10	2,10 €

(:3, ·2)

③ $15 \cdot 1{,}40\,€ = 10 \cdot x$
$x = 2{,}10\,€$

Eine Zuordnung heißt **umgekehrt proportional**, wenn zum Doppelten (zum Dreifachen, ..., zur Hälfte, ...) der Ausgangsgröße die Hälfte (ein Drittel, ..., das Doppelte, ...) der zugeordneten Größe gehört.
Neben dieser **Beschreibung** gibt es folgende Möglichkeiten der Darstellung:

- **Tabelle**: Berechnung mithilfe des Dreisatzes, bei dem auf beiden Seiten die Gegenoperationen durchgeführt werden.
- **Graph**: Alle Punkte liegen auf einer Hyperbel.
- **Produktgleichheit**: Das Produkt aus zugeordneter Größe und Ausgangsgröße ist stets gleich.

S. 12

Eine Zuordnung nennt man **lineare Zuordnung**, wenn alle Wertepaare auf einer **Gerade** liegen.
Der Graph einer **linearen Zuordnung** ist gegenüber dem einer proportionalen Zuordnung um einen festen Wert entlang der y-Achse verschoben.
Es gilt folgende **Rechenvorschrift**:
$y = $ Proportionalitätsfaktor $m \cdot x + $ fester Wert n
$y = m \cdot x + n$

S. 16

Im **Alltag** kommt eine Vielzahl von Zuordnungen vor, von denen viele auch linear sind.
Der feste Wert n ist dabei oftmals eine Grundgebühr, die unabhängig von einem Verbrauch zu bezahlen ist. Zusätzlich kommen noch Kosten hinzu, die vom Verbrauch abhängen.

Prozentrechnung

1 20 % auf alles! Berechne die neuen Preise.

Swimming-Pool 99,90 €
Schlitten 59,99 €
Klapphocker 25,99 €
Bohrmaschine 159,90 €

2 Wie viel Prozent der Figuren sind gefärbt?

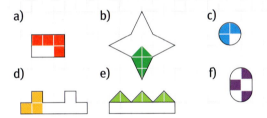

a)   b)   c)
d)   e)   f)

3 Wie viele Schüler besuchen die einzelnen Klassen?

Klasse	8a	8b	8c
Anzahl der Mädchen	5	13	17
Mädchenanteil	20 %	50 %	63 %

4 Die Schüler der 8. Klassen wurden nach ihrem Lieblingsgetränk befragt. Die Ergebnisse sind in einem Streifendiagramm eingetragen.

Cola   Tee   Limonade   — Wasser

a) Gib die Anteile der einzelnen Getränke in Prozent an. Miss die nötigen Längen.
b) Wie viele Schüler haben insgesamt an der Umfrage teilgenommen, wenn 10 Schüler Tee als ihr Lieblingsgetränk angegeben haben?
c) Führe dieselbe Umfrage in deiner Klasse durch. Stelle die Anteile ebenfalls als Streifendiagramm dar.

Flächeninhalt von Dreiecken

5 Bestimme den Flächeninhalt der abgebildeten Dreiecke. Miss die dafür nötigen Strecken aus.

6 Ordne die Dreiecke nach der Größe ihrer Flächeninhalte. Beginne mit dem kleinsten.

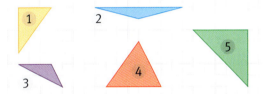

7 Berechne die fehlenden Größen des Dreiecks.

	a)	b)	c)
Grundseite g	2 cm		13 mm
Höhe h	14 mm	2,5 cm	
Flächeninhalt A		10 cm²	2,6 cm²

8 Ein Dreieck hat einen Flächeninhalt von 24 cm².
a) Zeichne ein solches Dreieck.
b) Beschreibe, wie du weitere Dreiecke mit demselben Flächeninhalt finden kannst.

9 Übertrage das Dreieck ins Heft. Zeichne mindestens zwei verschiedene weitere Dreiecke, die denselben Flächeninhalt haben.

10 Begründe ohne zu messen, warum die beiden Dreiecke denselben Flächeninhalt haben.

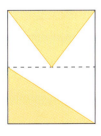

Kreuz und quer

Rechnen mit Brüchen

11 Berechne.

a) $\frac{1}{5} + \frac{3}{4}$
   $0,2 + 1,46$
   $\frac{1}{2} + 0,7$
   $\frac{8}{3} : \frac{1}{4}$

b) $\frac{7}{3} - \frac{1}{2}$
   $3,84 - 1,2$
   $2,1 - \frac{2}{5}$
   $4,8 : 2,4$

c) $\frac{1}{2} \cdot \frac{2}{3}$
   $2,3 \cdot 1,1$
   $\frac{4}{3} \cdot 1,5$
   $\frac{1}{7} : 1,5$

12 Welche Abbildung gehört zu welcher Aufgabe? Eine Abbildung bleibt übrig.

1) $\frac{1}{2} - \frac{1}{10}$ 2) $\frac{7}{6} + \frac{2}{6}$ 3) $\frac{3}{4} + \frac{1}{4}$

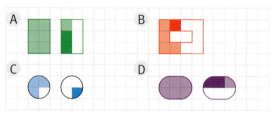

13 Stelle folgende Aufgaben durch eine Zeichnung dar und bestimme das Ergebnis.

a) $1,25 : 5$
b) $\frac{2}{5} + \frac{3}{10}$
c) $\frac{2}{3} \cdot 6$
d) $3 : \frac{1}{2}$

14 Korrigiere die Hausaufgaben von Tanja.

a) $\frac{1}{2} + \frac{1}{3} = \frac{1}{2+3} = \frac{1}{5}$

b) $0,2 + 0,35$
   $+ 0,35$
   $\overline{0,37}$

c) $\frac{7}{4} : \frac{1}{2} = \frac{7}{4} \cdot \frac{2}{1} = \frac{7}{4} \cdot \frac{8}{4}$
   $= \frac{7 \cdot 8}{4} = \frac{56}{4} = 14$

15 Gib den Umfang der Figuren an.

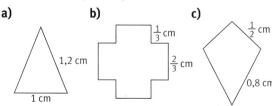

16 Ergänze zu einer wahren Aussage. Findest du mehrere Möglichkeiten?

a) $\frac{1}{\square} + \frac{1}{5} = \frac{7}{10}$
b) $3,25 - \square = 1,9$
c) $\frac{\square}{2} + \frac{7}{\square} = \frac{9}{2}$
d) $2,5 : \square = \frac{1}{\square}$

Satz des Thales

17 Konstruiere mithilfe des Thaleskreises ein Dreieck mit folgenden Maßen. Erstelle zunächst eine Planfigur.

a) $c = 5$ cm; $a = 3$ cm; $\gamma = 90°$
b) $\alpha = 90°$; $\beta = 30°$; $a = 6$ cm
c) $a = 4$ cm; $b = 10$ cm; $\beta = 90°$
d) $a = 5$ cm; $c = 8$ cm; $\gamma = 90°$

18 a) Konstruiere, ohne Winkel oder Strecken zu messen, ein gleichschenklig-rechtwinkliges Dreieck. Beschreibe dein Vorgehen.

b) Lass die Konstruktion aus a) nach deiner Beschreibung von einem Mitschüler durchführen. Kommt ihr zu demselben Ergebnis?

19 Entscheide ohne zu messen, ob das grüne Dreieck rechtwinklig ist. Begründe deine Entscheidung.

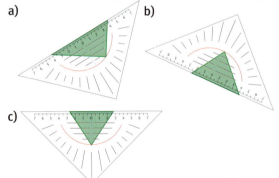

20 Konrad hat mit einem Geometrieprogramm mehrmals folgende Konstruktion durchgeführt. Er wundert sich, dass am Ende immer ein Quadrat entsteht. Kannst du ihm das erklären?

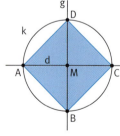

Name	Konstruktion
Punkte A und C	
Strecke d	Strecke AC
Punkt M	Mittelpunkt von d
Kreis k	Kreis durch C um M
Gerade g	Gerade durch M senkrecht zu d
Punkte B und D	Schnittpunkte von k, g
Viereck ABCD	Verbinde A, B, C, D

2 Wurzeln

Einstieg

- Der Pariser Platz in Berlin ist ein rund 1,5 ha großer quadratischer Platz, an dem das Brandenburger Tor liegt. Du läufst einmal um den Pariser Platz herum. Ermittle die Länge des Weges, den du dabei zurücklegst. Beschreibe deinen Lösungsweg.
- Wie lang ist die Strecke, wenn man einmal quer über den Pariser Platz läuft? Bestimme zeichnerisch die Länge der zurückgelegten Strecke.
- Auf dem Pariser Platz sind rechteckige Gartenanlagen. Welche Seitenlänge hat ein Quadrat mit gleichem Flächeninhalt? Beschreibe dein Vorgehen.

Ausblick

Am Ende dieses Kapitels hast du gelernt, ...
- was Quadratzahlen und Kubikzahlen sind.
- dass Quadrieren und Wurzelziehen einander umkehren.
- wie man Quadratwurzeln und Kubikwurzeln berechnet.
- wie sich Rechnungen mit Quadratwurzeln zusammenfassen lassen.
- was irrationale Zahlen sind.

2.1 Quadrat- und Kubikzahlen

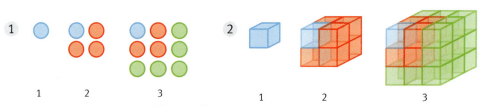

- Setze die Anordnungen ① und ② im Heft um mindestens drei Schritte fort.
- Bestimme die Anzahl der Plättchen bzw. Würfel für die einzelnen Schritte.
- Beschreibe, wie man für jede Anordnung die Anzahl der Plättchen bzw. Würfel für die n-te Figur bestimmen kann. Findest du verschiedene Möglichkeiten?

Rechenoperationen:

$a \xrightarrow{\text{Potenzieren}} a^n$

$a \xrightarrow{\text{Quadrieren}} a^2$

MERKWISSEN

Produkte aus lauter gleichen Faktoren kann man als Potenz schreiben.

5 gleiche Faktoren		Potenz		Wert
$2 \cdot 2 \cdot 2 \cdot 2 \cdot 2$	=	2^5	=	32

2^5 — Basis, Exponent

Bei Potenzen können **alle rationalen Zahlen** als **Basis a** auftreten.
Sprechweisen:
- a^2: „a hoch 2" oder „a Quadrat"
- a^3: „a hoch 3"

Ist die Basis a eine natürliche Zahl ($a \in \mathbb{N}$), dann nennt man …
- $a \cdot a = a^2$ eine **Quadratzahl**.
- $a \cdot a \cdot a = a^3$ eine **Kubikzahl**.

Kubus ist das lateinische Wort für Würfel. Bekannt ist dir die Sprechweise bei Volumeneinheiten, z. B. cm³ („Kubikzentimeter").

BEISPIELE

I Welche der Zahlen sind Quadrat- bzw. Kubikzahlen? Begründe.
  a) 1 b) 16 c) 216

Lösung:
a) Quadrat- und Kubikzahl, denn $1 = 1 \cdot 1 = 1^2$ und $1 = 1 \cdot 1 \cdot 1 = 1^3$
b) Quadratzahl, denn $16 = 4 \cdot 4 = 4^2$
c) Kubikzahl, denn $216 = 6 \cdot 6 \cdot 6 = 6^3$

Beachte: Bei Quadrat- und Kubikzahlen dürfen nur natürliche Zahlen als Basis stehen. Ansonsten spricht man allgemein von Potenzen.

II Überprüfe, ob 64 (100) eine Quadrat- und auch eine Kubikzahl ist.

Lösung:
$64 = 8 \cdot 8 = 8^2$ bzw. $64 = 4 \cdot 4 \cdot 4 = 4^3$, also gilt: 64 ist Quadrat- und Kubikzahl.
100 ist eine Quadratzahl, weil $10 \cdot 10 = 10^2 = 100$, aber keine Kubikzahl, da $4^3 = 64$ kleiner als 100 und $5^3 = 125$ größer als 100 ist.

VERSTÄNDNIS

- „Da $2^4 = 4^2$, können Basis und Exponent in einer Potenz immer vertauscht werden." Überprüfe, ob diese Aussage stimmt.
- Erkläre den Unterschied zwischen $2 \cdot 3$ und 3^2.
- Korrigiere die Aussage: „Die Basis gibt an, wie oft der Exponent mit sich selbst multipliziert wird."

KAPITEL 2

AUFGABEN

1 Übertrage die Tabelle in dein Heft und vervollständige sie bis zur Basis 20. Diese Quadrat- und Kubikzahlen kommen besonders häufig vor. Präge sie dir ein.

Basis	1	2	3	4	...	20
Quadratzahl	$1^2 = 1$	$2^2 = 4$	$3^2 = 9$		...	
Kubikzahl	$1^3 = 1$	$2^3 = 8$	$3^3 = 27$		...	

2 a) Nenne mindestens drei Quadratzahlen zwischen 500 und 1000.
b) Finde mindestens drei Kubikzahlen zwischen 10 000 und 20 000.

3 Ermittle x. Beachte die Rechenregeln.
a) $x^2 = 289$ b) $x^2 = 25$ c) $x^2 - 4 = 60$ d) $2 \cdot x^2 = 648$
e) $x^3 = 27$ f) $x^3 = 216$ g) $3x^3 = 3000$ h) $3 \cdot x^3 + 25 = 400$

Lösungen zu 3:
3; 5; 5; 6; 8; 10; 17; 18

4 Übertrage die Tabelle ins Heft und vervollständige sie.

	a	b	|a – b|	a^2	b^3	$(a + b)^2$	$b^3 - a^2$
a)	9	1					
b)	4	3					
c)	2	10					

5 Gib die fehlenden Zahlen in den Additionsmauern an. Überprüfe, ob diese Zahlen wieder Quadrat- bzw. Kubikzahlen sind.

a) oben leer; Mitte: 12^2, leer; unten: 3^2, 4^2, leer
b) Mitte: 5^3; unten: 2^3, 61, leer
c) oben leer; Mitte: 6^2, leer; unten: 5^2, leer, 3^3

Der Wert eines Steins ergibt sich aus der Summe der darunter liegenden Steine.

6 a) Berechne.
  1) 2^2; 20^2; $0,2^2$; $0,02^2$
  2) 12^2; 120^2; $1,2^2$; $0,12^2$
  3) 2^3; 20^3; $0,2^3$; $0,02^3$
  4) 5^3; 50^3; $0,5^3$; $0,05^3$

b) Welche Gesetzmäßigkeiten erkennst du in a)? Formuliere eine Regel. Überprüfe die Regel an weiteren Beispielen.

$10^2 = 100$
$100^2 = 10\,000$
$0,1^2 = 0,1 \cdot 0,1 = 0,01$
$0,01^2 = 0,01 \cdot 0,01 = ...$

7 Jede rationale Zahl kann quadriert bzw. potenziert werden. Berechne mit dem Taschenrechner. Runde auf zwei Dezimalen. Beachte die Rechenregeln.
a) $15,3^2$ b) $-37,7^2$
c) $2,7 \cdot 13,8^2$ d) $(-4,3)^2 \cdot 48,8^2$
e) $37,5^2 - 18,2^3$ f) $2,7 \cdot (18,6^2 + 27,9^2)$

8 Die Wiesen der Familien Meyer und Schmidt sind flächengleich und sollen eingezäunt werden. Die Wiese von Familie Meyer ist quadratisch, die von Familie Schmidt rechteckig. Welcher Zaun muss länger sein?

KNOBELEI

Quadratzahlen
- Bilde die Differenzen aufeinander folgender Quadratzahlen. Was stellst du fest?
- Überprüfe, ob das Ergebnis eine Quadratzahl ist.
  a) $7^2 + 24^2$ b) $36^2 + 77^2$
  Finde mindestens ein weiteres Beispiel.
- Addiere die ersten zehn Quadratzahlen. Vergleiche dein Ergebnis, indem du in den Term $\frac{1}{6} \cdot n \cdot (n + 1) \cdot (2n + 1)$ für $n = 10$ einsetzt. Überprüfe auch für $n = 11$, $n = 12$, ...

2.2 Wurzeln

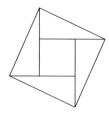

Auf dem Geobrett wurden Quadrate gespannt. Das blaue Quadrat hat einen Flächeninhalt von 1 cm².

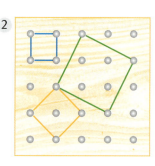

- Bestimme die Flächeninhalte der gelben und grünen Quadrate. Zerlege die Quadrate gegebenenfalls.
- Ermittle die Seitenlängen der Quadrate. Beschreibe auftretende Probleme.
- Peter: „Wenn ich die Kantenlänge eines Würfels mit einem Volumen von 27 cm³ berechnen soll, muss ich genauso vorgehen." Beschreibe, was Peter damit meint.

Radix (lat.) bedeutet „Wurzel". Radieschen sind Wurzelgemüse mit dem gleichen Wortstamm.

Kurzschreibweise:
$\sqrt{144} = \sqrt[2]{144}$

Beachte:
$\sqrt{0} = 0$, denn $0^2 = 0$
$\sqrt[3]{0} = 0$, denn $0^3 = 0$

Merkwissen

Die **Umkehrung des Potenzierens** bezeichnet man als **Wurzelziehen** (**Radizieren**).

Die **Quadratwurzel** aus einer positiven Zahl a ist diejenige positive Zahl b, die quadriert a ergibt. Wir betrachten vor allem die Quadratwurzeln von Quadratzahlen.

Es gilt: $\sqrt{a} = b$, wenn $b \cdot b = b^2 = a$ (a, b > 0)
Sprechweise: „Die 2. Wurzel aus a ist b." oder „Die Quadratwurzel aus a ist b."
Beispiel: $\sqrt{144} = 12$. „Die Quadratwurzel aus 144 ist 12."
Bedeutung: Ein Quadrat mit dem Flächeninhalt 144 cm² hat eine Seitenlänge von 12 cm.

Die **Kubikwurzel** aus einer positiven Zahl a ist diejenige positive Zahl b, deren dritte Potenz a ergibt. Wir betrachten vor allem die Kubikwurzeln von Kubikzahlen.
Es gilt: $\sqrt[3]{a} = b$, wenn $b \cdot b \cdot b = b^3 = a$ (a, b > 0)
Sprechweise: „Die 3. Wurzel aus a ist b." oder „Die Kubikwurzel aus a ist b."
Beispiel: $\sqrt[3]{729} = 9$. „Die Kubikwurzel aus 729 ist 9."
Bedeutung: Ein Würfel mit einem Volumen von 729 cm³ hat die Kantenlänge 9 cm.

Beispiele

I Gegeben sind Quadrate mit den Flächeninhalten 169 cm² und 324 cm². Gib die Seitenlänge der Quadrate an. Nutze die Wurzelschreibweise.

Lösung:
$\sqrt{169 \text{ cm}^2} = 13$ cm, da 13 cm · 13 cm = 169 cm²
$\sqrt{324 \text{ cm}^2} = 18$ cm, da 18 cm · 18 cm = 324 cm²

*Die Gleichung $x^2 = 169$ beispielsweise hat die Lösungen $x = -13$ und $x = +13$ denn $(\pm 13)^2 = 169$.
Unter $\sqrt{169}$ versteht man aber nur die positive Zahl.
Bei der Gleichung $x^3 = 8$ tritt dieses Problem nicht auf, denn hier gibt es nur die Lösung $x = +2$.*

II Das Volumen eines Würfels beträgt 27 cm³ (64 dm³). Bestimme seine Kantenlänge.

Lösung:
$\sqrt[3]{27 \text{ cm}^3} = 3$ cm, da $(3 \text{ cm})^3 = 27$ cm³
$\sqrt[3]{64 \text{ dm}^3} = 4$ dm, da $(4 \text{ dm})^3 = 64$ dm³
Der Würfel ist 3 cm (4 dm) lang.

KAPITEL 2

VERSTÄNDNIS

- Überprüfe, ob es Zahlen gibt, bei denen die Quadrat- oder die Kubikwurzel die gleiche Zahl ist.
- Begründe, dass es keine Quadratwurzel aus einer negativen Zahl gibt.

AUFGABEN

1 Zeichne zwei Quadrate, die jeweils den Flächeninhalt 16 cm² (25 cm²) haben. Zerschneide beide Quadrate entlang einer Diagonalen und lege alle Teile zu einem neuen Quadrat zusammen.
  a) Gib den Flächeninhalt des Quadrats an.
  b) Bestimme die Seitenlänge des Quadrats durch Messen und rechnerisch.

2 Bestimme die Quadratwurzeln im Kopf.
  a) $\sqrt{36}$; $\sqrt{49}$; $\sqrt{81}$; $\sqrt{100}$; $\sqrt{121}$; $\sqrt{169}$; $\sqrt{225}$; $\sqrt{400}$; $\sqrt{625}$; $\sqrt{900}$; $\sqrt{10\,000}$
  b) $\sqrt{1}$; $\sqrt{0{,}64}$; $\sqrt{0{,}25}$; $\sqrt{0{,}09}$; $\sqrt{0{,}81}$; $\sqrt{1{,}21}$; $\sqrt{1{,}44}$; $\sqrt{0{,}01}$; $\sqrt{0{,}0001}$; $\sqrt{0{,}0016}$

3 Übertrage die Tabellen ins Heft und vervollständige sie.
  a) Wie lautet jeweils die zugehörige Quadratwurzel bzw. Quadratzahl?

Quadratzahl	100	□	□	324	625
Quadratwurzel	□	15	50	□	□

  b) Wie lautet jeweils die zugehörige Kubikwurzel bzw. Kubikzahl?

Kubikzahl	1	□	□	□	1 000 000
Kubikwurzel	□	3	5	50	□

4 Welche Ziffern fehlen? Bestimme die Quadratwurzel.   *Findest du mehrere Möglichkeiten?*
  a) $\sqrt{1\square 1} = 11$ b) $\sqrt{\square 00} = 10$ c) $\sqrt{14\square} = 12$ d) $\sqrt{\square 25} = \square 5$
     $\sqrt{\square 4} = 8$ $\sqrt{\square 00} = 20$ $\sqrt{25\square} = 16$ $\sqrt{\square 76} = 2\square$

WISSEN

Wurzeln mit dem Taschenrechner

Mit dem Taschenrechner kann man quadrieren (Taste z. B. x^2) und Quadratwurzeln ziehen (Taste z. B. $\sqrt{}$). Je nach Modell unterscheidet sich dabei nur die Reihenfolge, in der du die Tasten drücken musst.

Beispiel: $\sqrt{25}$
  1 Wurzeltaste zuerst: $\sqrt{}$ 25 = 5   2 Wurzeltaste zum Schluss: 25 $\sqrt{}$ = 5

Für Kubikzahlen und Kubikwurzeln gibt es bei einigen Modellen ebenfalls Tasten: x^3 bzw. $\sqrt[3]{}$.
Falls solche Tasten nicht vorhanden sind, musst du die Tasten y^x bzw. $\wedge$ für Potenzen und $\sqrt[x]{y}$ für die allgemeine Wurzel verwenden. x und y geben dabei die Reihenfolge der Eingaben an.

- Berechne mit deinem Taschenrechner: $3^2 = 9$; $3^3 = 27$; $\sqrt{16} = 4$; $\sqrt[3]{64} = 4$
- Berechne folgende Wurzeln mit dem Taschenrechner.
  a) $\sqrt{64}$; $\sqrt{361}$; $\sqrt{0{,}64}$; $\sqrt{1{,}21}$; $\sqrt{0{,}49}$
  b) $\sqrt{\frac{16}{27}}$; $\sqrt{\frac{49}{196}}$; $\sqrt{\frac{361}{10\,000}}$; $\sqrt{0{,}0289}$
  c) $\sqrt[3]{64}$; $\sqrt[3]{125}$; $\sqrt[3]{0{,}001}$; $\sqrt[3]{\frac{1}{8}}$; $\sqrt[3]{\frac{27}{1000}}$
  d) $\sqrt{45}$; $\sqrt{90}$; $\sqrt[3]{20}$; $\sqrt[3]{726}$; $\sqrt[3]{117{,}25}$

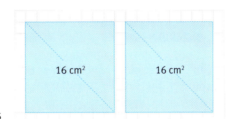

2.2 Wurzeln

5 Ermittle die Kantenlängen der Würfel.

a) $A_{Seitenfläche} = 169\ cm^2$
b) $V = 4913\ cm^3$
c) $A_O = 150\ cm^2$

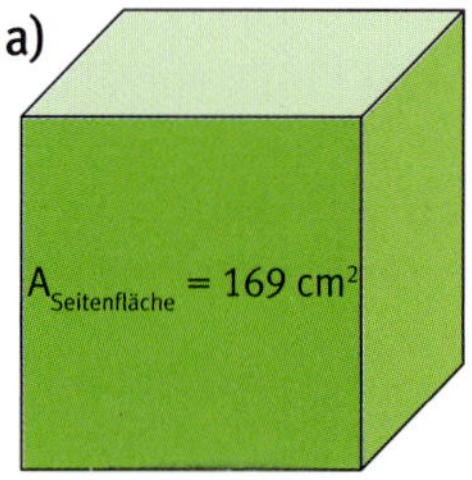

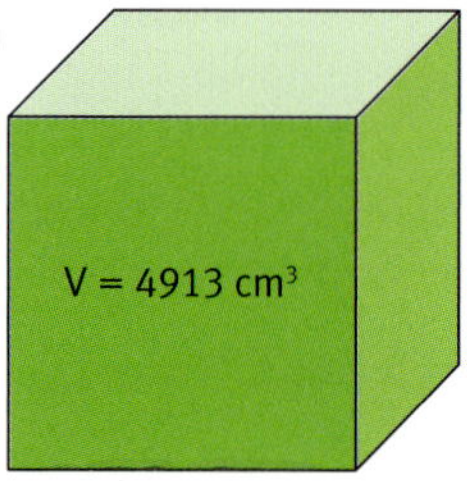

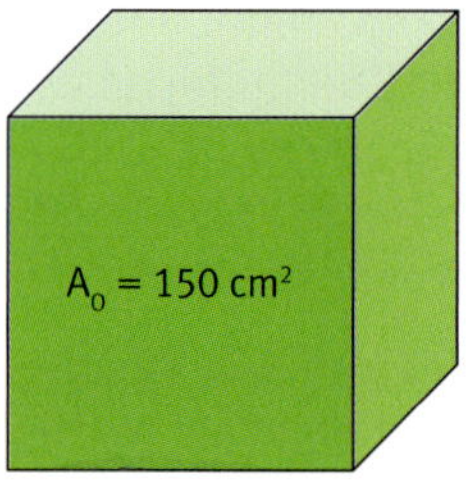

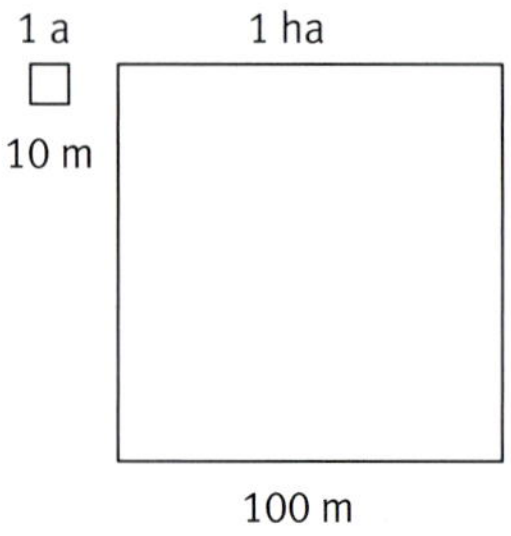

6 Im „Verwurzelten Land" gibt es nur quadratische Grundstücke und würfelförmige Häuser. Die Tabelle zeigt die zugehörigen Flächeninhalte und Volumina.

	Flächeninhalt des Grundstücks	Volumen des Hauses
Familie A	625 m²	729 m³
Familie B	25 a	343 m³
Familie C	1 ha	1000 m³

Ermittle die Seitenlängen der Grundstücke und die Kantenlängen der Häuser. Beschreibe dein Vorgehen.

1 a — 10 m · 10 m
1 ha — 100 m · 100 m

7 Gib natürliche Zahlen an, zwischen denen die Wurzel liegt. Begründe deine Antwort. Überprüfe mit dem Taschenrechner.
a) $\sqrt{12}$
b) $\sqrt{110}$
c) $\sqrt{200}$
d) $\sqrt{1000}$
e) $\sqrt[3]{200}$
f) $\sqrt[3]{700}$
g) $\sqrt[3]{1200}$
h) $\sqrt[3]{1\,000\,001}$

Runde auf eine Dezimale.

8 Schätze die Seitenlänge des Quadrats mit dem gegebenen Flächeninhalt möglichst genau ab. Überprüfe deine Schätzung mit dem Taschenrechner.

a) 15 cm²; 1 cm
b) 22 m²; 1 m
c) 750 dm²; 10 dm
d) 250 km²; 5 km

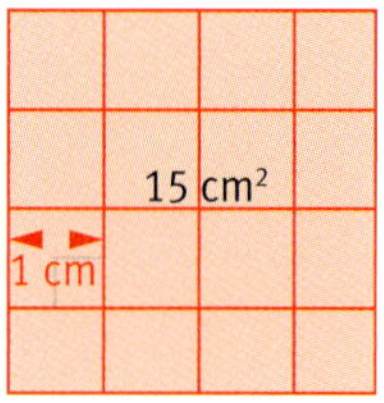

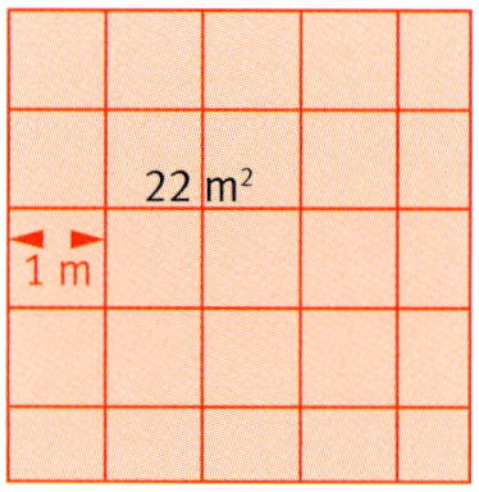

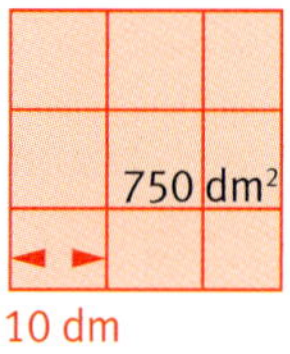

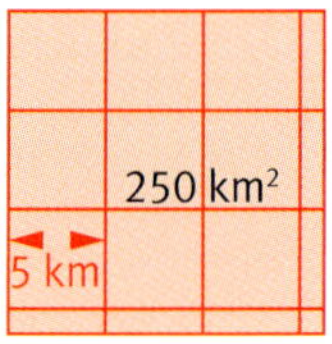

9 Grenze die Quadratwurzel zwischen zwei natürlichen Zahlen ein.
Beispiel: $\sqrt{30}$: $5 < \sqrt{30} < 6$, denn $5^2 < 30 < 6^2$

a) $\sqrt{20}$, $\sqrt{40}$, $\sqrt{50}$
b) $\sqrt{12}$, $\sqrt{18}$, $\sqrt{32}$
c) $\sqrt{70}$, $\sqrt{85}$, $\sqrt{99}$
d) $\sqrt{111}$, $\sqrt{138}$, $\sqrt{200}$
e) $\sqrt{500}$, $\sqrt{700}$, $\sqrt{999}$

Gibt es mehrere Möglichkeiten?

10 Übertrage in dein Heft und fülle die Lücken aus.
a) $7 < \sqrt{\Box\Box} < 8$
$9 < \sqrt{\Box 2} < 10$
$5 < \sqrt{\Box\Box} < 6$
b) $6 < \sqrt{4\Box} < 7$
$12 < \sqrt{1\Box 8} < 13$
$14 < \sqrt{2\Box 5} < 15$
c) $15 < \sqrt{4\Box} < 16$
$20 < \sqrt{\Box\Box\Box} < 21$
$22 < \sqrt{1\Box\Box} < 23$

11 Das Volumen eines Würfels ist gegeben. Bestimme jeweils seine Kantenlänge.
a) $V = 216\ m^3$
b) $V = 1728\ cm^3$
c) $V = 1520\frac{7}{8}\ cm^3$
d) $V = 32{,}768\ dm^3$

12 a) Ein rechteckiger Garten, der 48 m lang und 27 m breit ist, soll gegen ein gleich großes quadratisches Grundstück getauscht werden.
Bestimme dessen Seitenlänge.

b) Ein Acker hat den Grundriss eines Parallelogramms mit a = 190 m, b = 128 m und h_b = 98 m.
Welche Seitenlänge hat ein quadratischer Acker mit gleichem Flächeninhalt?

13 a) Gib das Ergebnis an.
    ① $\sqrt{10^2}$ ② $\sqrt{425^2}$ ③ $\sqrt{123\,456\,789^2}$ ④ $\sqrt{555\,554\,444\,333\,221^2}$

b) Vervollständige den Satz von Johanna.

Wenn man aus einer quadrierten Zahl die Wurzel zieht, dann ist das Ergebnis immer ...

c) Formuliere einen entsprechenden Satz für Kubikwurzeln. Gib eigene Beispiele an.

14 Berechne. Beschreibe Besonderheiten dieser Wurzeln. Finde weitere Beispiele.
  a) $\sqrt{121}$; $\sqrt{10201}$; $\sqrt{1002001}$ **b)** $\sqrt{121}$ und $\sqrt{484}$
  c) $\sqrt{10\,201}$ und $\sqrt{40\,804}$ **d)** $\sqrt{169}$ und $\sqrt{961}$

15 a) Berechne die Kubikwurzeln und setze die Reihe um mindestens 3 Schritte fort.
  ① $\sqrt[3]{8}$; $\sqrt[3]{80}$; $\sqrt[3]{800}$; $\sqrt[3]{8000}$; $\sqrt[3]{80\,000}$; $\sqrt[3]{800\,000}$; $\sqrt[3]{8\,000\,000}$; ...
  ② $\sqrt[3]{1}$; $\sqrt[3]{10}$; $\sqrt[3]{100}$; $\sqrt[3]{1000}$; $\sqrt[3]{10\,000}$; $\sqrt[3]{100\,000}$; $\sqrt[3]{1\,000\,000}$; ...
  ③ $\sqrt[3]{27}$; $\sqrt[3]{270}$; $\sqrt[3]{2700}$; $\sqrt[3]{27\,000}$; $\sqrt[3]{270\,000}$; $\sqrt[3]{2\,700\,000}$; ...

b) Welche Gesetzmäßigkeiten erkennst du? Beschreibe und überprüfe an weiteren Reihen.

16 Es gibt Zahlen, deren Wurzel auf die gleiche Endziffer endet wie die Zahl selbst.
  a) Entscheide, welche der angegebenen Wurzeln diese Eigenschaft erfüllen. Worin liegt die Ursache?
    $\sqrt{100}$ $\sqrt{144}$ $\sqrt{36}$ $\sqrt[3]{125}$ $\sqrt[3]{216}$
  b) Nenne weitere Zahlen, für die diese Eigenschaft gilt.

17 Peter hat folgende Aufgaben gelöst.
  ① $\sqrt{4000} = 200$ ② $\sqrt{2,5} = 0,5$ ③ $\sqrt{0,0169} = 0,13$ ④ $\sqrt{0,36} = 0,6$

a) Überprüfe zunächst die Rechnungen. Korrigiere, falls nötig.
b) Gib weitere Beispiele an, bei denen du mithilfe der Quadratzahlen direkt die Wurzel aus Dezimalzahlen ziehen kannst.
c) Formuliere eine allgemeine Aussage über die Kommaverschiebung beim Quadratwurzelziehen.
d) Triff eine Aussage über die Kommaverschiebung für Kubikwurzeln. Erläutere diese an Beispielen.

2.3 Rechnen mit Wurzeln

$\sqrt{7+9} \stackrel{?}{=} \sqrt{7} + \sqrt{9}$ $\qquad$ $\sqrt{9} \cdot \sqrt{4} \stackrel{?}{=} \sqrt{9 \cdot 4}$ $\qquad$ $\sqrt{\dfrac{144}{169}} \stackrel{?}{=} \dfrac{\sqrt{144}}{\sqrt{169}}$

$\sqrt{16-9} \stackrel{?}{=} \sqrt{16} - \sqrt{9}$

$\sqrt{6} \cdot \sqrt{13{,}5} \stackrel{?}{=} \sqrt{6 \cdot 13{,}5}$ $\qquad$ $\sqrt{81} + \sqrt{16} \stackrel{?}{=} \sqrt{81+16}$

$\dfrac{\sqrt{225}}{\sqrt{100}} \stackrel{?}{=} \sqrt{\dfrac{225}{100}}$ $\qquad$ $\sqrt{64} - \sqrt{15} \stackrel{?}{=} \sqrt{64-15}$

- Überprüfe, ob das Gleichheitszeichen gesetzt werden kann.
- Nenne die Rechenarten, für die die Gleichheit gilt.
- Beschreibe die Gesetzmäßigkeiten in Worten und überprüfe an weiteren Beispielen.

Merkwissen

Die **Multiplikation** und **Division** zweier Quadratwurzeln lässt sich zu einer Quadratwurzel **zusammenfassen**.

Multiplikation	**Division**
$\sqrt{a} \cdot \sqrt{b} = \sqrt{a \cdot b}$ für $a, b > 0$	$\dfrac{\sqrt{a}}{\sqrt{b}} = \sqrt{\dfrac{a}{b}}$, für $a, b > 0$
Beispiel	**Beispiel**
$\sqrt{16} \cdot \sqrt{9} = \sqrt{16 \cdot 9}$ $4 \cdot 3 = \sqrt{144}$ $12 = 12$	$\dfrac{\sqrt{9}}{\sqrt{16}} = \sqrt{\dfrac{9}{16}}$ $\dfrac{3}{4} = \dfrac{3}{4}$

Bei der **Addition** und **Subtraktion** lassen sich zwei verschiedene Quadratwurzeln **nicht** zu einer Quadratwurzel **zusammenfassen**.
Beispiel: $\sqrt{9} + \sqrt{16} \neq \sqrt{9+16} = \sqrt{25}$
$\qquad\qquad\;\; 3 + 4 \neq 5$

Beispiele

Durch das Zusammenfassen lassen sich manchmal Wurzeln einfacher ziehen.

I Vereinfache, wenn möglich.
a) $\sqrt{2} \cdot \sqrt{32}$ $\qquad$ b) $\sqrt{2} + \sqrt{32}$ $\qquad$ c) $\sqrt{2} - \sqrt{32}$ $\qquad$ d) $\dfrac{\sqrt{2}}{\sqrt{32}}$

Lösung:
a) $\sqrt{2} \cdot \sqrt{32} = \sqrt{2 \cdot 32} = \sqrt{64} = 8$
b), c) Es sind keine Vereinfachungen möglich.
d) $\dfrac{\sqrt{2}}{\sqrt{32}} = \sqrt{\dfrac{2}{32}} = \sqrt{\dfrac{1}{16}} = \dfrac{1}{4}$

II Entscheide, ob die Umformungen richtig sind.
a) $\sqrt{2} \cdot \sqrt{8} = \sqrt{2 \cdot 8} = 4$ $\qquad$ b) $\sqrt{1} - \sqrt{0} = \sqrt{1-0} = 1$
c) $\dfrac{\sqrt{40}}{\sqrt{10}} = \sqrt{\dfrac{40}{10}} = 2$ $\qquad$ d) $\sqrt{20} + \sqrt{5} = \sqrt{25} = 5$

Lösung:
a) richtig $\qquad$ b) im Allgemeinen falsch, da jedoch $\sqrt{0} = 0$ klappt dieser Sonderfall.
c) richtig $\qquad$ d) falsch

Kapitel 2

Verständnis

- Warum gilt folgende Gleichheit: $\sqrt{0} + \sqrt{0} = \sqrt{0+0}$?
- Ist $\sqrt{8} + \sqrt{6} = \sqrt{6} + \sqrt{8}$? Begründe ohne Rechnung.

Aufgaben

1 Berechne.
a) $\sqrt{12} \cdot \sqrt{3}$
b) $\dfrac{\sqrt{24}}{\sqrt{6}}$
c) $\sqrt{49} \cdot \sqrt{4}$
d) $\sqrt{144} \cdot \sqrt{9}$
e) $\sqrt{3} \cdot \sqrt{27}$
f) $\sqrt{100} : \sqrt{25}$
g) $\sqrt{45} \cdot \sqrt{5}$
h) $\sqrt{169 \cdot 16}$
i) $\sqrt{5} \cdot \sqrt{17}$
j) $\sqrt{\dfrac{36}{49}}$
k) $\sqrt{\dfrac{81}{144}}$
l) $\sqrt{225} \cdot \sqrt{\dfrac{1}{25}}$

2 Berechne im Kopf. Nutze die Gesetzmäßigkeiten.
a) $\sqrt{5} \cdot \sqrt{20}$
b) $\sqrt{2} \cdot \sqrt{50}$
c) $\sqrt{2} \cdot \sqrt{8}$
d) $\sqrt{0{,}1} \cdot \sqrt{1000}$
e) $\sqrt{\dfrac{3}{4}} \cdot \sqrt{3}$
f) $\dfrac{\sqrt{48}}{\sqrt{75}}$
g) $\dfrac{\sqrt{1350}}{\sqrt{6}}$
h) $\sqrt{0} \cdot \sqrt{7}$

3 Überprüfe durch Einsetzen von Zahlen, ob die Umformungen richtig sein könnten.
a) $\sqrt{a} + \sqrt{a} = a$
b) $\sqrt{a} \cdot \sqrt{b} = \sqrt{a \cdot b}$
c) $\dfrac{\sqrt{a}}{\sqrt{b}} = \sqrt{\dfrac{a}{b}}$

4 Lege die Steine zu einer geschlossenen Kette zusammen. Der vordere Teil ist jeweils das Ergebnis eines Aufgabenteils.

20	$\sqrt{1125}:\sqrt{5}$	18	$\sqrt{36}\cdot\sqrt{16}$	9	$\sqrt{1690}:\sqrt{10}$
16	$\sqrt{324}:\sqrt{4}$	24	$\dfrac{\sqrt{432}}{\sqrt{27}}$	15	$\sqrt{32}\cdot\sqrt{8}$
4	$\sqrt{18}\cdot\sqrt{8}$	13	$\sqrt{6}\cdot\sqrt{54}$	12	$\dfrac{\sqrt{2000}}{\sqrt{5}}$

5 Übertrage das Rechennetz in dein Heft und vervollständige, wenn entlang derselben Richtung immer mit derselben Zahl multipliziert bzw. dividiert wird.

a)

b)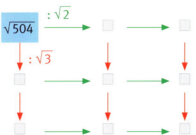

6 a) Vereinfache so weit wie möglich. Klammere dazu gleiche Quadratwurzeln aus.
  1 $4\sqrt{7} + 2\sqrt{7}$
  2 $4\sqrt{5} - \sqrt{5}$
  3 $6\sqrt{3} + 10 - 2\sqrt{3} - 4$
  4 $3\sqrt{5} - 5\sqrt{7} + 4\sqrt{5} + 6\sqrt{7}$
  5 $5\sqrt{3} + 4\sqrt{3} - 5\sqrt{5} + 4\sqrt{6}$

b) Beschreibe, unter welchen Bedingungen sich Wurzeln bei der Addition und Subtraktion zusammenfassen lassen. Überprüfe an eigenen Beispielen.

2.4 Irrationale Zahlen

Der Zahlenteufel und Robert unterhalten sich:
Zahlenteufel: Rettich aus vier?
Robert: Rettich aus vier ist zwei.
Zahlenteufel: Rettich aus 5929?
Robert: Du spinnst ja. Wie soll ich das denn ausrechnen?
Zahlenteufel: Immer mit der Ruhe. Für solche kleinen Probleme haben wir doch unsern Taschenrechner. Also probier mal.
Robert: 77
Zahlenteufel: Wunderbar. Aber jetzt kommt's! Drücke bitte $\sqrt{2}$, aber halte dich gut fest!

- Lies den Text mit einem Partner.
- Informiere dich über die Bedeutung des Wortes „Rettich" in diesem Zusammenhang.
- Was liest Robert nach der Eingabe von $\sqrt{2}$ auf dem Taschenrechner? Probiere.

aus: Hans Magnus Enzensberger: Der Zahlenteufel. Carl Hanser Verlag, München 1997, S. 77 f.

endlicher Dezimalbruch:
0,5; 1,4; 4,25; –8,0

periodischer Dezimalbruch:
0,333...; 1,45454545...

Es gibt unendlich viele rationale Zahlen, aber auch unendlich viele irrationale Zahlen.

MERKWISSEN

Eine Zahl nennt man **irrational**, wenn man sie nicht als Bruch zweier ganzer Zahlen darstellen kann. Während sich rationale Zahlen als endliche oder periodische Dezimalbrüche darstellen lassen, haben irrationale Zahlen unendlich viele Dezimalstellen, die jedoch keine systematische Anordnung haben.

Beispiel: $\sqrt{2}$ lässt sich nicht als Bruch in der Form $\frac{p}{q}$ schreiben, d. h. es gibt keine rationale Zahl, die quadriert 2 ergibt. $\sqrt{2}$ ist also eine **irrationale Zahl**.

BEISPIELE

I Entscheide, ob die Zahl rational oder irrational ist.
  a) $\frac{3}{4}$ b) $\sqrt{3}$ c) $\frac{2}{3}$ d) $\sqrt{9}$

Lösung:
a) rational   b) irrational   c) rational   d) rational, da $\sqrt{9} = 3$

LE steht für Längeneinheit, z. B. cm, dm, ...

FE steht für Flächeneinheit, z. B. cm², dm², ...

II Zeige grafisch, dass die Diagonale eines Quadrats der Seitenlänge 1 LE die Länge $\sqrt{2}$ LE hat.

Lösung:

Setzt man vier Quadrate der Seitenlänge 1 LE zu einem großen Quadrat zusammen, dann hat es den Flächeninhalt 4 FE.
Das rote Quadrat, dessen Seiten die Diagonalen der kleinen Quadrate sind, hat den halben Flächeninhalt, also 2 FE. Also müssen die Diagonalen die Länge $\sqrt{2}$ LE haben, denn $\sqrt{2}$ LE · $\sqrt{2}$ LE = 2 FE.

III Stelle die irrationale Zahl $\sqrt{2}$ ($\sqrt{8}$) auf dem Zahlenstrahl dar.

Lösung:

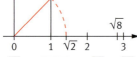

$\sqrt{8} = \sqrt{4 \cdot 2} = \sqrt{4} \cdot \sqrt{2} = 2\sqrt{2}$. Somit kann man die Länge $\sqrt{2}$ auf dem Zahlenstrahl zweimal (mit dem Zirkel) abtragen, um $\sqrt{8}$ darzustellen.

Kapitel 2

VERSTÄNDNIS

- Erkläre den Unterschied zwischen endlichen und periodischen Dezimalbrüchen.
- Welche natürlichen Zahlen kennst du, deren Wurzel auf keinen Fall eine irrationale Zahl ist? Beschreibe.

AUFGABEN

1. Entscheide ohne Taschenrechner, ob die Zahl rational oder irrational ist.
   a) $\sqrt{1}$
   b) $\sqrt{2} + 3$
   c) $3\sqrt{2}$
   d) $\sqrt{11} + 5$
   e) $\sqrt{20} + 5$
   f) $\sqrt{5} \cdot \sqrt{\frac{1}{20}}$
   g) $\sqrt{1{,}44}$
   h) $-\sqrt{4}$

   Versuche, Quadratzahlen zu erkennen.

2. Berechne. Runde irrationale Zahlen auf zwei Dezimalen.
   a) $\sqrt{15}$
   b) $\sqrt{36}$
   c) $\sqrt{0{,}25}$
   d) $\sqrt{\frac{17}{100}}$
   e) $\sqrt{40}$
   f) $\sqrt{\frac{9}{4}}$
   g) $\sqrt{\frac{3}{4}}$
   h) $\sqrt{0}$

3. Stelle die irrationale Zahl $\sqrt{18}$ ($\sqrt{32}$, $\sqrt{50}$) auf dem Zahlenstrahl dar. Verwende dazu das Vorgehen wie in den Beispielen II und III.

4. Vergleiche und setze <, > oder =.
   a) $\sqrt{5} \square \sqrt{6}$
   b) $1{,}5 \square \sqrt{3}$
   c) $\sqrt{10} \square (\sqrt{10})^2$
   d) $\sqrt{25{,}25} \square 5$
   e) $\frac{12}{7} \square \sqrt{3}$
   f) $3\frac{1}{3} \square \sqrt{11}$
   g) $\sqrt{27{,}04} \square 5{,}2$
   h) $\sqrt{\frac{1}{9}} \square \sqrt{\frac{1}{3}}$

WISSEN

$\sqrt{2}$ ist keine rationale Zahl

Ein Beweis, dass $\sqrt{2}$ irrational ist, stammt von Euklid von Alexandria, der von ungefähr 360 bis 280 vor Christus gelebt hat.

Dabei nimmt man zunächst an, dass $\sqrt{2}$ eine rationale Zahl ist und folgert dann, dass dies zu einem Widerspruch führt („Widerspruchsbeweis").

Wenn $\sqrt{2}$ eine rationale Zahl ist, so kann man sie als vollständig gekürzten Bruch schreiben (p, q $\in \mathbb{N}$): p und q haben also keine gemeinsamen Teiler mehr.

$$\sqrt{2} = \frac{p}{q}$$

Man quadriert beide Seiten:

$$2 = \frac{p^2}{q^2}$$

Durch Umformung erhält man:

$$\cdot q^2 \quad 2 \cdot q^2 = p^2 \quad \cdot q^2$$
$$2 \cdot q^2 = p \cdot p$$

Da $2 \cdot q^2$ durch 2 teilbar ist, ist auch p · p durch 2 teilbar. Also ist auch p gerade und es gilt:

$$p = 2 \cdot k \ (k \in \mathbb{N})$$

Dann gilt also:

$$2 \cdot q^2 = (2 \cdot k)^2$$
$$q^2 = 2 \cdot k^2$$

Auf die gleiche Weise zeigt man, dass auch q durch 2 teilbar ist.
Damit sind p und q durch 2 teilbar. Folglich ist $\frac{p}{q}$ aber kein vollständig gekürzter Bruch.
Demzufolge ist $\sqrt{2}$ keine rationale Zahl, da sie sich nicht als Bruch $\frac{p}{q}$ aus zwei natürlichen Zahlen p und q darstellen lässt.

- Übertrage die Umformungen in dein Heft und beschreibe sie mit eigenen Worten.
- Zeige auf gleiche Weise, dass $\sqrt{3}$ ebenfalls eine irrationale Zahl ist.

2.5 Vermischte Aufgaben

1 ① $V = 2\,cm^3$ ② $V = 8\,cm^3$ ③ $V = 25\,dm^3$ ④ $V = 75\,dm^3$

   a) Bestimme die Kantenlänge der Würfel.
   b) Berechne mit den Ergebnissen aus a) den zugehörigen Oberflächeninhalt.

2 Übertrage die Tabelle in dein Heft und ergänze die fehlenden Werte für einen Würfel.

	a)	b)	c)	d)	e)
Kantenlänge a	4,5 cm	2,1 dm	☐	☐	☐
Oberfläche A	☐	☐	486 cm²	73,5 m²	☐
Volumen V	☐	☐	☐	☐	32,768 m³

3 Zwischen welchen benachbarten natürlichen Zahlen liegt die Wurzel? Begründe deine Antwort. Rechne im Kopf.

   a) $\sqrt{40}$ b) $\sqrt{18}$ c) $\sqrt{316}$ d) $\sqrt{88}$ e) $\sqrt{112}$ f) $\sqrt{360}$
   $\sqrt{10}$ $\sqrt{32}$ $\sqrt{145}$ $\sqrt{77}$ $\sqrt{170}$ $\sqrt{420}$
   $\sqrt{5}$ $\sqrt{60}$ $\sqrt{200}$ $\sqrt{99}$ $\sqrt{168}$ $\sqrt{501}$

4 Ein Fliesenleger legt Muster aus dreieckigen roten und gelben Fliesen. Aus jeweils zwei bzw. acht Fliesen legt er ein Quadrat. Bestimme die Seitenlängen einer Fliese …
   a) zeichnerisch.
   b) rechnerisch.

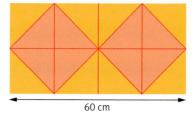

60 cm

5 Entscheide, ob die Aussagen wahr oder falsch sind. Begründe.
   a) $\sqrt{16}$ ist diejenige rationale Zahl, die quadriert 16 ergibt.
   b) $\sqrt{81}$ kann +9 oder –9 sein.
   c) $\sqrt{25}$ ist größer als $\sqrt{36}$.
   d) Wenn a größer wird, wird auch $\sqrt{a}$ größer.
   e) Die Gleichung $x^3 = 27$ hat die Lösung $x = -3$ und $x = +3$.

6 Gib eine Kubikzahl an, die möglichst nahe an der vorgegebenen Zahl liegt.
   a) 100   b) 500   c) 650   d) 999   e) 2500   f) 5000

7 Berechne die Kubikwurzeln. Runde auf zwei Dezimalen.
   a) $\sqrt[3]{2,1}$ b) $\sqrt[3]{12}$ c) $\sqrt[3]{7160}$ d) $\sqrt[3]{0,45}$ e) $\sqrt[3]{0,015}$ f) $\sqrt[3]{17^3}$

8 Finde eine Zahl, deren Quadratwurzel (Kubikwurzel) möglichst nahe an …
   a) 20   b) 25   c) 100   d) 500
   liegt, aber nicht gleich dieser Zahl ist. Bestimme jeweils die Abweichung.

9 a) Erkläre mithilfe der Darstellung, dass $\sqrt{9} + \sqrt{16} \neq \sqrt{9+16}$.
b) Überprüfe die Aussage aus a) an mindestens einem weiteren Beispiel.

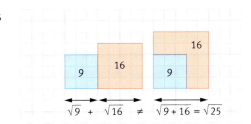

10 Peter sagt: „Es gibt Quadrat- und Kubikwurzeln, die ...
a) größer als der Radikand sind." b) kleiner als der Radikand sind."
Finde jeweils ein Beispiel für die Behauptung.

Der Radikand ist der Ausdruck, der unter der Wurzel steht. Der Radikand von $\sqrt{n}$ ist also n.

11 Fülle die Lücken richtig aus.
a) $\sqrt{5} \cdot \sqrt{\square} = \sqrt{10}$
b) $\sqrt{7} \cdot \sqrt{\square} = \sqrt{21}$
c) $\dfrac{\sqrt{12}}{\sqrt{\square}} = \sqrt{3}$
d) $\sqrt{\square} \cdot \sqrt{2{,}5} = \sqrt{20}$
e) $\dfrac{\sqrt{30}}{\sqrt{\square}} = \sqrt{30}$
f) $\sqrt{13} \cdot \sqrt{\square} = 13$
g) $\dfrac{\sqrt{\square}}{\sqrt{11}} = \sqrt{11}$
h) $\sqrt{12} \cdot \sqrt{\square} = \sqrt{576}$
i) $\sqrt{\square} \cdot \sqrt{36} = 18$
j) $\sqrt{36} : \sqrt{\square} = 4$
k) $\sqrt{121} \cdot \sqrt{\square} = 0$
l) $\sqrt{169} : \sqrt{\square} = \sqrt{13}$

12 Übertrage die Multiplikationsmauern in dein Heft und vervollständige sie.

a)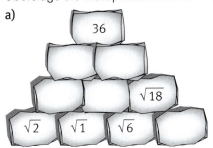

b)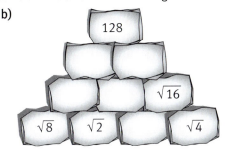

Der Wert eines Steins ergibt sich als Produkt der beiden darunter liegenden Steine.

13 Überprüfe, ob die Zahl rational oder irrational ist.
a) $\sqrt{27}$ b) $\sqrt{49}$ c) $\sqrt{96}$ d) $\sqrt{242}$ e) $\sqrt{4{,}41}$ f) $\sqrt{0}$
g) $\sqrt{100}$ h) $\sqrt{8}$ i) $\sqrt{17}$ j) $\sqrt{200}$ k) $\sqrt{2{,}22}$ l) $\sqrt{1}$

14 Ordne die Terme zu, die den gleichen Wert haben. Ein Term bleibt übrig.

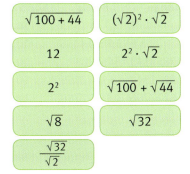

Alltag

Taschenrechner
Taschenrechner zeigen Wurzeln oft unterschiedlich an.
Beispiel:
1 $\sqrt{24}$ → 2 $2\sqrt{6}$ → 3 $4{,}898979486$
Während bei 1 die Zahl vollständig unter der Wurzel steht, ist 2 eine gemischte Schreibweise, bei der die Zahl unter der Wurzel möglichst klein ist. 3 ist die Dezimaldarstellung.
• Wie kommt man zu den verschiedenen Anzeigen? Probiere aus.
• Finde heraus, wie die gemischte Schreibweise 2 entsteht.

2.6 Themenseite: Näherungsverfahren

Das Heronverfahren nach klassischer Art
Schon seit Jahrtausenden nutzt man Nährungsverfahren, wenn man Wurzeln nicht exakt angeben kann. Eines davon ist nach Heron von Alexandria benannt, der vor 2000 Jahren in Ägypten lebte.

Beispiel: Bestimme einen Näherungswert für $\sqrt{10}$.

Idee

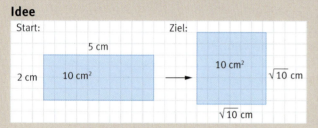

Ein Rechteck mit dem Flächeninhalt 10 cm² wird schrittweise in ein flächengleiches Quadrat umgewandelt. Das Verfahren hat den Vorteil, dass man für jede Quadratwurzel $\sqrt{n}$ ein solches Ausgangsrechteck finden kann. Im einfachsten Fall hat es die Maße 1 cm · n cm. Im Beispiel starten wir mit a = 2 cm und b = 5 cm.

Ablauf
Wandle das bestehende Rechteck jeweils in ein flächengleiches Rechteck um, indem du als eine neue Seitenlänge das arithmetische Mittel aus den beiden alten Seitenlängen verwendest. Die zweite Seitenlänge ergibt sich dann, indem du den Flächeninhalt durch diese erste neue Seitenlänge teilst.

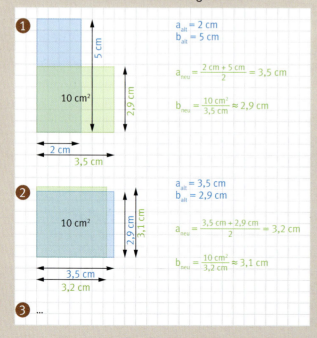

Dieses Vorgehen kann bis zu jeder beliebigen Genauigkeit fortgesetzt werden. Man erkennt in diesem Beispiel, dass bereits nach wenigen Schritten die Seitenlängen dicht beieinander liegen.

a) Bestimme einen Näherungswert für die Wurzel mit dem Heronverfahren auf zwei Dezimalen genau.
❶ $\sqrt{2}$ ❷ $\sqrt{6}$ ❸ $\sqrt{12}$ ❹ $\sqrt{20}$

b) Welche Rolle spielen die Startwerte beim Heronverfahren? Überprüfe am Beispiel $\sqrt{50}$.

Das Heronverfahren mit dem Computer
Beim Heronverfahren werden stets dieselben Rechenschritte durchlaufen, um $\sqrt{n}$ zu bestimmen.

neue Länge: $a_{neu} = \dfrac{a_{alt} + b_{alt}}{2}$ (alte Länge, alte Breite)

neue Breite: $b_{neu} = \dfrac{n}{a_{neu}}$

n steht dabei für den Flächeninhalt des Quadrats bzw. für die zu berechnende Wurzel.
Die Rechenschritte kann man gut durch ein Tabellenprogramm durchführen lassen.

	A	B	C	D
1	Heronverfahren			
2				
3	Berechnung von Wurzel		10	
4				
5	Schritt	Länge	Breite	Kontrolle
6	1	2	5	10
7	2	3,5	2,85714286	10
8	3	3,17857143	=$C$3/B8	10
9	4	3,16231942	3,1622359	10
10	5	3,16227766	3,16227766	10

a) Beschreibe den Aufbau und die Einträge des Tabellenblatts.
b) Übertrage das Tabellenblatt und berechne damit $\sqrt{40}$ ($\sqrt{99}$) auf vier Dezimalen genau.

Intervallhalbierung

Intervallhalbierung ist ein Näherungsverfahren. Es wird beim systematischen Probieren oftmals angewendet.

Beispiel: Bestimme einen Näherungswert für $\sqrt{10}$.

Idee
Das Quadrat von $\sqrt{10}$ ist 10. Man sucht jetzt einen unteren Wert, der quadriert kleiner als 10 ist, und einen oberen, der quadriert größer als 10 ist. Anschließend bestimmt man zwischen diesen beiden Werten einen neuen Wert und überprüft, ob man damit den unteren oder oberen Wert ersetzen kann.

Ablauf
Bei der Intervallhalbierung bestimmt man das arithmetische Mittel aus unterem und oberem Wert. Dann wird überprüft, ob das Quadrat des Mittelwerts größer oder kleiner als 10 ist. Je nachdem ersetzt man im nächsten Schritt den oberen oder unteren Wert durch den Mittelwert.

❶
unterer Wert	oberer Wert	Mittelwert
2, denn	5, denn	$\frac{2+5}{2} = 3{,}5$
$2^2 = 4 < 10$	$5^2 = 25 > 10$	$3{,}5^2 = 12{,}25 > 10$
		⟹ oberen Wert ersetzen

❷
2,0, denn	3,5 denn	$\frac{2{,}0 + 3{,}5}{2} = 2{,}75$
$2{,}0^2 = 4$	$3{,}5^2 = 12{,}25$	$2{,}75^2 \approx 7{,}6 < 10$
$4 < 10$	$12{,}25 > 10$	⟹ unteren Wert ersetzen

❸
2,75, denn	3,50 denn	$\frac{2{,}75 + 3{,}50}{2} = 3{,}125$
$2{,}75^2 \approx 7{,}6 < 10$	$3{,}50^2 = 12{,}25 > 10$	$3{,}125^2 \approx 9{,}8 < 10$
		⟹ unteren Wert ersetzen

❹
3,125, denn	3,500, denn	$\frac{3{,}125 + 3{,}500}{2} = 3{,}3125$
$3{,}125^2 \approx 9{,}8 < 10$	$3{,}500^2 = 12{,}25 > 10$	$3{,}3125^2 \approx 11{,}0 > 10$
		⟹ oberen Wert ersetzen

❺ ...

a) Bei jedem Schritt betrachtet man eine Dezimale mehr. Erkläre die Aussage anhand des Beispiels.
b) Führe das Intervallhalbierungsverfahren für $\sqrt{2}$ ($\sqrt{8}$, $\sqrt{500}$) durch.
c) Erkläre den Begriff „Intervallhalbierung".
d) Führe das Verfahren mit einem Tabellenkalkulationsprogramm durch. Präsentiere dein Ergebnis.

Alles Nährung

Beim systematischen Probieren ist uns das hintereinander Einsetzen als geschicktes Vorgehen bekannt. Nutze dieses Verfahren.

Beispiel: Bestimme einen Näherungswert für $\sqrt{10}$.

Idee
Man sucht eine natürliche Zahl als Startwert, deren Quadrat gerade kleiner als 10 ist. Dann erhöht man schrittweise um 0,1.

Ablauf
Sobald das Quadrat des Wertes erstmals größer als 10 ist, wird der letzte kleinere Wert genommen und die nächste Dezimale schrittweise erhöht.

❶

	A	B	C
1		Berechnung von Wurzel	10
2		Startwert	3
3		Schrittweite	0,1
4			
5	Schritt	a	a²
6	1	3	9
7	2	=B6+$C$3	9,61
8	3	3,2	10,24

❷

	A	B	C
1		Berechnung von Wurzel	10
2		Startwert	3,1
3		Schrittweite	0,01
4			
5	Schritt	a	a²
6	1	3,1	9,61
7	2	3,11	9,6721
8	3	3,12	9,7344
9	4	3,13	9,7969
10	5	3,14	9,8596
11	6	3,15	9,9225
12	7	3,16	9,9856
13	8	3,17	10,0489

❸ ...

a) Beschreibe den Aufbau des Tabellenblattes.
b) Bestimme mit diesem Verfahren einen Näherungswert für $\sqrt{3}$ ($\sqrt{12}$, $\sqrt{200}$) auf vier Dezimalen genau.
c) Beschreibe den Ablauf, wenn man einen Startwert wählt, dessen Quadrat gerade größer als 10 ist.

2.7 Das kann ich!

Überprüfe deine Fähigkeiten und Kenntnisse. Bearbeite dazu die folgenden Aufgaben und bewerte anschließend deine Lösungen mit einem Smiley.

☺	😐	☹
Das kann ich!	Das kann ich fast!	Das kann ich noch nicht!

Hinweise zum Nacharbeiten findest du auf der folgenden Seite. Die Lösungen stehen im Anhang.

Aufgaben zur Einzelarbeit

1 Übertrage die Tabelle und vervollständige sie.

	quadrierte Zahl	ausführliche Schreibweise	Ergebnis
a)	3^2	$3 \cdot 3$	☐
b)	5^2	☐	☐
c)	☐	$7 \cdot 7$	☐
d)	☐	☐	81
e)	☐	☐	1
f)	☐	☐	2500
g)	☐	☐	$\frac{1}{4}$
h)	☐	☐	$\frac{16}{25}$
i)	$\left(\frac{2}{7}\right)^2$	☐	☐

2 Übertrage das Hunderterfeld in dein Heft.

1	2	3	4	5	6	7	8	9	10
11	12	13	14	15	16	17	18	19	20
21	22	23	24	25	26	27	28	29	30
31	32	33	34	35	36	37	38	39	40
41	42	43	44	45	46	47	48	49	50
51	52	53	54	55	56	57	58	59	60
61	62	63	64	65	66	67	68	69	70
71	72	73	74	75	76	77	78	79	80
81	82	83	84	85	86	87	88	89	90
91	92	93	94	95	96	97	98	99	100

a) Markiere alle Quadratzahlen farbig.
b) Beschreibe die Veränderung der Abstände benachbarter Quadratzahlen. Gib die Ursache der Veränderung an.
c) Bestimme die Summe aller Quadratzahlen im Hunderterfeld. Schätze zuerst.

3 Bestimme zu den folgenden Zahlen jeweils ihre Quadrat- und ihre Kubikzahl.
a) 2　b) 6　c) 10　d) 12　e) 18
f) 25　g) 40　h) 55　i) 200　j) 250

4 a) Bestimme die 2. und 3. Potenz der Zahlen.
　①　1; 10; 100　　②　2; 20; 200
　③　12; 1,2; 0,12　④　5; 0,5; 0,05
b) Beschreibe den Zusammenhang zwischen den Zahlen bei den Teilaufgaben aus a).

5 Berechne im Kopf.
a) $\sqrt{25}$; $\sqrt{81}$; $\sqrt{121}$; $\sqrt{144}$; $\sqrt{625}$; $\sqrt{10\,000}$
b) $\sqrt{0,04}$; $\sqrt{0,16}$; $\sqrt{\frac{1}{4}}$; $\sqrt{0,25}$; $\sqrt{\frac{36}{49}}$; $\sqrt{0,0009}$
c) $\sqrt[3]{27}$; $\sqrt[3]{125}$; $\sqrt[3]{512}$; $\sqrt[3]{1000}$; $\sqrt[3]{1728}$

6 Berechne mit dem Taschenrechner und runde auf zwei Dezimalen.
a) $\sqrt{3}$; $\sqrt{5}$; $\sqrt{6}$; $\sqrt{10}$; $\sqrt{50}$; $\sqrt{80}$; $\sqrt{111}$; $\sqrt{300}$
b) $\sqrt{0,01}$; $\sqrt{0,5}$; $\sqrt{2,5}$; $\sqrt{1,44}$; $\sqrt{17,6}$; $\sqrt{35,8}$; $\sqrt{\frac{4}{8}}$
c) $\sqrt[3]{2}$; $\sqrt[3]{2,7}$; $\sqrt[3]{0,04}$; $\sqrt[3]{22,5}$; $\sqrt[3]{730,6}$

7 Zeichne jeweils ein Quadrat mit folgendem Flächeninhalt in dein Heft.
a) $6\,cm^2$　b) $20\,cm^2$　c) $30\,cm^2$

8 ①　$\sqrt{4}$; $\sqrt{40}$; $\sqrt{400}$; $\sqrt{4000}$; $\sqrt{40\,000}$; ...
　②　$\sqrt{9}$; $\sqrt{90}$; $\sqrt{900}$; $\sqrt{9000}$; $\sqrt{90\,000}$; ...
　③　$\sqrt[3]{1}$; $\sqrt[3]{10}$; $\sqrt[3]{100}$; $\sqrt[3]{1000}$; $\sqrt[3]{10\,000}$; ...
　④　$\sqrt[3]{8}$; $\sqrt[3]{80}$; $\sqrt[3]{800}$; $\sqrt[3]{8000}$; $\sqrt[3]{80\,000}$; ...

a) Berechne und setze die Reihe um drei weitere Schritte fort.
b) Beschreibe auftretende Gesetzmäßigkeiten und überprüfe diese an weiteren Beispielen.

9 Gegeben sind Würfel. Übertrage die Tabelle in dein Heft und vervollständige sie.

	Kantenlänge	Volumen	Oberfläche
a)	4 cm	☐	☐
b)	1,5 m	☐	☐
c)	☐	$729\,cm^3$	☐
d)	☐	$421\frac{7}{8}\,m^3$	☐
e)	☐	☐	$384\,mm^2$
f)	☐	☐	$121,5\,m^2$
g)	☐	☐	$91,26\,dm^2$

Kapitel 2

10 Berechne im Kopf.
a) $\sqrt{2} \cdot \sqrt{2}$
b) $\sqrt{2} \cdot \sqrt{18}$
c) $\sqrt{3} \cdot \sqrt{27}$
d) $\sqrt{6} \cdot \sqrt{24}$
e) $\sqrt{3} \cdot \sqrt{75}$
f) $\sqrt{8} \cdot \sqrt{50}$
g) $\frac{\sqrt{8}}{\sqrt{18}}$
h) $\frac{\sqrt{72}}{\sqrt{50}}$
i) $\frac{\sqrt{24}}{\sqrt{54}}$

11 Vereinfache, falls möglich.
a) $\sqrt{3} \cdot \sqrt{8}$; $\sqrt{3} + \sqrt{8}$; $\sqrt{3} : \sqrt{8}$
b) $\sqrt{27} : \sqrt{18}$; $\sqrt{27} - \sqrt{18}$; $\sqrt{27} \cdot \sqrt{18}$
c) $\sqrt{99} - \sqrt{11}$; $\sqrt{99} + \sqrt{11}$; $\sqrt{99} : \sqrt{11}$
d) $\sqrt{2{,}5} \cdot \sqrt{4}$; $\sqrt{2{,}5} + \sqrt{4}$; $\sqrt{2{,}5} - \sqrt{4}$

12 Berechne die Terme, indem du die angegebenen Zahlen einsetzt.
a) $\sqrt{2x + 6y}$ $x = 20; y = 10$
b) $5 \cdot \left(\sqrt{a} + \frac{3}{4}\right)$ $a = 0{,}25$
c) $\sqrt{75 \cdot b} \cdot \sqrt{3 \cdot b}$ $b = 4$
d) $\sqrt{\frac{2x^2}{3y}}$ $x = \sqrt{2}; y = 12$

13 Setze Ziffern so in die Lücken ein, dass die Rechnungen stimmen. Findest du mehrere Möglichkeiten?
a) $\sqrt{2} \cdot \sqrt{\square} = \sqrt{50}$
b) $\sqrt{9} \cdot \sqrt{\square} = \sqrt{196}$
c) $\sqrt{\square 0} \cdot \sqrt{5} = \sqrt{1\square}$
d) $\sqrt{432} : \sqrt{\square} = 6$
e) $\frac{\sqrt{1083}}{\sqrt{\square}} = 19$
f) $\sqrt{\square} \cdot \sqrt{57{,}\square} = 17$

14 Welche Zahl ist irrational, welche rational?
a) $\sqrt{4}$; $\sqrt{6}$; $\sqrt{8}$; $\sqrt{100}$; $\sqrt{104}$; $\sqrt{400}$; $\sqrt{1000}$
b) 0 ; 1 ; $\sqrt{0}$; $\sqrt{1}$; $\frac{1}{3}$; $\sqrt{\frac{1}{3}}$; $\frac{1}{9}$; $\sqrt{\frac{1}{9}}$; $\sqrt{\frac{12}{7}}$

Aufgaben für Lernpartner

Arbeitsschritte
1 Bearbeite die folgenden Aufgaben alleine.
2 Suche dir einen Partner und erkläre ihm deine Lösungen. Höre aufmerksam und gewissenhaft zu, wenn dein Partner dir seine Lösungen erklärt.
3 Korrigiere gegebenenfalls deine Antworten und benutze dazu eine andere Farbe.

Sind folgende Behauptungen **richtig** oder **falsch**? Begründe schriftlich.

15 Quadrieren lässt sich durch das Ziehen der Wurzel rückgängig machen.

16 $\sqrt{0} = 0$ und $\sqrt{1} = 1$

17 $\sqrt[3]{5^3} = 5^3$

18 Die Seitenlänge eines Quadrats kann man mithilfe der Kubikwurzel aus dem Flächeninhalt eines Quadrats bestimmen.

19 Die Kubikwurzel wird auch als dritte Wurzel bezeichnet.

20 Ein Quadrat mit dem Flächeninhalt 5 m² hat die Seitenlänge 2,5 m.

21 Ein Rechteck mit den Seitenlängen 3 cm und 4 cm kann in ein flächengleiches Quadrat mit der Seitenlänge $\sqrt{12}$ cm umgewandelt werden.

22 $\sqrt{100} + \sqrt{49} = \sqrt{100 + 49}$

23 Zwei Quadratwurzeln, die multipliziert werden, lassen sich zu einer Quadratwurzel zusammenfassen.

24 $\sqrt{100} : \sqrt{36} = \frac{5}{3}$

25 $3\sqrt{7} + 2\sqrt{7} = 5\sqrt{7}$

26 Jede irrationale Zahl lässt sich als Bruch darstellen.

27 Jeder Bruch lässt sich in eine Dezimalzahl mit endlich vielen Dezimalstellen umwandeln.

28 $\sqrt{6}$ ist eine irrationale Zahl.

29 Jede Quadratwurzel ist eine irrationale Zahl.

30 Jede Quadratwurzel liegt zwischen zwei benachbarten natürlichen Zahlen.

Aufgabe	Ich kann ...	Hilfe
1, 3	Quadratzahlen und Kubikzahlen berechnen.	S. 32
2, 4, 30	Zusammenhänge zwischen Zahlen und ihren 2. und 3. Potenzen beschreiben	S. 34
5, 6, 8, 15, 16, 17, 19	Quadratwurzeln und Kubikwurzeln berechnen.	S. 34
7, 9, 18, 20, 21	Quadratwurzeln und Kubikwurzeln bei Quadraten und Würfeln nutzen.	S. 34
10, 11, 12, 13, 22, 23, 24, 25	Quadratwurzeln in einfachen Fällen zusammenfassen.	S. 38
14, 26, 27, 28, 29	irrationale von rationalen Zahlen unterscheiden.	S. 40

2.8 Auf einen Blick

S. 32	16 ist eine Quadratzahl, denn $4^2 = 16$. 64 ist eine Kubikzahl, denn $4^3 = 64$. 64 ist auch eine Quadratzahl, denn $8^2 = 64$.	Bei Potenzen können **alle rationalen Zahlen** als Basis a auftreten. Besondere Potenzen: • Potenzen mit dem **Exponenten 2** und einer **natürlichen Zahl als Basis** nennt man **Quadratzahlen**: $a \cdot a = a^2 \quad (a \in \mathbb{N})$ • Potenzen mit dem **Exponenten 3** und einer **natürlichen Zahl als Basis** nennt man **Kubikzahlen**: $a \cdot a \cdot a = a^3 \quad (a \in \mathbb{N})$
S. 34	$a \xrightarrow{\text{Quadrieren}} a^2 \xleftarrow{\text{Wurzelziehen}}$ $\sqrt{0} = 0 \quad \sqrt[3]{0} = 0$ $\sqrt{144} = 12$, denn $12 \cdot 12 = 144$ „Die Quadratwurzel aus 144 ist 12." $\sqrt[3]{729} = 9$ „Die Kubikwurzel aus 729 ist 9."	Die **Umkehrung des Potenzierens** bezeichnet man als **Wurzelziehen** (**Radizieren**). Die **Quadratwurzel** aus einer positiven Zahl a ist diejenige positive Zahl b, die quadriert a ergibt. Es gilt: $\sqrt{a} = b$, wenn $b \cdot b = b^2 = a$ (a, b > 0) Sprechweise: „Die 2. Wurzel aus a ist b." oder „Die Quadratwurzel aus a ist b." Die **Kubikwurzel** aus einer positiven Zahl a ist diejenige positive Zahl b, deren dritte Potenz a ergibt. Es gilt: $\sqrt[3]{a} = b$, wenn $b \cdot b \cdot b = b^3 = a$ (a, b > 0) Sprechweise: „Die 3. Wurzel aus a ist b." oder „Die Kubikwurzel aus a ist b."
S. 38	$\sqrt{16} \cdot \sqrt{9} = \sqrt{16 \cdot 9}$ $4 \cdot 3 = \sqrt{144}$ $12 = 12$ $\dfrac{\sqrt{9}}{\sqrt{16}} = \sqrt{\dfrac{9}{16}}$ $\dfrac{3}{4} = \dfrac{3}{4}$	**Multiplikation von Quadratwurzeln** $\sqrt{a} \cdot \sqrt{b} = \sqrt{a \cdot b}$ für a, b > 0 **Division von Quadratwurzeln** $\dfrac{\sqrt{a}}{\sqrt{b}} = \sqrt{\dfrac{a}{b}}$ für a, b > 0
S. 38	$\sqrt{9} + \sqrt{16} = 3 + 4 = 7$ $\sqrt{9 + 16} = \sqrt{25} = 5$	Bei der **Addition** und **Subtraktion** lassen sich zwei Quadratwurzeln **nicht** zu einer Quadratwurzel **zusammenfassen**.
S. 40	$\sqrt{2} = 1{,}414213562$ 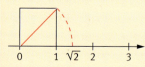	Eine Zahl nennt man **irrational**, wenn man sie **nicht als Bruch** zweier ganzer Zahlen darstellen kann. Die zugehörige Dezimalzahl hat unendlich viele Dezimalen, die jedoch nicht systematisch angeordnet sind.

Kreuz und quer

Kongruente Figuren

1 Entscheide, welche der Figuren jeweils kongruent zueinander sind.

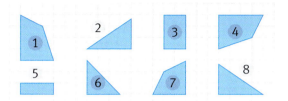

2 Zeichne auf Karopapier eine Figur. Beschreibe sie deinem Nachbarn, sodass er eine dazu kongruente Figur zeichnen kann, ohne dein Original zu sehen.

3 a) Durch welche Bewegung (Spiegelung, Drehung, Verschiebung) ist jeweils die blaue Figur aus der grünen hervorgegangen?

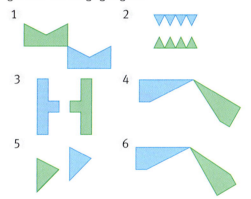

b) Beschreibe jeweils die Lage typischer Symmetrieelemente (Symmetrieachse, Symmetriezentrum, …).

4 Setze jeweils zwei grüne Figuren so zusammen, dass sich Figuren ergeben, die zu den andersfarbigen kongruent sind.

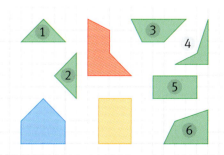

Rationale Zahlen

5 Setze <, > oder = ein.
a) $+5 \;\square\; -8$ c) $-2{,}3 \;\square\; +\frac{5}{2}$
b) $-0{,}04 \;\square\; -0{,}004$ d) $|+3| \;\square\; |-3|$

6 Bestimme den Betrag und die Gegenzahl. Übertrage dazu die Tabelle in dein Heft.

Zahl	–0,02	11	$-\frac{7}{5}$	25
Gegenzahl				
Betrag				

7 Finde mindestens eine rationale Zahl, die zwischen den beiden angegebenen Zahlen liegt.
a) 2,53 und 2,6 d) $\frac{2}{8}$ und $\frac{3}{8}$
b) –0,8 und –0,79 e) 18,8 und $\frac{189}{10}$
c) $\frac{3}{5}$ und 0,7 f) $-\frac{1}{2}$ und –0,59

8 Nenne …
a) die größte negative dreistellige ganze Zahl.
b) die zu –5,7 nächstgrößere ganze Zahl.
c) die zu –114,6 nächstkleinere ganze Zahl.

9 Drücke mithilfe von rationalen Zahlen aus.
a) Susan hat 237,50 € Schulden.
b) Die Temperatur ist auf 16 °C über Null gestiegen.
c) Carsten musste sich 4 € borgen.
d) In einem Hotel befindet sich der Sportbereich im zweiten Untergeschoss.

10 Bei einem Orientierungslauf erhalten vier Läufer neben Karte und Kompass folgende Anweisungen:
Läufer 1: 4000 m O, 2000 m N
Läufer 2: 3000 m W, 5000 m N
Läufer 3: 2000 m O, 3000 m S
Läufer 4: 5000 m W, 2000 m S
Wohin müssen die Läufer? Gib die Zielpunkte mithilfe von Koordinaten an (1 Einheit entspricht 1000 m).

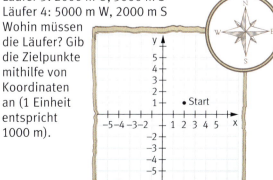

Körper

11 a) Aus wie vielen kleinen Würfeln besteht der Körper?
b) Wie vielen kleine Würfel musst du mindestens ergänzen, damit ein Quader (ein Würfel) entsteht?

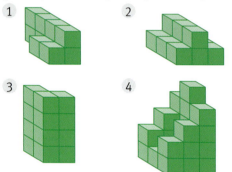

12 Entscheide, welches Netz zu dem dargestellten Körper gehört. Begründe deine Antwort.

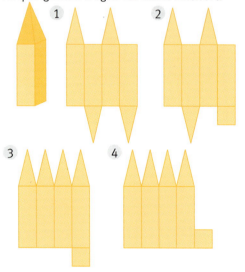

13 Welche Eigenschaften gehören zu welchen Körpern? Skizziere die Schrägbilder der Körper.

Prozente im Alltag

14 Berechne, wie viel Gramm Getreideprodukte, wie viel Gramm Obst und wie viel Fett und Süßigkeiten ein Mensch, der pro Tag ca. 1,2 kg Nahrung zu sich nimmt, für eine gesunde Ernährung essen sollte.

15 Sandra geht mit ihrer Mutter einkaufen. Im Laden sind einige Produkte mit Rabattschildern versehen. Berechne, wie viel Sandra für ihr neues Outfit insgesamt noch bezahlen muss.

a)   b)   c)

16 Eine Schokoladentafel der Firma „Zuckersüß" kostet 0,89 €. Der Händler möchte den Preis um 15 % erhöhen. Damit der Käufer die Erhöhung nicht direkt bemerkt, beschließt er, den Preis zunächst um 8 % zu erhöhen.
Einige Wochen später steigt der dann aktuelle Preis nochmals um 7 %. Untersuche, ob sich damit der ursprüngliche Preis um insgesamt 15 % erhöht hat.

17 Bei einer Sonnenblume hat man folgendes Wachstum beobachtet:

Alter in Tagen	5	10	15	20	25	30	35
Höhe in cm	16	24	38	55	80	82	82

a) Wie viel Prozent der vollen Pflanzenhöhe (82 cm) hat die Sonnenblume an den beobachteten Tagen jeweils erreicht? Runde geeignet.
b) Um wie viel Prozent ist die Pflanze zwischen den beobachteten Tagen jeweils gewachsen? Runde geeignet.

3 Körperbetrachtungen

EINSTIEG

- Die Abbildung zeigt die Thüringer Warte zwischen Thüringen und Bayern. Beschreibe, aus welchen mathematischen Körpern der Turm zusammengesetzt ist.
- Skizziere ein Schrägbild des Turms.
- Wie sieht eine Person die Thüringer Warte, die direkt von vorne (von der Seite, von oben) schaut? Beschreibe und skizziere.

AUSBLICK

Am Ende dieses Kapitels hast du gelernt, ...
- Körper zu erkennen.
- Körper aus verschiedenen Ansichten heraus zu zeichnen.
- Körper auf verschiedene Arten herzustellen.
- Seiten- und Kantenlängen mithilfe des Satzes von Pythagoras zu berechnen.

3.1 Körper erkennen

Verpackungen können ganz verschiedene Formen haben.
- Welche mathematischen Körper erkennst du in den Verpackungen?
- Aus welchen Flächen bestehen die Verpackungen? Beschreibe.
- Nenne Gemeinsamkeiten und Unterschiede zwischen den Körpern.
- Besorge dir weitere Verpackungen und stelle sie deiner Klasse vor. Welche Körper kannst du nicht einfach zuordnen?

*Körper werden von ebenen oder gekrümmten **Flächen** begrenzt. Zwei Flächen bilden jeweils eine **Kante**, aufeinanderstoßende Kanten bilden eine **Ecke**.*

*Die Seitenfläche von Körpern wird auch **Mantelfläche** genannt.*

Die Mantelflächen von Zylinder und Kegel werden in Kapitel 7 noch genauer betrachtet.

MERKWISSEN

Du kennst bereits die wichtigsten **mathematischen Körper**, die aus mindestens zwei Begrenzungsflächen bestehen:

Würfel
6 kongruente Quadrate als Seitenflächen, 12 Kanten, 8 Ecken

Prisma
Kongruente Vielecke als Grund- und Deckfläche, die parallel zueinander liegen. Die Mantelfläche besteht aus Rechtecken.

Pyramide
Die Grundfläche ist ein Vieleck. Die Mantelfläche besteht aus Dreiecken, die sich in einer Spitze treffen.

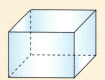

Quader
6 Rechtecke als Seitenflächen, von denen gegenüberliegende kongruent sind, 12 Kanten, 8 Ecken

Zylinder
Kongruente Kreise als Grund- und Deckfläche, die parallel zueinander liegen. Die Mantelfläche ist ein Rechteck.

Kegel
Die Grundfläche ist ein Kreis. Die Mantelfläche ist ein Kreissektor, dessen Mittelpunktswinkel die Spitze des Kegels ist.

Prismen und Pyramiden werden nach der Form ihrer Grundfläche bezeichnet.
Beispiel: dreieckiges Prisma, quadratische Pyramide.

Kapitel 3

Beispiele

I Welche Körper erkennst du in der Abbildung in der Randspalte?

Lösung:
Der Turm besteht aus einem Quader mit einer quadratischen Pyramide als Dach.

- Jeder Quader ist auch ein Prisma. Begründe diese Aussage.
- Man bezeichnet Pyramide und Kegel auch als Spitzkörper. Erkläre.

Aufgaben

1 Bezeichne die dargestellten Körper, wenn möglich.

a)  b)   c) 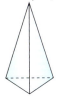 d)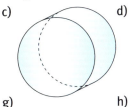

e)  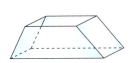 f)  g)   h)

Findest du verschiedene Bezeichnungen?

2 Welche der abgebildeten Körper erfüllen die folgenden Eigenschaften?

a) Der Körper ist ein Prisma.
b) Der Körper ist von sechs Flächen begrenzt.
c) Der Körper hat sechs Ecken.
d) Die Oberfläche besteht aus lauter Dreiecken.

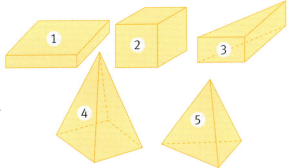

3 Welche geometrischen Körper erkennst du in den Bildern?

a)  b)

3.2 Körper darstellen – Schrägbilder

Du kennst bereits das Schrägbild als eine Möglichkeit, um Körper anschaulich darzustellen.

- Übertrage die Schrägbildzeichnungen von Würfel und Quader in dein Heft.
- Überlege dir Möglichkeiten, wie man mithilfe dieser Schrägbilder das einer Pyramide (eines dreiseitigen Prismas, eines Zylinders) erhalten kann. Beschreibe dein Vorgehen.

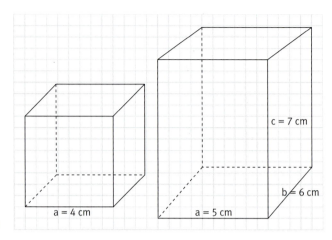

MERKWISSEN

Schrägbild eines Prismas

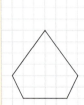 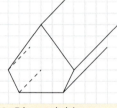 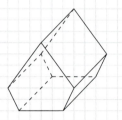

1. Vorderfläche zeichnen
2. Die nach hinten laufenden Kanten unter 45° auf die Hälfte kürzen
3. Die hinteren Eckpunkte zur Rückfläche verbinden, nicht sichtbare Kanten stricheln

Schrägbild eines Zylinders

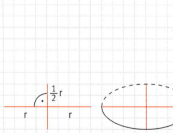 

In der Mitte senkrecht zum Durchmesser je einen Radius von halber Länge antragen · Endpunkte zu einer Ellipse verbinden · An den Enden des Durchmessers jeweils die Höhe einzeichnen · Deckfläche zeichnen, unsichtbare Kanten stricheln

Streng genommen müsste man das Schrägbild eines Zylinders so konstruieren, wie es beim Prisma erklärt ist.
Dazu zeichnet man zunächst den Grundkreis des Zylinders. Anschließend zeichnet man wie abgebildet vertikale Gitterlinien in den Kreis ein. Für die Grundfläche im Schrägbild dreht man diese Linien um 45° und verkürzt sie auf die Hälfte. Die Endpunkte verbindet man zur **Ellipse**.
Da dieses Verfahren sehr aufwändig ist, kann man auch das im Merkwissen beschriebene Vorgehen verwenden.

Grundkreis:
Schrägbild:

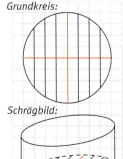

KAPITEL 3

BEISPIELE

I Gegeben ist ein dreiseitiges Prisma mit gleichschenklig-rechtwinkligem Dreieck als Grundfläche. Die Schenkel der Grundfläche sind 3 cm lang, die Höhe des Prismas beträgt 5 cm. Zeichne ein Schrägbild des Prismas, wenn es …
   a) auf der Grundfläche steht.   b) auf einer Seitenfläche liegt.

Lösung:
a) 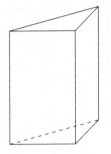   b)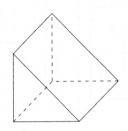

Es ist günstig, sich bei den Linien an rechten Winkeln zu orientieren.

- Angie behauptet, dass sie von einem Quader vier verschiedene Schrägbilder zeichnen kann, die alle denselben Quader darstellen. Kann das sein? Erkläre.
- Sven meint: „Die nach hinten verlaufenden Kanten brauchen nicht verkürzt zu werden." Welche Folgen hätte dies für die Schrägbildwirkung? Probiere aus und beschreibe.

AUFGABEN

1 Zeichne das Schrägbild des Prismas und des Zylinders aus dem Merkwissen in doppelter Größe in dein Heft.

2 Die Abbildungen stellen die Grundflächen von Prismen dar, die eine Höhe von h = 4 cm haben. Zeichne ein zugehöriges Schrägbild.
   a) 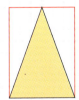 b) 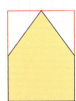 c)   d)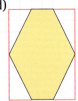

Wenn du die gelbe Fläche als Grundfläche wählst, zeichne zuerst das rote Rechteck im Schrägbild. Beispiel a):

3 In welchem Schrägbild der beiden Zylinder in der Randspalte ist die Grundfläche als Ellipse, in welchem als Kreis gezeichnet?

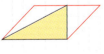
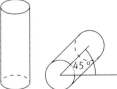

4 Zeichne anhand der Beschreibung das Schrägbild eines Zylinders in dein Heft. Wie hoch ist der Zylinder in Wirklichkeit?
   1 Zeichne einen Kreis mit 4 cm Durchmesser.
   2 Trage vom Kreismittelpunkt eine Zylinderachse der Länge 5 cm ab, die unter 45° nach hinten verläuft.
   3 Zeichne um den Endpunkt dieser Achse einen Kreis wie in 1 .
   4 Zeichne parallel zur Achse die Begrenzungslinien des Zylinders.

3.2 Körper darstellen – Schrägbilder

5 Die Grundfläche eines Körpers ist gegeben. Zeichne das jeweilige Schrägbild.
   a) Quader: h = 4,4 cm
   b) Würfel: h = 3,2 cm
   c) Prisma: h = 5,6 cm

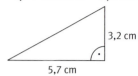

6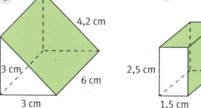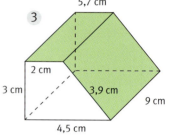

Zeichne die Schrägbilder der Prismen, wenn sie …
   a) wie angegeben liegen.
   b) auf der Grundfläche stehen.

7 Zeichne das Schrägbild eines stehenden (liegenden) Zylinders.

	a)	b)	c)	d)	e)
Durchmesser	4 cm	5 cm	7 cm	3,6 cm	5,2 cm
Höhe	6 cm	8 cm	7 cm	9,4 cm	7,8 cm

8 Hier wird gezeigt, wie man das Schrägbild einer Pyramide bzw. eines Kegels erhält.

Auch beim Kegel gilt: Streng genommen müsste man die Grundfläche wie auf Seite 54 beschrieben konstruieren (Randspalte). Da dieses Verfahren sehr aufwändig ist, kann man auch das hier vorgeführte verwenden.

Grundkreis:
Schrägbild:

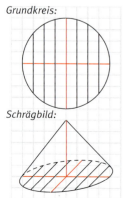
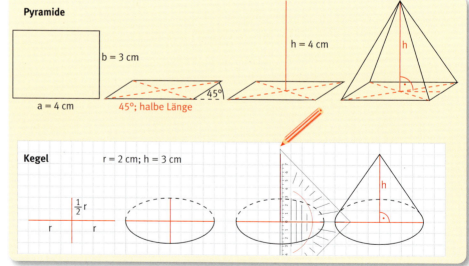

   a) Beschreibe das Vorgehen mit eigenen Worten.
   b) Übertrage die Schrägbilder in dein Heft.
   c) Zeichne die Schrägbilder von Pyramiden mit rechteckiger Grundfläche.

	1	2	3	4	5
Länge a	2 cm	5 cm	5,6 cm	4 cm	6,4 cm
Breite b	4 cm	3,5 cm	2,8 cm	4 cm	8,2 cm
Höhe h	3,5 cm	6 cm	4,1 cm	5,5 cm	3,8 cm

9 Zeichne das Schrägbild eines Kegels mit den folgenden Angaben.
  a) r = 4 cm; h = 6 cm   b) r = 5 cm; h = 4,5 cm   c) r = 3,6 cm; h = 6,2 cm

10 Übertrage das Schrägbild des dreiseitigen Prismas in dein Heft und ergänze es dort zum Schrägbild eines Quaders.

a) 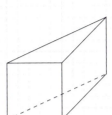 b) 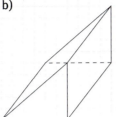 c)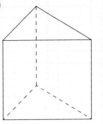

11 Zeichne ein Schrägbild der Gegenstände (alle Maßangaben in cm).

a) 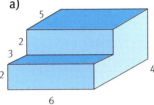 b) 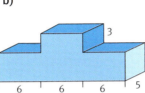 c)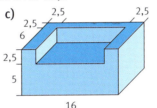

12 Oftmals genügt es, wenn man einen Körper frei Hand skizziert.
  a) Skizziere die Schrägbilder folgender Blumenkübel. Entnimm die Proportionen den Abbildungen durch Messen.

1  2  3

  b) Skizziere Gegenstände aus deiner Umgebung und stelle sie deiner Klasse vor.

13 Zeichne Schrägbilder der Körper im angegebenen Maßstab.

a) 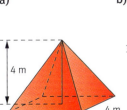 b) 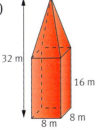 c) 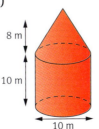 d)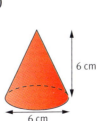

Maßstab 1 : 100   Maßstab 1 : 400   Maßstab 1 : 200   Maßstab 1 : 1

3.3 Körper darstellen – Zweitafelbilder

Körper lassen sich aus verschiedenen Perspektiven betrachten.

- Welche Ansicht gehört jeweils zu dem mathematischen Körper, wenn man ihn von vorne (von der Seite, von oben) betrachtet?

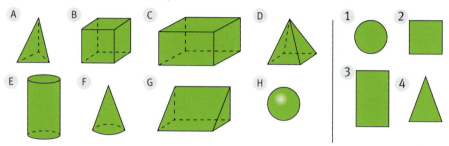

Nützliche Hilfslinien sind die Ordnungslinien, die gemeinsame Punkte verbinden und senkrecht auf der Achse des Zweitafelbildes stehen.

*Statt „Draufsicht" sagt man auch „**Grundriss**", statt „Vorderansicht" auch oft „**Aufriss**".*

Merkwissen

Bei einem **Zweitafelbild** betrachtet man einen Körper aus zwei Perspektiven:

1. senkrecht von oben betrachtet (**Draufsicht**)
2. waagrecht von vorne betrachtet (**Vorderansicht**)

Werden nun beide Ansichten in derselben Ebene dargestellt, entsteht ein sogenanntes **Zweitafelbild**.

An der **Rissachse** werden die beiden Ansichten in der Ebene abgegrenzt.

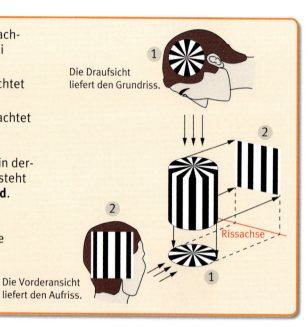

Die Draufsicht liefert den Grundriss.

Die Vorderansicht liefert den Aufriss.

Beispiele

I Stelle das Zweitafelbild des Körpers dar.

Lösung:

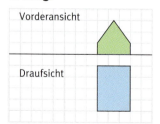

Verständnis

- Welche Bedeutung hat es, wenn die Vorderansicht eines Körpers direkt an der Achse des Zweitafelbildes beginnt?
- Finde Beispiele für Körper, bei denen die Vorderansicht und die Seitenansicht genau gleich aussehen.

Kapitel 3

Aufgaben

1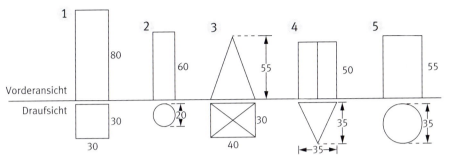

Alle Maßangaben sind in mm.

a) Beschreibe das Aussehen der Körper.
b) Übertrage die Zweitafelbilder in dein Heft.

2 Zeichne Zweitafelbilder folgender Körper. Nutze die Rechenkästchen für die Maße.

a) 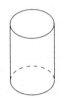 b)   c)   d)

Bei den nach hinten verlaufenden Kanten gilt hier: 1 Kästchendiagonale entspricht 1 cm.

3 Vergleiche Drauf- und Vorderansicht miteinander. Was fällt dir auf? Erkläre.

a)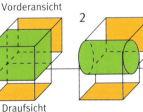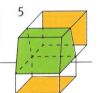

b)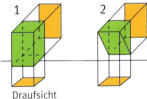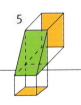

4 Um Körper eindeutig zu beschreiben, zeichnet man zur Drauf- oder Vorderansicht noch die Seitenansicht. Auf diese Weise entsteht ein sogenanntes Dreitafelbild.

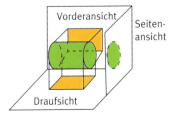

a) Erläutere die Entstehung des Dreitafelbildes.
b) Zeichne das Dreitafelbild eines Zylinders mit d = 4 cm und h = 5 cm.
c) Skizziere die Dreitafelbilder der verschiedenen Körper aus Aufgabe 3.

3.4 Körper darstellen – Netze

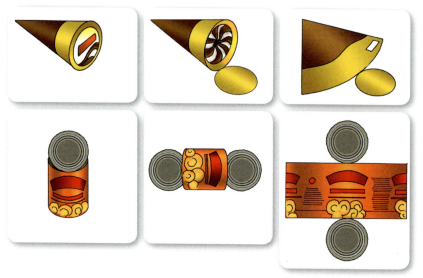

Die Abbildungen zeigen, wie man die Netze von Gegenständen erhält.
- Aus welchen Flächen besteht das Netz der einzelnen Gegenstände?
- Beschreibe, wie man das Netz eines Körpers erhalten kann.
- Stelle weitere Netze von Gegenständen aus deinem Alltag her.

Es gibt verschiedene Möglichkeiten für das Netz eines Körpers.

Merkwissen

Wird ein Körper entlang seiner Kanten aufgeschnitten und können alle Begrenzungsflächen in eine Ebene geklappt werden, so entsteht ein **Körpernetz**.

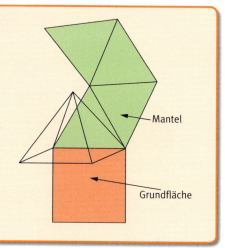

Mantel

Grundfläche

Beispiele

I Zeichne ein Netz einer quadratischen Pyramide, deren Grundfläche die Kantenlänge a = 2 cm hat und deren Seitendreiecke eine Höhe von h_a = 1,5 cm haben.

Lösung:

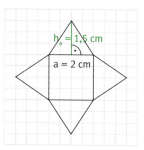

h_a = 1,5 cm
a = 2 cm

Verständnis

- Zu jedem Körper gibt es genau ein Netz. Was meinst du dazu?
- Erkläre den Unterschied zwischen dem Netz eines Zylinders und dem eines Kegels (Prismas).

Kapitel 3

Aufgaben

1 Zu welchem Körper gehört jeweils das Netz?

a)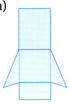
b)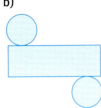
c)
d)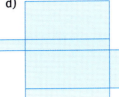

e)
f)
g)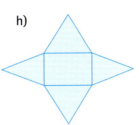
h)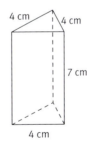

2 Zeichne jeweils ein Netz des Körpers.

a)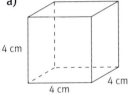
b)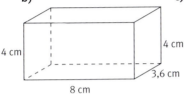
c)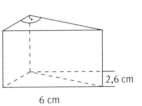

d)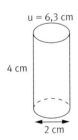
e)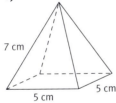
f)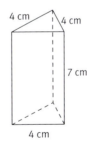

Denke bei c) an den Thaleskreis und bei f) an die Kongruenzsätze.

3 a) Warum ist es besonders schwer, das Netz eines Kegels zu zeichnen?
b) Suche einen kegelförmigen Gegenstand in deiner Umwelt und zeichne das zugehörige Netz. Bestimme die notwendigen Maße durch Abmessen.

Du kannst das Netz auch durch Abrollen des Kegels ermitteln.

4 Das Netz ist jeweils unvollständig.

1
2
3
4

a) Welcher Körper kann zu dem Netz passen?
b) Übertrage in dein Heft und ergänze zum Netz.

Findest du mehrere Möglichkeiten?

3.5 Körper herstellen

- Fertige verschiedene Quadermodelle aus Draht, Pappe und Knetgummi an. Welche Schwierigkeiten gibt es beim Bau der einzelnen Modelle?
- Welche Vorteile haben die einzelnen Modelle jeweils? Beschreibe.
- Suche dir einen weiteren mathematischen Körper aus und stelle von ihm ebenfalls solche Modelle her.

MERKWISSEN

Körper lassen sich durch verschiedene **Modelle** darstellen.

Beim **Kantenmodell** werden nur die Kanten und Ecken eines Körpers mit geeigneten Materialien nachgebildet.

Beim **Hohlmodell** werden nur die Flächen eines Körpers nachgebildet und zur Körperoberfläche zusammengefügt.

Beim **Vollmodell** wird der Körper aus einem Material (z. B. Moosgummi oder Ton) hergestellt und komplett von ihm ausgefüllt.

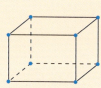 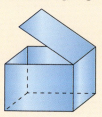 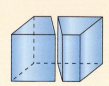

BEISPIELE

Das Zweitafelbild hilft dir bei der Vorstellung.

I Du schneidest das Vollmodell eines Kegels entsprechend der eingezeichneten Schnittlinien parallel bzw. senkrecht zur Grundfläche durch. Wie sehen die Schnittflächen aus?

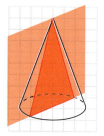 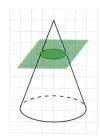

Lösung:
Die rote Schnittfläche ist ein **gleichschenkliges Dreieck**, es ist die Vorderansicht des Kegels. Durch den grünen Schnitt entsteht ein **Kreis**.

II „Zerschneide" einen Quader jeweils so in zwei Teile, dass sich zwei Dreiecksprismen (zwei gleiche Quader) ergeben.

Lösungsmöglichkeiten:

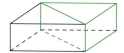 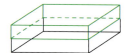

VERSTÄNDNIS

- Was erhältst du, wenn du das Hohlmodell eines Zylinders auseinanderfaltest?
- Du schneidest durch das Vollmodell eines Prismas parallel zur Grundfläche. Welche Körper erhältst du?

KAPITEL 3

AUFGABEN

1 Auch im Alltag werden oftmals Vollmodelle hergestellt.

a) Beschreibe anhand der Abbildungen das Vorgehen.
b) Finde weitere Beispiele für Vollmodelle (Hohlmodelle) im Alltag.

2

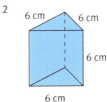
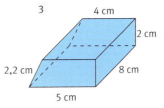

a) Zeichne die Netze der Körper auf einen Zeichenkarton und klebe sie zu einem Körper zusammen.
b) Stelle Kantenmodelle der Körper her. Verwende Holzspieße und Knete.

3 An den Körpern sind jeweils gerade Schnitte entlang den roten, grünen bzw. blauen Linien durchgeführt worden. Beschreibe das Aussehen der Schnittflächen.

a) 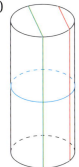   b) 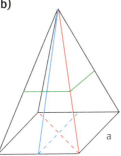   c)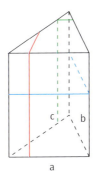

4

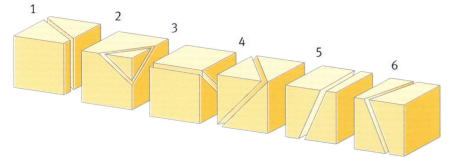

a) Beschreibe jeweils die entstandenen Schnittflächen.
b) Welcher Würfel wurde so zerschnitten, dass zwei Prismen entstehen?

3.6 Satz des Pythagoras

Untersuche rechtwinklige Dreiecke in einem Koordinatensystem.

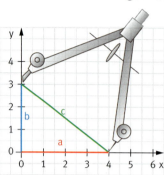

- Stelle mit dem Zirkel wie abgebildet eine 5 cm lange Strecke ein und trage diese jeweils zwischen den Koordinatenachsen an. Welchen Zusammenhang erkennst du zwischen den Seitenlängen a und b? Beschreibe so: „Wenn a größer wird, ..."
- Miss anschließend genauer nach. Übertrage dazu die Tabelle in dein Heft und vervollständige sie.

a	1 cm	2 cm	3 cm	3,5 cm	4 cm	4,5 cm
b					3 cm	
c	5 cm	5 cm	5 cm	5 cm	5 cm	5 cm

- Welcher Zusammenhang gilt zwischen a, b und c im Rahmen der Messgenauigkeit? Überprüfe.

$$2a + \frac{b}{2} = 2c \qquad a + b = 2c \qquad a^2 + b^2 = c^2 \qquad a^2 + \frac{1}{2}b = 2c$$

MERKWISSEN

Bezeichnungen im rechtwinkligen Dreieck
In einem rechtwinkligen Dreieck bezeichnet man die Seite, die dem rechten Winkel gegenüberliegt, als Hypotenuse. Die beiden am rechten Winkel anliegenden Seiten heißen Katheten.

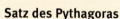

Satz des Pythagoras
In einem rechtwinkligen Dreieck hat das Quadrat über der Hypotenuse den gleichen Flächeninhalt wie die Quadrate über den Katheten zusammen.
Mit den Bezeichnungen in der Abbildung gilt kurz:
$a^2 + b^2 = c^2$

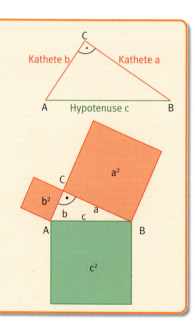

Es gilt auch die Umkehrung: Gilt bei einem Dreieck ABC die Gleichung $a^2 + b^2 = c^2$, so ist das Dreieck rechtwinklig bei C.

BEISPIELE

In einem Dreieck liegt die Seite a dem Eckpunkt A gegenüber.

I Wie lautet der Satz des Pythagoras mit den jeweiligen Bezeichnungen im Dreieck?

a)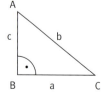

b)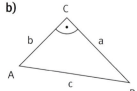

Lösung:
a) $a^2 + c^2 = b^2$
b) $a^2 + b^2 = c^2$

II Berechne die fehlenden Seitenlängen im rechtwinkligen Dreieck.

a)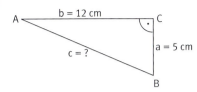
b)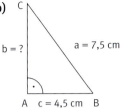

Lösung:

a) $c^2 = a^2 + b^2$
$c^2 = 5^2 + 12^2$
$c^2 = 25 + 144 = 169$
$c = 13$ oder $c = -13$

Seitenlängen sind stets positiv, also ist $c = 13$ cm lang.

b) $a^2 = b^2 + c^2$
$b^2 = a^2 - c^2$
$b^2 = 7{,}5^2 - 4{,}5^2$
$b^2 = 56{,}25 - 20{,}25 = 36$
$b = 6$ oder $b = -6$

Seitenlängen sind stets positiv, also ist $b = 6$ cm lang.

Wenn die Maße in denselben Grundeinheiten angegeben sind (z. B. alles in cm bzw. cm²), dann kann man die Rechnung ohne Einheiten durchführen. Das Ergebnis ist dann in der Grundeinheit anzugeben.

VERSTÄNDNIS

- Wozu kann man den Satz des Pythagoras verwenden? Beschreibe.
- Stefan ist der Meinung, dass die Formel von Pythagoras für alle Dreiecke angewendet werden kann. Hat er Recht?
- Marta meint, dass die Seitenlängen der beiden Katheten zusammen die Seitenlänge der Hypotenuse ergeben. Stimmt das? Erläutere.

AUFGABEN

1 Skizziere das Dreieck im Heft. Markiere die beiden Katheten und die Hypotenuse mit unterschiedlichen Farben. Wie lautet der Satz des Pythagoras mit den jeweiligen Bezeichnungen?

a)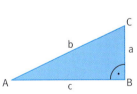
b)
c)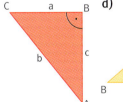
d)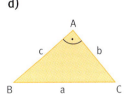

2 Übertrage die Tabelle in dein Heft. Zeichne jeweils das Dreieck (alle Maßangaben in cm). Was fällt dir auf?

	a	b	c	a²	b²	a² + b²	<, >, =	c²	Dreiecksart
a)	4	5	7	☐	☐	☐	☐	☐	☐
b)	4	5	5,5	☐	☐	☐	☐	☐	☐
c)	4	3	5	☐	☐	☐	☐	☐	☐
d)	6	5	8	☐	☐	☐	☐	☐	☐
e)	3,5	3,5	6	☐	☐	☐	☐	☐	☐
f)	1,5	2,0	2,5	☐	☐	☐	☐	☐	☐
g)	4,2	5,6	7	☐	☐	☐	☐	☐	☐
h)	2,4	5,9	8,4	☐	☐	☐	☐	☐	☐

Ein Dreieck kann spitzwinklig, rechtwinklig oder stumpfwinklig sein. Dabei richtet sich die Bezeichnung nach der Winkelart des größten Innenwinkels.

3.6 Satz des Pythagoras

3 Überprüfe durch Auszählen der Kästchen, ob der Satz des Pythagoras gilt.

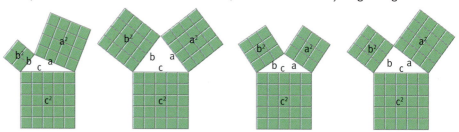

4 Übertrage die Tabelle in dein Heft und berechne den Flächeninhalt des dritten Quadrats in einem rechtwinkligen Dreieck. Die Seite c ist jeweils die Hypotenuse.

Achte auf die Einheiten.

	a)	b)	c)	d)	e)	f)
a^2	16 cm²		81 dm²	2,5 dm²	2,48 m²	
b^2	25 cm²	49 cm²		75 cm²		122 dm²
c^2		112 cm²	135 dm²		4,32 m²	2,6 m²

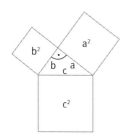

5 Erkläre die Rechnungen. Welche Definitionsmenge wurde jeweils zugrunde gelegt?

	a)	b)
Gegeben	a = 6 cm; b = 8 cm	a = 3 cm; c = 5 cm
Gesucht	c	b
Lösung	$c^2 = a^2 + b^2$ $c^2 = 6^2 + 8^2$ $c^2 = 36 + 64$ $c^2 = 100$ c = 10 oder c = −10	$b^2 = c^2 − a^2$ $b^2 = 5^2 − 3^2$ $b^2 = 25 − 9$ $b^2 = 16$ b = 4 oder b = −4
Antwort	c = 10	b = 4 cm

Lösungen zu 6:
8; 10; 12; 15; 24; 41
Die Einheiten sind nicht angegeben.

6 Berechne die Seitenlängen in den folgenden rechtwinkligen Dreiecken.

	a)	b)	c)	d)	e)	f)
Kathete a	9 cm	5 dm		7 mm	9 m	
Kathete b	12 cm		15 cm		40 m	24 cm
Hypotenuse c		13 dm	17 cm	25 mm		26 cm

7 Berechne mithilfe des Satzes des Pythagoras die Länge der fehlenden Seitenlängen, den Umfang und den Flächeninhalt der Dreiecke.

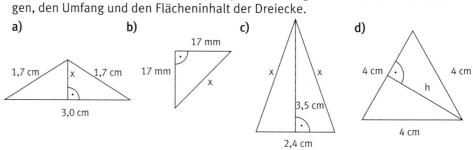

Kapitel 3

8 Sind diese Dreiecke rechtwinklig? Überprüfe mit dem Satz des Pythagoras.
   a) a = 5 cm; b = 4 cm; c = 7 cm
   b) a = 18 cm; b = 24 cm; c = 30 cm
   c) a = 4 dm; b = 3 dm; c = 5 dm
   d) a = 12 m; b = 13 m; c = 5 m
   e) a = 14 m; b = 6 m; c = 8 cm
   f) a = 40 mm; b = 50 mm; c = 3 cm

9 Die Flächeninhalte der Kathetenquadrate betragen in einem rechtwinkligen Dreieck 441 cm² und 4 dm².
   a) Bestimme den Flächeninhalt des Hypotenusenquadrats.
   b) Berechne die Seitenlänge der Hypotenuse.

10 Oft werden Fußwege über Wiesen abgekürzt. Ermittle die Ersparnis der Weglänge in Metern (Prozent der ursprünglichen Länge) bei Verwendung des Trampelpfads.

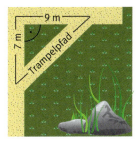

11 In einem gleichschenklig-rechtwinkligen Dreieck beträgt der Flächeninhalt des Hypotenusenquadrats 128 cm². Wie lang sind die beiden Katheten?

12 Berechne die Länge der abgebrochenen Baumspitze.

13 Zeichne mit einem Geometrieprogramm ein bei C rechtwinkliges Dreieck ABC, wobei C auf dem Thaleskreis über der Strecke $\overline{AB}$ liegt. Konstruiere über den Seiten des Dreiecks jeweils die Seitenquadrate und lass dir den jeweiligen Flächeninhalt anzeigen (Werkzeug „Messen"). Verändere nun die Lage der Punkte und überprüfe die Gültigkeit des Satzes von Pythagoras.

Geschichte

Pythagoras von Samos

Pythagoras war ein berühmter griechischer Mathematiker, der im 6. Jahrhundert vor Christus lebte. Er gründete eine „Schule" für Wissenschaftler, die sich mit Philosophie und Mathematik beschäftigte. Den nach ihm benannten Satz hat er nicht entdeckt, denn er war schon zu seinen Lebzeiten Jahrhunderte bekannt. So arbeiteten schon die Chinesen, Ägypter und Babylonier mit dieser Erkenntnis.

Für den Satz des Pythagoras gibt es unzählige Begründungen. Zwei dieser Begründungen, die auf dem Vergleich von Flächeninhalten beruhen, sind im Folgenden dargestellt:

Begründung aus China (ca. 2000 Jahre alt):

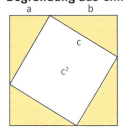 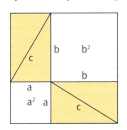

Begründung aus Indien (ca. 1000 Jahre alt):

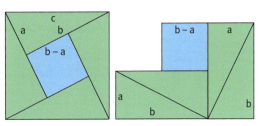

- Zeichne ein rechtwinkliges Dreieck und kopiere es viermal. Schneide die Dreiecke anschließend aus. Lege die Figuren aus China und Indien nach.
- Begründe den Satz des Pythagoras anhand des Flächenvergleichs.
  Tipp: In der Begründung aus Indien sind die Quadrate a² und b² versteckt. Finde sie.

3.7 Pythagoras und Körper

In einem Körper bezeichnet man die Länge der Strecke von einem Eckpunkt zu einem gegenüberliegenden Eckpunkt als Raumdiagonale.

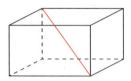

1 Die Länge der Raumdiagonale in einem Quader kann man über rechtwinklige Dreiecke bestimmen.

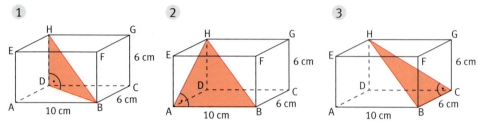

a) Begründe, warum die roten Dreiecke rechtwinklig sind.
b) Beschreibe, wie man die Länge der Raumdiagonale und die Längen der Flächendiagonalen der Seitenflächen bestimmen kann.
c) Bestimme die Länge der Raumdiagonale auf die in den Abbildungen dargestellten unterschiedlichen Arten.

2 Ein Würfel hat eine Kantenlänge von 4 cm.
a) Zeichne ein Schrägbild des Würfels und trage ein rechtwinkliges Dreieck ein, über das du die Länge einer Raumdiagonale bestimmen kannst.
b) Berechne die Länge der Raumdiagonale des Würfels.
c) Wie ändert sich die Länge der Raumdiagonale, wenn die Kantenlänge des Würfels verdoppelt (verdreifacht) wird? Vermute zuerst und prüfe dann rechnerisch nach.

3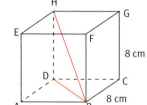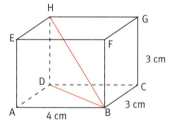

a) Baue das Kantenmodell der Körper aus Holzstäbchen nach.
b) Bestimme die Länge der eingezeichneten Diagonalen durch Abmessen.
c) Überprüfe das Ergebnis aus b) durch eine Rechnung.

4 Die Abbildung nebenan zeigt zwei aufeinander gestapelte Würfel mit einer Kantenlänge von jeweils 4 cm. Berechne die Länge der eingezeichneten Diagonalen. Beschreibe dein Vorgehen.

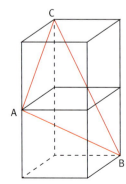

5 Ein Quader ABCDEFGH ist 12 cm lang, 5 cm breit und 5 cm hoch.
a) Erstelle ein Kantenmodell des Quaders.
b) Zeichne das Dreieck AFD in wahrer Größe. Berechne dazu die fehlenden Seitenlängen. Schneide das Dreieck aus und passe es in das Kantenmodell ein.

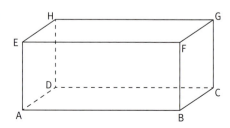

6 Auch in einer Pyramide lassen sich mit dem Satz des Pythagoras unbekannte Seitenlängen bestimmen, beispielsweise die Höhe h_a eines Seitendreiecks.

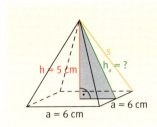

Gesucht: Seitenhöhe h_a
Rechnung: $h_a^2 = h^2 + \left(\frac{a}{2}\right)^2$
$h_a^2 = 5^2 + 3^2$
$h_a^2 = 25 + 9$
$h_a^2 = 34$
$h_a \approx 5{,}8$ oder $h_a \approx -5{,}8$

Antwort: Die Seitenhöhe misst 5,8 cm.

a) Erkläre das Vorgehen mit eigenen Worten.
b) Zeichne das Netz der obigen Pyramide auf Papier und schneide es aus.
c) Berechne die Länge der Kante s und überprüfe durch Messung.

7 Fertige zunächst zu den Pyramiden mit rechteckiger Grundfläche eine Skizze an und berechne dann die Höhen h_a und h_b der Seitendreiecke.

	a)	b)	c)	d)	e)	f)
Länge a	6 cm	8 cm	7 cm	10 cm	8 cm	14 cm
Breite b	4 cm	5 cm	9 cm	12 cm	8 cm	36 cm
Höhe h	5 cm	4 cm	6 cm	7 cm	8 cm	24 cm

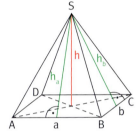

8 Mithilfe des Netzes einer Pyramide soll deren Höhe bestimmt werden.
a) Skizziere ein Schrägbild der Pyramide.
b) Berechne die Pyramidenhöhe. Erkläre anhand des Schrägbildes dein Vorgehen.

9 Berechne die gesuchten Streckenlängen am Kegel.

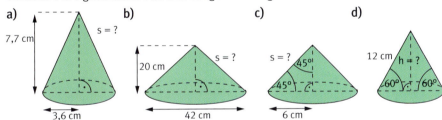

10 Die quadratische Pyramide mit der Grundkantenlänge a besteht aus vier kongruenten gleichschenkligen Dreiecken mit Schenkellänge s.
a) Skizziere das Schrägbild der Pyramide in deinem Heft.
b) Gib mithilfe des Satzes von Pythagoras einen Term für die Höhe h und die Seitenhöhe h_a an, der jeweils nur von a und s abhängt. Beschreibe dein Vorgehen. Nutze das Schrägbild aus a) zur Veranschaulichung.

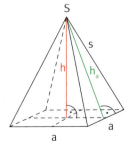

11 Die Oberfläche eines Würfels hat den Inhalt 96 cm².
a) Zeichne ein Schrägbild des Würfels.
b) Wie lang sind die Flächen- und die Raumdiagonalen des Würfels? Zeichne beide Längen in das Schrägbild des Würfels ein.

3.8 Vermischte Aufgaben

Findest du mehrere Möglichkeiten?

1 Welcher Körper kann mit seiner Grundfläche einen solchen Abdruck hinterlassen?

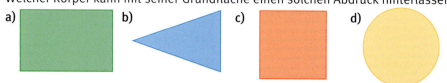

2

E: Anzahl der Ecken
F: Anzahl der Flächen
K: Anzahl der Kanten

Körper	E	F	K	E + F − K
Quader	☐	☐	☐	☐
dreieckige Pyramide	☐	☐	☐	☐
viereckige Pyramide	☐	☐	☐	☐
dreiseitiges Prisma	☐	☐	☐	☐
sechsseitiges Prisma	☐	☐	☐	☐

a) Übertrage die Tabelle ins Heft und vervollständige sie. Welchen Zusammenhang erkennst du?

$E - F + K = 2$ $E + F = K + 2$ $F + K = E - 2$ $E = K + 2 - F$

b) Welcher Zusammenhang gilt aufgrund deiner Ergebnisse aus a) ebenfalls?

c) Bestimme mithilfe der Formel aus b) die fehlenden Werte. Um welchen Körper kann es sich handeln?

① $E = 8$; $K = 12$ ② $K = 6$; $F = 4$ ③ $E = 5$; $F = 5$

3 Welche Netze sind Pyramidennetze? Begründe jeweils deine Antwort.

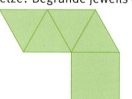

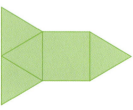

4 Um welche Körper kann es sich handeln?

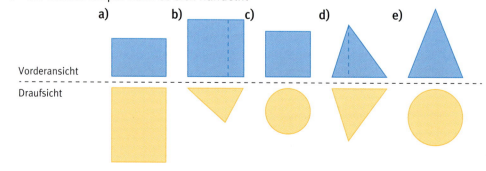

Vorderansicht

Draufsicht

KAPITEL 3

5 Zeichne von den gegebenen Körpern folgende Ansichten:
   1 Drauf- und Vorderansicht   2 Schrägbild
   a) Würfel (a = 5 cm)   b) quadratische Pyramide (a = 3 cm; h = 5 cm)

6 Ein Haus hat die Maße a = 15 m, b = 10 m, c = 7 m und h = 12 m. Zeichne im Maßstab 1 : 200 die Drauf- und Vorderansicht des Hauses mit …
   a) seitlich liegendem Giebel.   b) vorne liegendem Giebel.

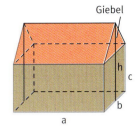

7 1 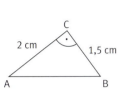   2 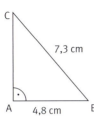   3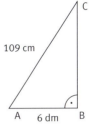

a) Berechne die fehlenden Seitenlängen im rechtwinkligen Dreieck.
b) Für den Flächeninhalt eines Dreiecks gilt: $A = \frac{1}{2} g \cdot h$. Begründe, warum in einem rechtwinkligen Dreieck der Zusammenhang $A = \frac{1}{2} l_{Kathete\,1} \cdot l_{Kathete\,2}$ gilt.
c) Berechne den Flächeninhalt der abgebildeten Dreiecke.

8 Die Größe von Monitoren oder Fernsehern wird traditionell über die Länge der Bildschirmdiagonale in Zoll angegeben. Berechne jeweils die Länge der Bildschirmdiagonale. Gib auch in Zoll an.

1 Zoll (1") ≙ 2,54 cm

	a)	b)	c)	d)
Breite	88,6 cm	71,1 cm	42,1 cm	1077 mm
Höhe	49,8 cm	53,3 cm	23,7 cm	673 mm

9 Berechne die fehlende Seitenlänge und den Umfang des rechtwinkligen Dreiecks.
   a) b = 10,5 cm, c = 4,9 cm, α = 90°   b) a = 42 mm; b = 86 mm; β = 90°
   c) b = 3,5 cm; c = 7,1 cm; γ = 90°   d) a = 0,6 dm; b = 0,3 dm; α = 90°

10 Eine quadratische Pyramide hat eine Kantenlänge von a = 5 cm und eine Pyramidenhöhe von h = 6 cm.
   a) Berechne die Höhe h_a einer Seitenfläche.
   b) Berechne die Länge s einer Seitenkante.
   Beschreibe jeweils dein Vorgehen.

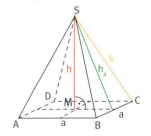

11 Ein Würfel hat eine Kantenlänge von 12 cm.
   a) Zeichne ein Schrägbild des Würfels.
   b) Berechne die Länge der Diagonale einer Seitenfläche des Würfels.
   c) Berechne die Länge der Raumdiagonale des Würfels.

12 In einem Café wird Orangensaft in einem zylinderförmigen Glas serviert, das 16 cm hoch ist und einen Innendurchmesser von 6 cm hat. Wie weit ragt ein 20 cm langer gerader Strohhalm aus dem Glas heraus, wenn er schräg im Glas lehnt?

3.9 Themenseite: Faltfiguren

Pythagoras falten

Nimm ein quadratisches Stück Papier (z. B. Origami-Papier) und falte damit die folgende Windmühle. Am besten faltest du die Windmühle zweimal.

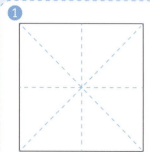

① Lege die weiße Fläche nach oben, falte Diagonalen und Mittellinien und öffne wieder.

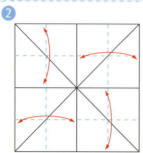

② Falte alle Quadratkanten zu ihrer parallelen Mittellinie und wieder zurück.

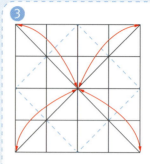

③ Falte alle vier Ecken zur Mitte und öffne sie wieder.

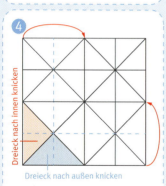

④ Falte zwei angrenzende Quadratseiten entlang der markierten Faltkante um …

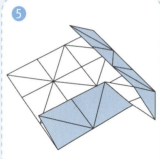

⑤ … und forme in der Ecke einen überstehenden Windmühlenflügel.

⑥ Wiederhole die Schritte ④ und ⑤ reihum. Fertig ist die Windmühle.

Entfalte die Windmühle wieder und betrachte das Faltmuster. Im Faltmuster sind viele rechtwinklige Dreiecke versteckt.

a) Markiere die abgebildeten Dreiecke in deinem Faltmuster.
b) Suche die zugehörigen Quadrate über den Dreiecksseiten in verschiedenen Farben. Dabei sollen die Quadrate jeweils auf dem Faltmuster liegen.
c) Überprüfe den Satz des Pythagoras.

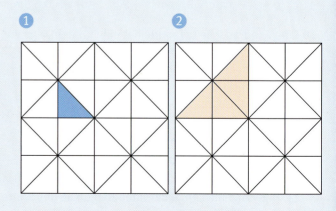

Würfel selbst gemacht

Die Faltung dieses Würfels ist schwierig. Probiere mit einem quadratischen Blatt Papier aus.

1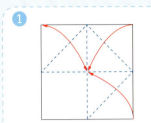
Lege die weiße Fläche nach oben, falte die Mittellinien und öffne wieder. Falte zwei Ecken, die nebeneinander liegen, zur Mitte. Eine weitere Ecke wird ebenfalls zur Mitte gefaltet, aber wieder geöffnet.

2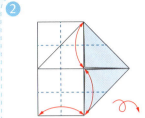
Wie in der Abbildung werden die drei Quadratseiten geviertelt. Wende anschließend die Figur und drehe sie so, dass sie wie in Schritt ❸ vor dir liegt.

3
Falte die drei gestrichelten Linien, öffne nach jedem Vorgang:
1. Falte die untere linke Ecke auf die linke obere Ecke.
2. Halbiere die Faltung aus 1.
3. Falte die rechte Ecke zur Mitte.

4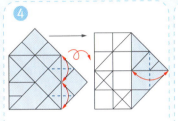
Falte zwei weitere Linien an die gekennzeichnete Stelle in der Abbildung. Wende die Figur wieder. Falte die rechte Ecke bis zur Mitte. Öffne wieder.

5
Stelle die Seiten auf: zuerst die rechte Ecke an der Mittellinie, dann die obere Hälfte entlang der anderen Mittellinie. Anschließend faltest du den überlappenden Teil nach innen.

6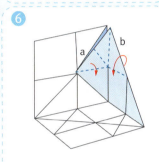
Knicke zuerst Kante a nach unten, danach Kante b. Es entsteht das Bild von Schritt ❼.

7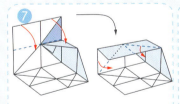
Knicke den oberen Teil um 90°. Schlage entlang der Knicklinien den oberen Teil nach innen ein.

8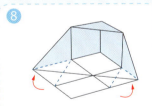
Falte den vorderen Teil entlang der Knickkanten hoch.

9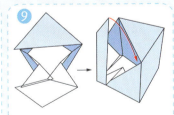
Schlage den vorderen Teil nach innen, fertig ist der Würfel.

a) Zeichne ein Netz des abgeschnittenen Raumwürfels. Überlege dir, welche Flächen vollständig und welche abgeschnitten sind.

b) Zeichne ein Schrägbild (Zweitafelbild) des angeschnittenen Würfels. Gehe vom Schrägbild eines vollständigen Würfels aus und ändere es entsprechend ab.

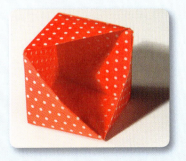

3.10 Das kann ich!

Überprüfe deine Fähigkeiten und Kenntnisse. Bearbeite dazu die folgenden Aufgaben und bewerte anschließend deine Lösungen mit einem Smiley.

☺	😐	☹
Das kann ich!	Das kann ich fast!	Das kann ich noch nicht!

Hinweise zum Nacharbeiten findest du auf der folgenden Seite. Die Lösungen stehen im Anhang.

Aufgaben zur Einzelarbeit

1 Benenne die Körper und beschreibe jeweils ihre Eigenschaften.

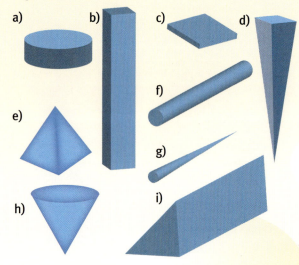

2 Gib an, welche mathematischen Körper du in den Bildern erkennst.

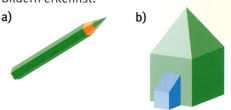

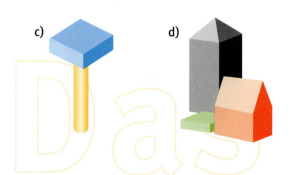

3 Welcher Körper hat folgende Eigenschaften? Findest du mehrere Möglichkeiten?
   a) Der Körper hat nur Rechtecke als Begrenzungsflächen.
   b) Der Körper hat Dreiecke als Grund- und Deckfläche.
   c) Der Körper hat 12 Kanten und 8 Ecken.
   d) Der Körper hat 1 Kante und keine Ecke.
   e) Der Körper hat 3 Flächen und keine Ecke.
   f) Der Körper hat nur 2 Begrenzungsflächen.

4 Vervollständige die Schrägbilder der Körper.

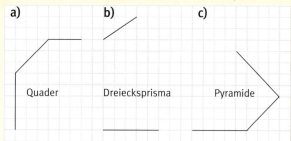

5 Zeichne ein Schrägbild …
   a) einer quadratischen Pyramide mit Kantenlänge $a = 4{,}5$ cm und Pyramidenhöhe $h = 3{,}5$ cm.
   b) eines Zylinders (Kegels) mit einem Radius $r = 2$ cm und einer Höhe von $h = 3$ cm.

6 Welche geometrischen Körper erkennst du?
   a) Draufsicht:

   b) Vorderansicht:

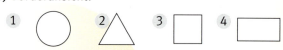

7 Zeichne Drauf- und Vorderansicht der abgebildeten Körper (alle Maßangaben in cm).

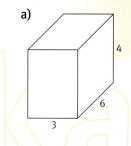
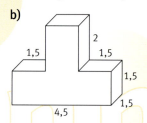

8 Skizziere jeweils ein Netz der abgebildeten Körper.

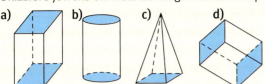

9 Zu welchem Körper gehört das jeweilige Netz?

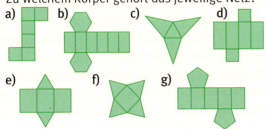

10 Die Abbildungen sollen Vollmodelle von Körpern sein, die zerschnitten wurden. Die Schnittfläche ist rot gefärbt. Um welchen Körper handelt es sich?

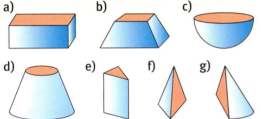

11 Wie lautet der Satz des Pythagoras mit den gegebenen Bezeichnungen?

12 Berechne jeweils die fehlende Seitenlänge im rechtwinkligen Dreieck ABC ($\gamma = 90°$).
  a) $a = 8$ dm; $b = 4$ dm   b) $b = 60$ m; $c = 180$ m
  c) $b = 22$ mm; $c = 3{,}3$ cm   d) $a = 14{,}5$ m; $c = 21$ m

13 Berechne die fehlende Seitenlänge. Runde sinnvoll.

Aufgaben für Lernpartner

Arbeitsschritte
1 Bearbeite die folgenden Aufgaben alleine.
2 Suche dir einen Partner und erkläre ihm deine Lösungen. Höre aufmerksam und gewissenhaft zu, wenn dein Partner dir seine Lösungen erklärt.
3 Korrigiere gegebenenfalls deine Antworten und benutze dazu eine andere Farbe.

Sind folgende Behauptungen **richtig** oder **falsch**? Begründe schriftlich.

14 In einem Schrägbild werden alle nach hinten verlaufenden Kanten auf die Hälfte gekürzt und in einem Winkel von 90° gezeichnet.

15 Das Netz einer Pyramide hat so viele Dreiecksflächen wie das Vieleck der Grundfläche an Seiten hat.

16 Bei einem Zweitafelbild wird die Ansicht eines Körpers von vorne und von der Seite in einer Ebene gezeichnet.

17 In einem rechtwinkligen Dreieck gilt: Die Differenz der Quadrate über den Katheten ist genauso groß wie das Quadrat über der Hypotenuse.

18 Mit dem Satz des Pythagoras können Seitenlängen in einem rechtwinkligen Dreieck berechnet werden.

19 Wenn in einer Pyramide die Höhe nicht bekannt ist, kann man versuchen, rechtwinklige Dreiecke zu finden, mit deren Hilfe man sie bestimmen kann.

Aufgabe	Ich kann ...	Hilfe
1, 2, 3	Körper anhand ihrer Eigenschaften erkennen und beschreiben.	S. 52
4, 5, 14	Schrägbilder mathematischer Körper zeichnen.	S. 54, 56
6, 16	Körper aus Zweitafelbildern erkennen.	S. 58
7	Zweitafelbilder von Körpern zeichnen.	S. 58
8	Netze von Körpern zeichnen.	S. 60
9, 15	Körper anhand ihrer Netze erkennen.	S. 60
10	Körper herstellen und Schnitte an ihnen beschreiben.	S. 62
11, 17	den Satz des Pythagoras an verschiedenen rechtwinkligen Dreiecken aufstellen.	S. 64
12, 13, 18, 19	den Satz des Pythagoras zur Berechnung von Seitenlängen nutzen.	S. 64

3.11 Auf einen Blick

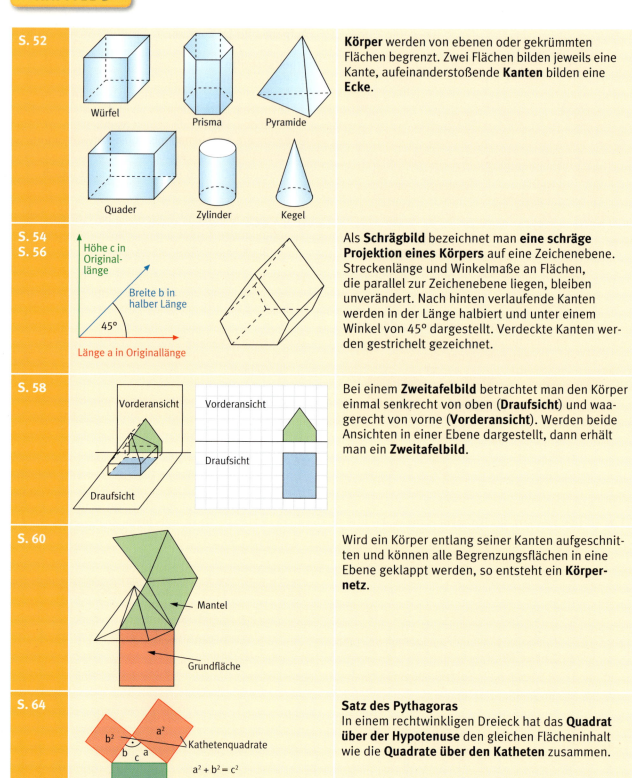

S. 52

Körper werden von ebenen oder gekrümmten Flächen begrenzt. Zwei Flächen bilden jeweils eine Kante, aufeinanderstoßende **Kanten** bilden eine **Ecke**.

S. 54 / S. 56

Als **Schrägbild** bezeichnet man **eine schräge Projektion eines Körpers** auf eine Zeichenebene. Streckenlänge und Winkelmaße an Flächen, die parallel zur Zeichenebene liegen, bleiben unverändert. Nach hinten verlaufende Kanten werden in der Länge halbiert und unter einem Winkel von 45° dargestellt. Verdeckte Kanten werden gestrichelt gezeichnet.

S. 58

Bei einem **Zweitafelbild** betrachtet man den Körper einmal senkrecht von oben (**Draufsicht**) und waagerecht von vorne (**Vorderansicht**). Werden beide Ansichten in einer Ebene dargestellt, dann erhält man ein **Zweitafelbild**.

S. 60

Wird ein Körper entlang seiner Kanten aufgeschnitten und können alle Begrenzungsflächen in eine Ebene geklappt werden, so entsteht ein **Körpernetz**.

S. 64

Satz des Pythagoras
In einem rechtwinkligen Dreieck hat das **Quadrat über der Hypotenuse** den gleichen Flächeninhalt wie die **Quadrate über den Katheten** zusammen.

$$a^2 + b^2 = c^2$$

Kreuz und quer 77

Zuordnungen

1 Welche der folgenden Zuordnungen sind proportional, umgekehrt proportional oder gehören keiner dieser beiden Zuordnungsarten an?
a) *Anzahl an Schokoriegeln → Preis*
b) *Seitenlänge eines Rechtecks mit 48 cm² Flächeninhalt → Breite des Rechtecks*
c) *Anzahl der Kinder gleichen Alters → Gewicht*
d) *Zahl der Maurer → Dauer für den Bau einer Mauer*

2 Entscheide, ob die Graphen zu einer proportionalen (umgekehrt proportionalen) Zuordnung gehören.

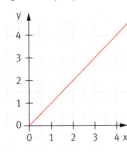

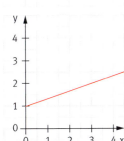
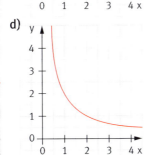

3 Überprüfe, ob die vorgegebenen Tabellenwerte zu einer proportionalen oder umgekehrt proportionalen Zuordnung gehören. Ergänze dann die Lücken.

a)
x	0,1	0,5	☐	3,1	11	42
y	0,4	☐	4,8	☐	44	☐

b)
x	☐	0,3	5	20	1	☐
y	0,15	☐	12	☐	60	0,1

4 Wie viele Zutaten musst du besorgen, wenn du den 21 Gästen deiner Geburtstagsfeier Pizza backen möchtest?

Zutaten für 4 Personen
500 g Pizzateigmischung
300 ml Wasser
800 g geschälte Tomaten
12 Scheiben Salami
100 g Pilze
140 g geriebener Käse

Terme umformen

5 Löse alle Klammern auf und vereinfache den Term.
a) $2 \cdot (x + y) - 3x$ b) $(4a - 3) \cdot 5 + 8$
c) $\frac{1}{2} \cdot (e - 2) + (f - 1) \cdot 7$ d) $\frac{1}{4} \cdot \left(\frac{1}{2}s + 4t\right) - 3s$
e) $(a + b) \cdot 3 + 4 \cdot (a - b)$ f) $5k - (0{,}7\,m - 3k)$
g) $(m - n) \cdot 3 + (m + n) \cdot 2$ h) $\sqrt{2} \cdot (\sqrt{2}x + 1) - 2x$

6 Drücke die Figuren mithilfe von Termen aus und vereinfache diese so weit wie möglich.

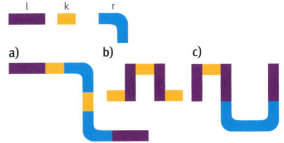

7 a) Erkläre mithilfe der Abbildungen folgende Umformung: $(a + b) \cdot c = a \cdot c + b \cdot c$.

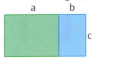

b) Finde selbst eine Abbildung für die Umformung $(a - b) \cdot c = a \cdot c - b \cdot c$.

8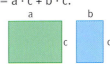

1   2   3

a) Setze das Muster um zwei Schritte fort.
b) Übertrage und ergänze die Tabelle.

Schritt	1	2	3	4	5	8	10
Anzahl blauer Kästchen	☐	☐	☐	☐	☐	☐	☐
Anzahl Kästchen gesamt	☐	☐	☐	☐	☐	☐	☐

c) Finde einen Term, mit dem man die Anzahl der blauen Kästchen (Kästchen insgesamt) für einen beliebigen Schritt bestimmen kann.

Flächeninhalt von Vierecken

9 Übertrage die Vierecke ins Heft. Berechne anschließend ihren Flächeninhalt.

a) b) c)

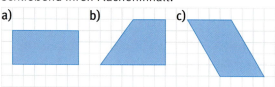

10 Welche Flächeninhaltsformel gehört zu welchem Viereck?

1   2   3

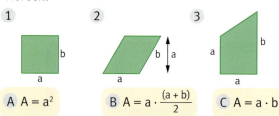

A $A = a^2$ B $A = a \cdot \frac{(a+b)}{2}$ C $A = a \cdot b$

11 Wie viele Blätter der Größe DIN A4 (29,7 cm × 21 cm) passen nebeneinander auf den abgebildeten Tisch? Die Blätter dürfen zerschnitten werden, aber sich nicht überlappen. Runde geeignet.

150 cm, 80 cm

12 Eine Klasse will die thüringische Flagge auf den Schulhof malen. Das Wappen soll zunächst ausgespart werden. Wie viel Fläche muss mit weißer Farbe gestrichen werden?

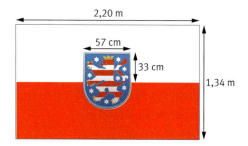

13 Berchne den Flächeninhalt der Figur.

a) b)

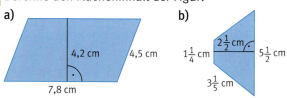

a) 4,2 cm; 4,5 cm; 7,8 cm

b) $1\frac{1}{4}$ cm; $2\frac{1}{2}$ cm; $5\frac{1}{2}$ cm; $3\frac{1}{5}$ cm

Prozentrechnung

14 Frank schickt seinem Freund Peter ein besonderes Rezept für Spaghetti Bolognese.

Gesamtgewicht aller Zutaten: 2,64 kg

37,88 % Rinderhackfleisch
9,47 % Speck
9,09 % Tomaten
1,14 % Zwiebeln
4,55 % Möhren
37,88 % Spaghetti

Hilf Peter, die entsprechenden Mengen in Gramm zu berechnen.

15 Maria achtet sehr auf ihre Figur. Für welchen Joghurt wird sie sich entscheiden? Begründe.

1 NUR 10 g Fett! 150 g
2 NUR 15 g Fett! 200 g

16 Berechne die fehlenden Tabellenwerte.

	a)	b)	c)	d)	e)	f)
G	25		360	50		700
p %	40 %	35 %		70 %	80 %	
P		56	135		19	70

17

Ach, hatte ich ein Glück, dass heute alles um 30 % gesenkt war. Anstatt 154 € habe ich nur ...

a) Berechne, wie viel Herr Müller bezahlt hat.
b) Wie teuer war ein Artikel ursprünglich, der nach der Reduktion noch 122,50 € (60,90 €) gekostet hat?

4 Zinsrechnung

Einstieg

Um ein Auto zu kaufen, muss man oftmals einen Kredit aufnehmen.
- Der sogenannte Gesamtkreditbetrag ist das Produkt aus Laufzeit und monatlicher Rate. Berechne für alle Angebote den Gesamtkreditbetrag.
- Vergleiche die Angebote. Finde Zusammenhänge zwischen den angegebenen Größen.
- Der Gesamtzins (genauer: effektiver Jahreszins) ist eine Größe, mit der man verschiedene Kredite über dieselbe Kredithöhe vergleichen kann.
  Eine einfache Methode, diesen Gesamtzins (ungefähr) zu berechnen, ist:

  $$\text{Gesamtzinssatz} = \frac{(\text{Gesamtkreditbetrag} - \text{Kredithöhe})}{\text{Kredithöhe}} \cdot \frac{24 \cdot 100}{(\text{Laufzeit in Monaten} + 1)}$$

- Berechne den Gesamtzinssatz für alle drei Kreditmodelle und begründe auf diese Weise, welches der „teuerste" Kredit ist.

ab 18 800,- €

Drive and fun		Classic		Easy and go	
18 800 €	Kredithöhe	18 800 €	Kredithöhe	18 800 €	Kredithöhe
36	Monate Laufzeit	48	Monate Laufzeit	72	Monate Laufzeit
557,- €	monatliche Rate	439,- €	monatliche Rate	313,- €	monatliche Rate

Am Ende dieses Kapitels hast du gelernt, ...
- dass die Zinsrechnung eine Anwendung der Prozentrechnung ist.
- was vermehrte und verminderte Grundwerte sind.
- welche Begriffe und Grundaufgaben in der Zinsrechnung verwendet werden.
- einfache Aufgaben zur Zinsrechnung aus dem Alltag zu bearbeiten.

4.1 Grundaufgaben der Prozentrechnung

KAPITEL 4

Das Fernsehprogramm wird immer wieder von Werbung unterbrochen, mit der die Fernsehsender Geld verdienen. Es gilt folgender rechtlicher Rahmen:

> Werbung darf 20 Prozent des gesamten Programms nicht überschreiten. Zwischen zwei Werbeblöcken muss mindestens ein Abstand von 20 Minuten liegen.

- Wie viele Minuten Werbung dürfen demnach pro Stunde ausgestrahlt werden?

Bei einer Untersuchung stellt Marius fest, dass während eines Spielfilms, der 95 min dauert, 17 min Werbung gezeigt wird. Eine Sportsendung, die um 18.10 beginnt und um 20.00 Uhr endet, wird von 24 min Werbung unterbrochen.

- Werden die rechtlichen Bestimmungen eingehalten?
- Wie lang darf die maximale Werbezeit für die Sendungen sein?
- Wie lang muss eine Sendung mit 12 min (18 min) Werbung mindestens dauern?

MERKWISSEN

Anteile lassen sich durch einen **Bruch**, **Dezimalbruch** oder durch **Prozente** beschreiben und vergleichen. Vergleicht man Anteile, spricht man von einem **relativen Vergleich**.

In der Prozentrechnung wird mit dem Grundwert G „das Ganze" bezeichnet, mit dem Prozentwert P der Teil vom Ganzen und mit dem Prozentsatz p % der Anteil vom Ganzen.

Beispiel:
16 Schüler von 25 Schülern haben ein Smartphone. Das sind $\frac{16}{25} = \frac{64}{100} = 64\,\%$.

Prozentwert P — Grundwert G — Prozentsatz p %

Bei den Grundaufgaben der Prozentrechnung ist entweder der Grundwert G, der Prozentwert P oder der Prozentsatz p % gesucht. Die Zuordnungen zwischen den Größen sind jeweils proportional, sodass man für die Bestimmung die **Eigenschaften proportionaler Zuordnungen** nutzen kann.

Hundertstelbruch   Prozent
$0{,}35 = \frac{35}{100} = \frac{7}{20} = 35\,\%$
Dezimalbruch   gekürzter Bruch

Die Eigenschaften proportionaler Zuordnungen findest du in Kapitel 1.

BEISPIELE

I Wie viel Prozent sind 90 cm von 300 cm? Berechne auf verschiedene Arten.

Lösungsmöglichkeiten:
Gegeben: Grundwert G = 300 cm; Prozentwert P = 90 cm
Gesucht: Prozentsatz p %
Rechnung:

1 Anteil	2 Tabelle mit Dreisatz	3 Verhältnisgleichung
$p\,\% = \frac{P}{G}$ $p\,\% = \frac{90\text{ cm}}{300\text{ cm}} = \frac{30}{100} = 30\,\%$	Länge | p % 300 cm | 100 % 30 cm | 10 % 90 cm | 30 %	300 cm ≙ 100 % 90 cm ≙ p % p % = 90 cm · 100 % : 300 cm p % = 30 %

Antwort: 90 cm sind 30 % von 300 cm.

Der Quotient aus Prozentwert P und Grundwert G entspricht dem gesuchten Prozentsatz p %.

Bei der Verhältnisgleichung werden Prozentangaben ohne Umwandlung verwendet.

Kapitel 4

II Wie viel sind 3 % von 1200 €? Berechne auf verschiedene Arten.

Lösungsmöglichkeiten:
Gegeben: Grundwert G = 1200 €; Prozentsatz p % = 3 %
Gesucht: Prozentwert P
Rechnung:

1 Teil vom Ganzen	2 Tabelle mit Dreisatz	3 Verhältnisgleichung
$P = G \cdot \frac{p}{100}$ bzw. $P = G \cdot p\%$ $P = 1200\ € \cdot \frac{3}{100} = 36\ €$	p % | Geldbetrag :100 (100 % | 1200 €) :100 ·3 (1 % | 12 €) ·3 (3 % | 36 €)	100 % ≙ 1200 € 3 % ≙ P P = 3 % · 1200 € : 100 % P = 36 €

Antwort: 3 % von 1200 € sind 36 €.

Wird der Grundwert G in 100 gleich große Teile zerlegt, von denen p genommen werden, dann erhält man den Prozentwert P.

Bei Dreisatz wird auf einen geeigneten Zwischenwert gerechnet und dann auf den Endwert.

III 60 % sind 84 €. Wie groß ist das Ganze? Berechne auf verschiedene Arten.

Lösungsmöglichkeiten:
Gegeben: Prozentwert P = 84 €; Prozentsatz p % = 60 %
Gesucht: Grundwert G
Rechnung:

1 Vom Teil zum Ganzen	2 Tabelle mit Dreisatz	3 Verhältnisgleichung
$G = P \cdot \frac{100}{p}$ bzw. $G = P : p\%$ $G = 84\ € \cdot \frac{100}{60} = 140\ €$	p % | Geldbetrag :6 (60 % | 84 €) :6 ·10 (10 % | 14 €) ·10 (100 % | 140 €)	60 % ≙ 84 € 100 % ≙ G G = 100 % · 84 € : 60 % G = 140 €

Antwort: Wenn 60 % 84 € sind, dann entsprechen dem Ganzen 140 €.

Wird der Prozentwert P in p Teile zerlegt, dann erhält man 1 Teil. 100 dieser Teile entsprechen dann dem Grundwert G.

Die Bestimmung von Grundwert und Prozentwert sind entgegengesetzte Rechnungen:

Prozentwert bestimmen:
100 % ≙ G
↓
p % ≙ P

Grundwert bestimmen:
p % ≙ P
↓
100 % ≙ G

VERSTÄNDNIS

- Die Angabe eines Anteils in Prozent ist genauer als die Angabe als Bruch. Stimmt das?
- Gilt folgender Zusammenhang? „Wenn der Grundwert gleich bleibt, dann ist der Prozentwert umso größer, je größer der Prozentsatz ist." Begründe.

AUFGABEN

1 Ordne die Begriffe Grundwert G, Prozentwert P und Prozentsatz p % den Angaben in den Aufgaben zu. Stelle den Sachverhalt auch zeichnerisch dar.

a) In der Klasse 8a sind 25 Schüler. 17 von ihnen kommen mit dem Bus zur Schule. Das sind 68 %.

b) Hefeteig muss vor dem Backen erst aufgehen. Sein Volumen nimmt dabei etwa 150 % des ursprünglichen Volumens ein. Hatte der Teig zu Beginn ein Volumen von 1200 cm³, dann waren es zum Schluss 1800 cm³.

c) In einer Schokocreme sind 56 % Zucker enthalten. Bei einem Glas mit 250 g Inhalt sind das immerhin 140 g Zucker.

d) Eine Kuh verbringt bis zu 25% des Tages mit Wiederkäuen, das sind 6 h.

e) Ein Liter Apfelschorle enthält 60 % Apfelsaft. Das sind 600 ml.

Streifendiagramm:
P: 25 % ≙ 5 €

G: 100 % ≙ 20 €

Günstig ist ein Streifen von 10 cm = 100 mm Länge. Dann entspricht 1 % genau 1 mm.

4.1 Grundaufgaben der Prozentrechnung

2 Berechne den Prozentsatz im Kopf.
   a) 27 von 100 Mädchen
   b) 66 von 200 Autos
   c) 90 von 300 Bonbons
   d) 56 kg von 800 kg
   e) 250 kg von 0,75 t
   f) 30 cm von 20 cm
   g) 90 min von 2 h
   h) 6 m von 10 m
   i) 17 h von 51 h

Lösungen zu 3:
16 %; 17 %; 48 %; 50 %; 105 %

3 Berechne den Prozentsatz auf verschiedene Arten wie in Beispiel I.

	a)	b)	c)	d)	e)
Grundwert G	78 min	475 kg	80 m	26,50 l	9200 €
Prozentwert P	39 min	76 kg	13,6 m	12,72 l	9660 €

4 Berechne den Prozentwert im Kopf.
   a) 25 % von 40 €
   b) 10 % von 270 m
   c) 50 % von 125 l
   d) 20 % von 15 min
   e) 60 % von 450 kg
   f) 75 % von 2 h
   g) 5 % von 420 €
   h) 15 % von 300 t
   i) 12,5 % von 80 cm

Lösungen zu 5:
49,14; 53,55; 56,28; 61,23; 61,36
Die Einheiten sind nicht angegeben.

5 Berechne den Prozentwert auf verschiedene Arten wie in Beispiel II.

	a)	b)	c)	d)	e)
Grundwert G	268 m	357 kg	472 €	45,5 t	78,5 l
Prozentsatz p %	21 %	15 %	13 %	108 %	78 %

6 Berechne den Grundwert im Kopf.
   a) 24 m sind 50 %.
   b) 150 € sind 10 %.
   c) 4 s sind 20 %.
   d) 2,5 t sind 25 %.
   e) 2,1 cm sind 1 %.
   f) 3 kg sind 2 %.
   g) 360 € sind 75 %.
   h) 1 h sind 60 %.
   i) 5,60 € sind 80 %.

Lösungen zu 7:
15,5; 246; 280; 345; 390
Die Einheiten sind nicht angegeben.

7 Berechne den Grundwert auf verschiedene Arten wie in Beispiel III.

	a)	b)	c)	d)	e)
Prozentwert P	79,35 €	12,09 kg	27,06 m	171,60 €	156,8 g
Prozentsatz p %	23 %	78 %	11 %	44 %	56 %

8 Familie Koschitz bezahlt monatlich 443 € Miete. Der Vermieter lässt das Badezimmer renovieren und erhöht die Miete um 6 %. Wie hoch ist die Mieterhöhung?

9 Ein Architekt erhält üblicherweise 3,5 % der Bausumme als Honorar. Wie hoch ist die Bausumme, wenn er 8470 € erhält?

10 Das Land Thüringen gab nach dem Haushaltsplan im Jahr 2011 insgesamt fast 9,5 Mrd. € aus, davon entfielen etwa 1,1 Mrd. € auf Verwaltungsausgaben und Schuldenabbau. Wie viel Prozent sind das?

11 Das Statistische Bundesamt erfasst regelmäßig Preisänderungen. Übertrage die Tabelle in dein Heft und berechne die fehlenden Angaben.

Runde geeignet.

Das Vorzeichen „+" zeigt eine Preiserhöhung an, das Vorzeichen „–" eine Preisernidrigung.

	T-Shirt	Milch	Salat	Handy	Auto
alter Preis	5,50 €	0,79 €		78,50 €	18 600 €
Preisänderung	+ 6 %		– 5 %		
Preisänderung			– 0,04 €		+ 837 €
neuer Preis		0,89 €		75,36 €	

12 Das Kreisdiagramm zeigt die Kulturausgaben einer Gemeinde.

a) Wie viel Prozent der Ausgaben entfallen auf die einzelnen Bereiche? Entnimm die notwendigen Angaben dem Diagramm.

b) Für die Musikschule werden 45 500 € bezahlt. Wie viel € entfallen auf die anderen Bereiche? Runde geeignet.

13 Die Bundesanstalt für Arbeit gibt jedes Jahr ein Diagramm für die am häufigsten nachgefragten Ausbildungsberufe („Top Ten") von Männern und Frauen heraus.

1 Männer		2 Frauen	
Kraftfahrzeugmechatroniker	21 600	Kauffrau im Einzelhandel	29 400
Kaufmann im Einzelhandel	20 900	Bürokauffrau	25 600
Industriemechaniker	14 200	Verkäuferin	23 200
Koch	13 200	Friseurin	23 000
Bürokaufmann	11 800	Medizinische Fachangestellte	20 700
Tischler	10 400	Industriekauffrau	10 300
Verkäufer	9800	Hotelfachfrau	9300
Maler und Lackierer	9400	Kauffrau für Bürokommunikation	7200
Industriekaufmann	8400	Zahnmedizinische Fachangestellte	6600
Metallbauer	7800	Floristin	5200

a) Wie viel Prozent entfallen innerhalb der 10 beliebtesten Ausbildungsberufe auf die einzelnen Berufsfelder? Trenne nach Geschlechtern.
b) Stelle den Sachverhalt in einem Kreisdiagramm (Streifendiagramm) dar.
c) Vergleiche die Berufswünsche miteinander.

MEDIZIN

Gesunde Ernährung

Eine Ernährungspyramide gibt an, welche Nahrungsgruppen man häufig und welche seltener essen sollte.

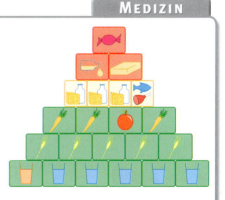

- Bestimme die prozentualen Anteile für die einzelnen Nahrungsgruppen. Wofür steht wohl welches Symbol?
- Übersetze die Angaben in ein Kreisdiagramm. Welche Vor- und Nachteile hat es gegenüber der Pyramide?

An vielen Lebensmitteln wird heute gekennzeichnet, wie viel des Tagesbedarfs an einzelnen Inhaltsstoffen durch eine Portion abgedeckt ist.

- Bestimme die Tagesmenge, die den einzelnen Angaben zugrunde liegt.
- Bestimme die Werte der einzelnen Inhaltsstoffe bezogen auf 100 ml bzw. 100 g.

1 Glas Milch (250 ml) enthält:

Brennwert	Zucker	Fett	gesätt. Fettsäu.	Natrium
168 kcal	12 g	9,5 g	6 g	0,13 g
8 %	13 %	8 %	30 %	5 %

des Tagesbedarfs

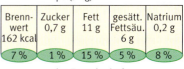

1 Portion Chips (30 g) enthält:

Brennwert	Zucker	Fett	gesätt. Fettsäu.	Natrium
162 kcal	0,7 g	11 g	6 g	0,2 g
7 %	1 %	15 %	5 %	8 %

des Tagesbedarfs

4.2 Vermehrter und verminderter Grundwert

*Die **Mehrwertsteuer** (MwSt.) ist ein **Preisaufschlag** des Staates auf Waren und Dienstleistungen.*

Betrag Geschäft: 100 %	MwSt. 19 %
Preis: 119 %	

*Einen **Preisnachlass** bezeichnet man als **Rabatt**.*

Preis: 100 %	
reduzierter Preis: 80 %	**Rabatt 20 %**

Ein Elektromarkt wirbt mit einer Anzeige.
- Bestimme die reduzierten Preise, wenn jeweils 20 % abgezogen werden.
- Bestimme die Mehrwertsteuer im neuen Preis. Erkläre dein Vorgehen. Nutze die Darstellungen in der Randspalte.

SPAR-TECH
Nur heute: alles **20 %** günstiger!

bisher 899,- heute: 20 % günstiger

bisher 219,- heute 20 % günstiger

Merkwissen

Wird ein **Grundwert G** um p % **erhöht**, dann bezeichnet man den erhöhten Wert als **vermehrten Grundwert G⁺**.
G^+ = Grundwert G + Prozentwert P
Man erhält G^+ direkt, indem man G um den Faktor
$\left(1 + \frac{p}{100}\right)$ bzw. $(100 + p)$ % erhöht:
$G^+ = G \cdot \left(1 + \frac{p}{100}\right)$ bzw. $G^+ = G \cdot (100 + p)$ %

*100 % + p % bzw. (100 + p) % wird auch als **vermehrter Prozentsatz** bezeichnet.*

Wird ein **Grundwert G** um p % **erniedrigt**, dann bezeichnet man den reduzierten Wert als **verminderten Grundwert G⁻**.
G^- = Grundwert G − Prozentwert P
Man erhält G^- direkt, indem man G um den Faktor
$\left(1 - \frac{p}{100}\right)$ bzw. $(100 - p)$ % verringert:
$G^- = G \cdot \left(1 - \frac{p}{100}\right)$ bzw. $G^- = G \cdot (100 - p)$ %

*100 % − p % bzw. (100 − p) % wird auch als **verminderter Prozentsatz** bezeichnet.*

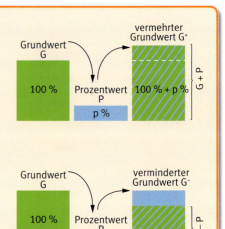

Beispiele

I Im Großhandel kostet ein Skate-Roller ohne 19 % MwSt. 40 €. Wie teuer ist der Roller mit MwSt.? Rechne auf verschiedene Arten.

Lösung:
Gegeben: G = 40 €; p % = 19 %
Gesucht: G^+
Rechnung:

① mithilfe des Prozentsatzes:
$P = G \cdot \frac{p}{100}$
$P = 40 \, € \cdot \frac{19}{100} = 7{,}60 \, €$

$G^+ = G + P$
$G^+ = 40 \, € + 7{,}60 \, € = 47{,}60 \, €$

② direkt mit vermehrtem Prozentsatz:
$G^+ = G \cdot \left(1 + \frac{p}{100}\right)$
$G^+ = 40 \, € \cdot \left(1 + \frac{19}{100}\right)$
$G^+ = 40 \, € \cdot 1{,}19 = 47{,}60 \, €$

Antwort: Der Skate-Roller wird für 47,60 € verkauft.

II Ein mp3-Player kostet nach Abzug von 15 % Rabatt 25,33 €. Wie hoch ist der ursprüngliche Preis?

Lösung:
Gegeben: G⁻ = 25,33 €; verminderter Prozentsatz: (100 – 15) % = 85 %
Gesucht: G

1 Verminderter Prozentsatz	2 Tabelle mit Dreisatz	3 Verhältnisgleichung
$G = G^- \cdot \frac{100}{85}$ $G = 25{,}33 \, € \cdot \frac{100}{85}$ $G = 29{,}80 \, €$	p % | Geldwert :17(85 % | 25,33 €):17 ·20(5 % | 1,49 €)·20 100 % | 29,80 €	85 % ≙ 25,33 € 100 % ≙ G G = 100 % · 25,33 € : 85 % G = 29,80 €

Es stehen dieselben Lösungsmöglichkeiten wie bei der Prozentrechnung zur Verfügung (siehe S. 80/81). Überlege zunächst, was G⁺, G⁻, G und P sind.

Antwort: Der mp3-Player kostete ursprünglich 29,80 €.

VERSTÄNDNIS

- Erkläre, warum es keinen Unterschied macht, ob du mit dem Faktor $\left(1 + \frac{15}{100}\right) = 1{,}15$ oder mit 100 % + 15 % = 115 % rechnest.
- Ein Preis wird um 2 % erhöht. Muss der Grundwert mit dem Faktor 1,2 oder 1,02 multipliziert werden? Begründe.
- Der vermehrte Grundwert entspricht stets mehr als 100 %. Richtig? Begründe.

AUFGABEN

1 Gib den vermehrten bzw. verminderten Prozentsatz an. Bestimme auch den zugehörigen Faktor als Dezimalzahl.

a) Preiserhöhung um 5 % b) 20 % Rabatt c) Preisnachlass 12 %
d) 2 % Skonto e) Wertsteigerung 30 % f) Preis mit 7 % MwSt.
g) Nachlass von 9 % h) Preisminderung 40 % i) ein Viertel mehr

Wenn man eine Rechnung innerhalb einer bestimmten Zeit bezahlt, bezeichnet man diesen Rabatt als Skonto.

2 Die Angaben stehen für einen vermehrten oder verminderten Prozentsatz bzw. den zugehörigen Faktor als Dezimalzahl. Gib die Erhöhung bzw. die Minderung in Prozent an und beschreibe sie in Worten.

a) 120 %; 95 %; 104 %; 83 %; 101 %   b) 0,99; 1,1; 1,25; 0,84; 1,02
c) 77 %; 175 %; 1,8; 81 %; 0,9   d) 2; 2 %; 1,5; 50 %; 0,5

3

1 115 € —·108 %→ ☐   2 ☐ —·0,92→ 1150 € ←:0,92   3 250 € —·0,86→ ☐

4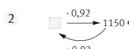
$\frac{47{,}53 \, €}{48{,}50 \, €} = \square \, \%$
p % = ☐

5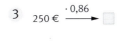
$\frac{65{,}52 \, €}{62{,}40 \, €} = \square \, \%$
p % = ☐

6
p %	Geldwert
119 %	101,15 €
1 %	☐
19 %	☐

a) Erkläre die Rechenwege. Berechne die fehlende Größe.
b) Ordne die Begriffe vermehrter bzw. verminderter **Grundwert**, Grundwert, Prozentwert, vermehrter bzw. verminderter Prozentsatz den Angaben zu.
c) Erfinde eine Textaufgabe zu jeder Rechnung.

4.2 Vermehrter und verminderter Grundwert

4 Übertrage die Tabellen in dein Heft und vervollständige sie.

a)
Länge in cm	12	
Anteil	60 %	100 %

b)
Preis in €	62,72	
Anteil	112 %	100 %

c)
Masse in kg	82,46	
Anteil	95 %	100 %

d)
Fläche in cm²	107,44	
Anteil	85 %	100 %

5 Übertrage die Tabelle in dein Heft und ergänze die fehlenden Angaben.

	a)	b)	c)	d)	e)	f)
alter Preis	340 €	125 €	1450 €			
Änderung um …	+ 8 %			− 25 %		
vermehrter/verminderter Prozentsatz		83 %			112 %	
Änderungsfaktor als Dezimalzahl			1,02			0,9
neuer Preis				243 €	4032 €	567 €

Ein „+"-Zeichen zeigt bei der Änderung eine Erhöhung an, ein „−"-Zeichen eine Reduzierung.

6 Berechne die neuen Preise. Runde geeignet.

Aktion: 20 % auf alles*!
24,50 €; 169 €; 2,99 €; 4,19 €; 17,45 €; 4,60 €
*außer Tiernahrung

7

79,30 €; 68,98 €; 119 €; 94 €; 6,99 €; 6,29 €; 6,19 €; 4,95 €; 1,99 €; 0,99 €; 2,35 €; 1,40 €
bis zu 50 % Nachlass!

Lösungen zu 7:
10 %; 13 %; 20 %; 21 %; 40 %; 50 %
Alle Angaben sind gerundet.

a) Wie groß ist der prozentuale Nachlass bei den einzelnen Artikeln?
b) Findest du die Werbung angemessen? Begründe.

KAPITEL 4

8 Die folgenden Preise enthalten 19 % MwSt. Wie hoch ist der Preis ohne Mehrwertsteuer? Berechne auf verschiedene Arten. Runde geeignet.

12,50 €   125,75 €   31,95 €   36,04 €   3678 €   22,87 €   1,99 €

9 Herr Groß ist übergewichtig und wiegt 106 kg. Mit Sport und gesunder Ernährung möchte er ein Gewicht von 97 kg erreichen. Um wie viel Prozent soll sich das Gewicht reduzieren?

10 Die Tabelle zeigt die Marktanteile der fünf beliebtesten Radiosender Thüringens.

Sender	2009 I	2009 II	2010 I	2010 II
Antenne Thüringen	27,3 %	28,3 %	23,4 %	19,9 %
MDR 1 Thüringen	22,7 %	22,9 %	25,9 %	23,2 %
LandesWelle Thüringen	17,2 %	15,6 %	17,3 %	17,5 %
Jump	13,6 %	13,2 %	9,6 %	9,5 %
89.0 RTL	3,0 %	3,4 %	1,5 %	3,8 %

2009 I beudeutet das erste Halbjahr 2009, entsprechend 2009 II das zweite.

a) Beschreibe die Entwicklung der Marktanteile. Zeichne ein Diagramm.
b) Um wie viel Prozent haben sich die Marktanteile jeweils geändert?

11 Ein Preis wird um 10 % reduziert. Der reduzierte Preis wird anschließend wieder um 10 % erhöht. Damit ist der neue Preis kleiner als der ursprüngliche.
a) Überprüfe die Aussage an einem Zahlenbeispiel (z. B. 100 €).
b) Begründe die Aussage. Beachte die Grundwerte, auf die du dich beziehst.

ALLTAG

Mehrwertsteuerrechner

Mit einem Tabellenprogramm lässt sich ein Mehrwertsteuerrechner erstellen.
- Welche Formel musst du in die Zelle B3 eintragen?
- Prüfe mit dem Programm Einkaufszettel von zuhause nach.
  Die Mehrwertsteuer muss jeweils angegeben sein.

	A	B
1	Mehrwertsteuerrechner	
2	Preis mit MwSt.	130,00 €
3	Preis ohne MwSt.	109,24 €
4	Mehrwertsteuer	=B2-B3

Bei vielen Grundnahrungsmitteln, bei Büchern, aber auch bei Kunstwerken und einigen Tierarten erhebt der Staat nur einen reduzierten Mehrwertsteuersatz von 7 %.
- Wandle dein Tabellenblatt so ab, dass du die Mehrwertsteuer für verschiedene Sätze bestimmen kannst.
- Für die folgenden Produkte gilt der reduzierte Satz. Wie viel Mehrwertsteuer erhält der Staat? Wie viel entgeht dem Staat im Vergleich zum vollen Satz? Finde weitere Beispiele.

Gemälde 279 €

Maulesel 800 €

Münzsammlung 390 €

Brot 2,40 €

4.3 Zinsrechnung

p. a. (lat. pro anno), heißt „pro Jahr" oder „jährlich".

Bei Banken gibt es unterschiedliche Arten von Konten mit verschiedenen Zinssätzen. Stell dir vor, du legst ein Jahr lang 5000 € auf jede Kontoart an. Am Ende des Jahres erhältst du entsprechend des Zinssatzes die Zinsen gutgeschrieben.

- Berechne die Zinsen nach einem Jahr für jedes Konto aus der nebenstehenden Tabelle.
- Ordne die Begriffe Grundwert, Prozentwert und Prozentsatz den Angaben zu.
- Wie viel Zinsen bekommst du, wenn du das Geld nur 6 Monate (4 Monate, 100 Tage) auf das jeweilige Konto anlegst?

Girokonto: täglich verfügbares Guthaben, Überweisungen möglich. Zinssatz: 0,2 % p. a.

Tagesgeldkonto: täglich verfügbares Guthaben, keine Überweisungen möglich. Zinssatz: 2,5 % p. a.

Festgeldkonto: Guthaben erst nach Ablauf einer Frist verfügbar, Mindestguthaben oftmals vorgeschrieben. Zinssatz: 4 % p. a.

MERKWISSEN

Die **Zinsrechnung** ist eine Anwendung der Prozentrechnung.

Prozentrechung	Zinsrechnung
Grundwert G	Kapital K (auch: Guthaben, Darlehen, Kreditbetrag, …)
Prozentwert P	Zinsen Z (auch: Jahreszinsen, Dividende)
Prozentsatz p %	Zinssatz p % (auch: Verzinsung, Zinsfuß)

In den meisten Fällen wird ein **Jahreszins** vereinbart.
Die Zinsen nach einem Jahr lassen sich somit als Teil vom Ganzen bestimmen:
$Z = K \cdot p\%$ („**Zinsformel**")

Vergleiche: P = G · p %

Wird Geld nur einen **Teil des Jahres** angelegt, dann wird auch nur der zugehörige **Anteil der Jahreszinsen** Z berechnet.

*Vereinbarung:
1 Monat hat 30 Tage,
1 Jahr hat 360 Tage.*

Beispiel: Jahreszinsen 120 €

Zinsen für 150 Tage: Zinsen für 7 Monate:
$Z(150 \text{ Tage}) = 120 € \cdot \frac{150}{360} = 50 €$ $Z(7 \text{ Monate}) = 120 € \cdot \frac{7}{12} = 70 €$

BEISPIELE

Bei der Zinsrechnung hast du die gleichen Lösungsmöglichkeiten wie bei der Prozentrechnung.

I a) Ein Kapital von 8000 € wird zu einem Zinssatz von 4,6 % p. a. angelegt. Berechne die Jahreszinsen.

b) Welches Guthaben muss man anlegen, um beim Zinssatz 1,25 % nach einem Jahr 90 € Zinsen zu haben?

c) Bei einem Guthaben von 3000 € werden nach einem Jahr 180 € Zinsen gutgeschrieben. Gib den Zinssatz an.

Lösung:

a) $Z = K \cdot p\%$
$Z = 8000 € \cdot \frac{4,6}{100} = 368 €$
Die Jahreszinsen betragen 368 €.

b) | Prozentsatz | Geldbetrag |
·80 (1,25 %   90 €) ·80
     100 %   7200 €
Man muss 7200 € anlegen.

c) Anteil $p\% = \frac{Z}{K}$
$p\% = \frac{180 €}{3000 €} = 0,06 = 6\%$
Der Zinssatz beträgt 6 %.

Am Einzahlungstag werden keine Zinsen berechnet, jedoch am Auszahlungstag.

II Herr Maier hat vom 15. April bis zum 10. Dezember 1800 € auf einem Tagesgeldkonto zu 2,4 % angelegt. Welche Zinsen bekommt er für diese Zeit?

Lösung:
t = 15 Tage + 7 · 30 Tage + 10 Tage = 235 Tage
$Z(235 \text{ Tage}) = 1800 € \cdot 2,4\% \cdot \frac{235}{360} = 28,20 €$. Herr Maier erhält 28,20 € Zinsen.

Kapitel 4

VERSTÄNDNIS

- Lohnt es sich, einen großen Geldbetrag für kurze Zeit auf einem Girokonto anzulegen? Begründe.
- Beschreibe verschiedene Möglichkeiten, um die Zinsen für einen Teil des Jahres zu bestimmen.
- Ein Zinssatz von 100 % verdoppelt das Guthaben nach einem Jahr. Stimmt das?

AUFGABEN

1 Berechne die fehlenden Werte in der Tabelle. Die Zinsen sind Jahreszinsen.

	a)	b)	c)	d)	e)	f)	g)
K	2445 €	6250 €		5000 €	7434 €	26 540 €	
p %	5 %		4,5 %	3 %			11 %
Z		125 €	162 €		55,76 €	2388,60 €	9964,68 €

	h)	i)	j)	k)	l)	m)	n)
K		1 000 550 €		90 588 €	500 €	8800 €	17 500 €
p %	3,2 %		1,7 %	5 %			5 %
Z	2089,60 €	45 024,75 €	451,18 €		35 €	9680 €	

2
a) Chanel hat zu Beginn des Jahres 564 € auf ihrem Sparbuch. Wie viel Zinsen werden ihr am Jahresende bei einem Zinssatz von 2 % gutgeschrieben?
b) Jakob hat auf einem Festgeldkonto 2600 € dauerhaft angelegt. Nach einem Jahr bekommt er 124,80 € Zinsen. Mit welchem Zinssatz wurde das Geld verzinst?
c) Sandra bekommt auf ihrem Tagesgeldkonto 3,2 % Zinsen im Jahr. Welches Kapital muss sie anlegen, damit sie pro Jahr 250 € an Zinsen abheben kann?

3
a) Berechne die Jahreszinsen im Kopf.
    ① Guthaben 3000 €; Zinssatz 5 %   ② Guthaben 1200 €; Zinssatz 2 %
    ③ Guthaben 7000 €; Zinssatz 0,5 %   ④ Guthaben 3600 €; Zinssatz 1,5 %
b) Berechne die Zinsen für jede Teilaufgabe aus a) für die angegebenen Laufzeiten.
    ① $1\frac{1}{4}$ Jahr   ② 9 Monate   ③ 120 Tage   ④ Mitte März bis Ende Juli

Lösungen zu 3:
6; 8; 8,75; 9; 11,67; 13,13; 13,50; 18; 18; 20,25; 24; 26,25; 35; 37,50; 40,50; 50; 54; 56,25; 112,50; 150
Die Werte sind in € angegeben.

4 Berechne die Zinsen für den angegebenen Zeitraum.

	Guthaben	Zinssatz	Zeitraum
a)	5500 €	2,8 %	1. Mai bis 20. Juni
b)	39 000 €	4,2 %	15. Juli bis 25. September
c)	12 500 €	3,1 %	25. Januar bis 30. Mai
d)	8700 €	3,75 %	17. Januar bis 25. Mai

5 Berechne die Jahreszinsen und den Zinssatz für das Festgeldkonto.

a)   b)   c)

4.3 Zinsrechnung

Legt man sein Geld auf der Bank an, erhält man Zinsen. Leiht man sich mit einem Kredit Geld aus, muss man Zinsen zahlen.

6 Mathias spart Geld, um sich ein Notebook für 780 € kaufen zu können. Er bringt 700 € zur Bank, die ihm 4,5 % p. a. Zinsen bezahlt. Kann sich Mathias das Notebook nach einem Jahr kaufen?

7 Für einen Kredit in Höhe von 180 000 € muss ein Hausbesitzer im ersten Jahr 11 700 € Zinsen zahlen. Wie hoch ist der Zinssatz?

8 Welches Kapital hast du vor einem Jahr auf der Bank angelegt, wenn du bei einem Zinssatz von 2 % nun 1020 € auf dem Konto hast? Überlege und begründe.

9 Familie Storck will ein Haus für 275 000 € kaufen. Sie erhält ein Angebot einer Bank über einen Kredit mit der Verzinsung von 4 % p. a. Wie viel Eigenkapital ist nötig, wenn die Zinsbelastung im Jahr nicht höher als 6000 € sein darf?

10 Peter ist überrascht. Die Summe auf seinem Sparkonto ist im vergangenen Jahr um 5 % gestiegen. Nun hat er 1575 € auf dem Konto. Berechne die Höhe des Kapitals, das er vor einem Jahr eingezahlt hat.

11 Herr Sparfuchs hat auf seinem Konto 50 000 € angespart. Die Bank zahlte ihm im vergangenen Jahr 3,8 % Zinsen. Wie hoch war das Kapital, das Herr Sparfuchs vor einem Jahr eingezahlt hat?

12 Herr Merk kauft ein Motorrad. 5000 € der Kaufsumme in Höhe von 8820 € zahlt er sofort. Den Rest zahlt er mit einem Kontoüberziehungskredit, für den ihm die Bank 14,3 % p. a. Zinsen berechnet. Wie viel kostet ihn das Motorrad tatsächlich, wenn er den Kredit nach einem Jahr zurückzahlt?

13 Frank und Lisa legen jeweils 1000 € zu einem Zinssatz von 6 % auf einer Bank an. Beide belassen das Kapital zwei Jahre auf der Bank. Frank lässt sich jedoch die Zinsen nach einem Jahr auszahlen, während Lisa im zweiten Jahr Zinsen auch für den Zinswert des ersten Jahres erhält.
  a) Berechne den Unterschied der Erträge am Ende des zweiten Jahres.
  b) Was passiert, wenn Frank und Lisa ihr Geld mehrere Jahre in der beschriebenen Weise anlegen? Begründe.

14 Berechne und beschreibe jeweils deinen Rechenweg.
  a) Herr Böttcher hat 1200 € für 240 Tage angelegt und bekommt 48 € an Zinsen für den Zeitraum gutgeschrieben. Wie hoch war der Zinssatz?
  b) Frau Guthoff hat bei einem Zinssatz von 4 % nach 9 Monaten 45 € Zinsen bekommen. Welches Kapital hatte sie angelegt?

15 Erkundigt euch in Gruppen zu 3 bis 4 Schülern im Internet oder einer Bank vor Ort über verschiedene Möglichkeiten, Geld für 1 Jahr (2 Jahre, 3 Jahre) anzulegen.

Wovon hängt der Zinssatz ab? Was bedeuten die verschiedenen Anlageangebote? Welche Risiken sind mit der Anlage verbunden? Präsentiert eure Ergebnisse in der Klasse.

Kapitel 4

16 Wenn man sich von der Bank Geld leiht, also einen Kredit aufnimmt, muss man Zinsen für das geliehene Geld bezahlen.
a) Wie viel Zinsen muss man nach einem Jahr für einen Kredit in Höhe von 12 000 € (4800 €, 125 000 €) bezahlen, wenn die Bank einen Zinssatz von 8,5 % verlangt?
b) Herr Dörfler hat für 3,5 % einen Autokredit über 16 400 € aufgenommen. Wie hoch sind seine Zinsen pro Monat, solange er kein Geld zurück bezahlt?
c) Familie Prinz hat für ihr Haus ein Baudarlehen über 135 000 € zu 3,25 % und ein anderes über 70 000 € zu 5,2 % aufgenommen. Wie viele Zinsen muss die Familie monatlich bezahlen?

Die Jahreszinsen werden bei Krediten oftmals auf die einzelnen Monate verteilt.

17 Es gibt länderspezifische Gepflogenheiten, wie die Zeit bei der Zinsrechnung berücksichtigt wird.

Der Einzahlungstag wird jeweils nicht mitgezählt, der Auszahlungstag allerdings schon.

🇩🇪	Der Monat wird mit 30 Tagen, das Jahr mit 360 Tagen berechnet.
🇮🇹	Die Monate werden mit ihren tatsächlichen Tagen berücksichtigt, das Jahr jedoch mit 360 Tagen berechnet.
🇺🇸	Es werden die tatsächlichen Tage berechnet, auch für das Jahr (also 365 Tage bzw. 366 im Schaltjahr).

Vergleiche die Gepflogenheiten miteinander. Welche sind für den Sparer am günstigsten, welche für die Bank? Berechne dazu die Zinsen, die ein Kapital von 10 000 € erbringt, das im Schaltjahr 2012 angelegt wird.
a) vom 1. März bis zum 31. Dezember
b) vom 30. Januar bis zum 1. März
c) vom 25. Mai bis zum 15. September
d) im gesamten Jahr

Nimm für alle Länder denselben Zinssatz an. Wähle den Zinssatz möglichst einfach.

18 Auf einem Girokonto schwanken die täglichen Kontostände beträchtlich. Deshalb werden beim Überziehen des Kontostandes auch tagesgenau die Zinsen berechnet. Die Summe der Zinsen wird dann am Ende eines Quartals dem Konto hinzugerechnet. Der Auszug zeigt die Kontobewegungen von Herrn Kauertz in einem Monat. Welche Zinsen fallen in dieser Zeit an? Nutze ein Tabellenprogramm.

[Logo]

Kontoauszug Nr. 6   **LOGO-Bank 31.06.2012**
letzter Auszug: 30.05.2012   Saldo alt in : −3271,30

02.06.	Lohn Mai 2012	+ 1943,14
03.06.	Miete und Abgaben	− 745,50
03.06.	Versicherungsverein	− 215,67
05.06.	EC-Automat, Goethestraße	− 150,00
07.06.	TANK-Spenner	− 45,12
10.06.	EC-Automat, Lessingstraße	− 100,00
14.06.	CAR-Kreditbank	− 221,48
17.06.	EC-Automat, Schillerstraße	− 100,00
21.06.	Tank-Spenner	− 49,78
27.06.	Auto-Meier, Rechnung	− 438,71
28.06.	EC-Automat, Heinestraße	− 150,00
30.06.	Riester-Vertrag	− 79,80

Kreditlimit € 5000 (10,5 %)
Saldo neu € ....

Bei einem Girokonto sind die Zinssätze recht hoch. Deshalb lohnt sich ein dauerhaftes Überziehen nicht.

	B	C	D	E
1	Berechnung von Tageszinsen			
2				
3	Anzahl Tage	Darlehen	Zinssatz	Zinsen
4	2	3.271,30 €	10,50%	=B4*C4*D4/360
5	1	1.328,16 €	10,50%	−0,39 €

Erkläre die Bedeutung der Formel in E4.

4.4 Zinsrechnung im Alltag

Raten können beispielsweise jeden Monat oder auch nur einmal pro Quartal eingezahlt werden.

1 Beim Sparen ist es oftmals üblich, regelmäßige Einzahlungen vorzunehmen, anstatt einen Sparbetrag auf einmal anzulegen.

> Bei einer **Ratenzahlung** werden regelmäßig gleich große Geldbeträge, die „Raten", auf ein Konto einbezahlt. Die Zinsen innerhalb des Jahres werden dabei nur für die Zeit berücksichtigt, die die Rate tatsächlich auf dem Konto liegt.
>
> Zahlt man mit regelmäßigen Raten einen Kredit ab, spricht man auch von einem Finanzkauf.
>
> 1. Rate: 12 Monate
> 2. Rate: 11 Monate
> 3. Rate: 10 Monate
> ⋮
>
> Beispiel für den Zinszeitraum von Raten innerhalb eines Jahres, die zu Beginn jedes Monats einbezahlt werden.

Auf ein Sparkonto werden zu Beginn jedes Monats 100 € einbezahlt. Der Zinssatz beträgt 3 %.

a) Übertrage die Tabelle und bestimme die Zinsen für die einzelnen Raten.

Beginn des Monats	Januar	Februar	März		November	Dezember
Rate	100 €	100 €	100 €	…	100 €	100 €
Monate	12	11	10		2	1
Zinsen						

b) Bestimme mithilfe von a) die Zinsen, die man während des gesamten Jahres bei der Ratenzahlung erhält. Vergleiche mit den Zinsen, die man bekommen würde, wenn man das gesamte Geld zu Jahresbeginn angelegt hätte.

c) Welches Kapital hätte man zu Jahresbeginn anlegen müssen, damit man dieselben Zinsen bekommen hätte wie bei der Ratenzahlung insgesamt im Jahr?

d) Erstelle ein Tabellenprogramm, mit dessen Hilfe man für diese Ratenzahlung die Zinsen innerhalb eines Jahres bestimmen kann. Berechne die Zinsen für monatliche Raten von 10 € (1000 €, 10 000 €, 100 000 €). Was stellst du fest? Welche Zusammenhänge erkennst du?

2 Familie Schlappau zahlt jedes Quartal zu Quartalsbeginn 2500 € in einen bis dahin leeren Bausparvertrag ein. Das Geld wird mit 2,5 % verzinst.

a) Bestimme die Zinsen für jede Rate mithilfe einer Tabelle.

b) Wie hoch ist der Kontostand am Ende des 1. Jahres (mit den gesamten Zinsen)?

3 Bei Ratenzahlung werden die Zinsen je nach Einzahlungszeitpunkt bis zum Jahresende berechnet. Herr Schell eröffnet ein Konto und legt jedes Quartal 300 € an. Berechne die Zinsen, die er am Jahresende erhält, wenn er die Rate …

a) zu Beginn   b) in der Mitte   c) am Ende

eines Quartals einbezahlt. Der Zinssatz beträgt 3 %.

 4 Viele Menschen finanzieren sich Gegenstände des täglichen Lebens. Die Rate, die sie dabei bezahlen, umfasst sowohl die Zinsen als auch die Abzahlung. Wie hoch sind die Zinsen beim nebenstehenden Angebot?

Laufzeit in Monaten	6 Monate	12 Monate
Rechnungsbetrag in €	monatliche Rate in €	
1000,-	172,-	88,-
2000,-	346,-	176,-
keine Bearbeitungsgebühr		

5 Beim mehrjährigen Sparen lässt man die Zinsen oft auf dem Konto liegen.

> Werden am Ende eines Jahres die **Zinsen** nicht abgehoben, so werden sie zum Guthaben hinzugerechnet und im **nächsten Jahr** ebenfalls **mitverzinst**. Man spricht vom **Zinseszins**.
> Das **Guthaben zu Jahresende** entspricht also einem **vermehrten Grundwert**. Mit dem vermehrten Prozentsatz lassen sich Zinsen über mehrere Jahre einfach bestimmen.
>
> **Beispiel**:
> Zinssatz 3 %; Kapital K
> - Kapital am Ende des 1. Jahres:
> $K(1) = K \cdot 1{,}03$ bzw. $K(1) = K \cdot 1{,}03^1$
> - Kapital am Ende des 2. Jahres:
> $K(2) = \underbrace{(K \cdot 1{,}03)}_{K(1)} \cdot 1{,}03$ bzw. $K(2) = K \cdot 1{,}03^2$
> - Kapital am Ende des 3. Jahres:
> $K(3) = \underbrace{(K \cdot 1{,}03 \cdot 1{,}03)}_{K(2)} \cdot 1{,}03$ bzw. $K(3) = K \cdot 1{,}03^3$

a) Bestimme anhand des Beispiels das Kapital am Ende des 1. (2., 3.) Jahres, wenn zu Beginn K = 5000 € angelegt wurden.

b) Begründe, warum man das Kapital nach n Jahren wie folgt bestimmen kann: $K(n) = K \cdot 1{,}03^n$.

c) Wie lautet die „Zinseszinsformel" aus b) für einen Zinssatz von 2 % (5 %, 8 %)?

*Man bezeichnet $K(n) = K \cdot 1{,}03^n$ auch als **Zinseszinsformel** für ein Kapital nach n Jahren bei 3 % Verzinsung.*

6 a) Ein Kapital von 100 € wird 5 Jahre zu einem Zinssatz von 5 % angelegt. Übertrage die Tabelle in dein Heft und vervollständige sie.

Jahr	1	2	3	4	5
Kapital am Jahresende	105 €				

b) Stelle die Entwicklung des Kapitals mithilfe der Tabelle aus c) grafisch dar. Beschreibe den Verlauf des Graphen. Ist die Zuordnung proportional?

Das Beispiel aus Aufgabe 5 kann dir helfen.

7 Berechne das Kapital zum Ende der Laufzeit. Zinsen werden mitverzinst.

	a)	b)	c)	d)	e)
Anfangskapital	3000 €	7000 €	12 000 €	25 000 €	45 000 €
Laufzeit	2 Jahre	3 Jahre	3 Jahre	2 Jahre	4 Jahre
Zinssatz	4 %	6 %	3,5 %	2,5 %	3 %

8 Sabrina legt 2000 € für 3 Jahre auf einem Bankkonto an. Der Zinssatz beträgt 4,5 %, die Zinsen werden jeweils mitverzinst.

a) Wie hoch ist das Guthaben am Ende der Laufzeit?

b) Wie hoch sind die Zinsen insgesamt, die Sabrina in den 3 Jahren erhält?

c) Vergleiche das Ergebnis aus b) mit den Zinsen, die Sabrina insgesamt bekommen hätte, wenn die Zinsen zu Jahresende jeweils ausbezahlt worden wären.

9 Bei manchen Festgeldkonten sind die Zinsen nicht in jedem Jahr gleich.

a) Berechne für eine einmalige Einzahlung von 3500 € das Guthaben nach 3 Jahren, wenn die Zinsen am Ende des Jahres jeweils hinzugezählt und im nächsten Jahr mitverzinst werden. Ergänze die Tabelle.

	1. Jahr	2. Jahr	3. Jahr
Guthaben zu Jahresbeginn			
Jahreszinsen			
Guthaben am Jahresende			

b) Wie viel Zinsen bekommt man bei dem Angebot insgesamt in 3 Jahren?

Festgeldkonto:
3 Jahre fest
1. Jahr 1,5 % Zinsen
2. Jahr 2,5 % Zinsen
3. Jahr 4,0 % Zinsen

Das Guthaben am Jahresende ist das neue Guthaben des Folgejahres.

4.5 Vermischte Aufgaben

1 Berechne die fehlende Größe.

	a)	b)	c)	d)	e)
Grundwert G	368 m	44 min	845,00 €	78,90 kg	
Prozentwert P			211,25 €	47,34 kg	3,75 t
Prozentsatz p %	12 %	8 %			30 %

Überlege zunächst, was der Grundwert ist.

2 Eine Kinokarte kostet für Jugendliche 4 €, für Erwachsene 5,50 €.
   a) Um wie viel Prozent ist eine Karte …
      ① für einen Jugendlichen billiger als für einen Erwachsenen?
      ② für einen Erwachsenen teurer als für einen Jugendlichen?
   b) Finde zwei weitere Paare von Eintrittspreisen, die im selben Verhältnis stehen wie die Preise in a).

3 Viele Geschäfte bieten Bonuskarten an. Wie viel Prozent spart man jeweils?

a) b)  c)

Wenn du lieber mit Preisen rechnest, kannst du auch Angaben aus deiner Umgebung verwenden.

4 Laura hat einen Würfel mit 5 cm Kantenlänge, die Kantenlänge bei Lars Würfel ist 10 % größer.
   a) Vergleiche das Volumen beider Würfel. Um wie viel Prozent ist das Volumen von Lars Würfel größer als das von Lauras Würfel?
   b) Bearbeite Teil a) mit der Oberfläche anstatt des Volumens.
   c) Überprüfe die Ergebnisse aus a) und b) mit anderen Kantenlängen.

5 Bei der Bewertung der Nebenwirkungen von Medikamenten werden die nebenstehenden Häufigkeitsangaben zugrunde gelegt. Übersetze die Angaben in Prozent.

> **Häufigkeitsangaben von Nebenwirkungen bei Medikamenten**
> - sehr häufig: mehr als 1 von 10 Behandelten
> - häufig: weniger als 1 von 10, aber mehr als 1 von 100 Behandelten
> - gelegentlich: weniger als 1 von 100, aber mehr als 1 von 1000 Behandelten

6 Übertrage die Tabelle in dein Heft und ergänze die fehlenden Angaben.

	a)	b)	c)	d)	e)	f)
alter Preis	150 €	2350 €		1800 €		
Änderung um	– 20 %		+ 10 %		– 6 %	
Änderungsfaktor		0,99		1,15		1,04
neuer Preis			525 €		1756 €	367 €

7 Ein rechteckiger Acker ist 60 m lang und 90 m breit. Während einer Flurbereinigung werden die beiden längeren Seiten um jeweils 15 % gekürzt und jede der kürzeren Seiten um 30 % verlängert.
  a) Zeichne den Acker im Maßstab 1 : 1000 vor und nach der Veränderung ins Heft.
  b) Bestimme den Faktor, um den sich der Flächeninhalt des Ackers insgesamt verändert hat.

8 Auf vielen Büchern ist auf der Rückseite der Verkaufspreis aufgedruckt, der bereits die Mehrwertsteuer enthält. Dabei sind aufgrund der unterschiedlichen Mehrwertsteuersätze für Deutschland (D) und Österreich (A) jeweils andere Preise angeben.
  a) In Deutschland werden auf Bücher 7 % Mehrwertsteuer erhoben. Bestimme den Preis des Buches ohne Mehrwertsteuer.
  b) Bestimme mithilfe von a) den MwSt.-Satz in Österreich. Runde geeignet.

9 Stelle übersichtlich alle möglichen Begriffe der Zinsrechnung den zugehörigen Begriffen der Prozentrechnung gegenüber.

10 Übertrage die Tabelle in dein Heft und vervollständige sie.

	a)	b)	c)	d)	e)	f)
K	3600 €		560 €	4850 €		3500 €
p %	4 %	6 %		3,5 %	12 %	3 %
Zeit	1 Jahr	1 Jahr	$\frac{1}{2}$ Jahr	2 Monate	120 Tage	
Z		56 €	19,60 €		300 €	70 €

11 Ein Betrieb nimmt ein Darlehen über 120 000 € für ein Vierteljahr zu einem Zinssatz von 5,5 % auf. Wie viel muss der Betrieb an Zinsen zahlen?

12

Super-Sparen
1. Jahr: 2 %
2. Jahr: 3 %
3. Jahr: 4 %

TOP-Sparen
1. Jahr: 3 %
2. Jahr: 3 %
3. Jahr: 3 %

Extra-Sparen
1. Jahr: 1 %
2. Jahr: 3 %
3. Jahr: 5 %

Nutze ein Zahlenbeispiel und argumentiere dann.

Vergleiche die Angebote der Banken miteinander, wenn die Zinsen …
  a) am Ende jedes Jahres ausbezahlt werden.
  b) am Jahresende auf dem Konto verbucht und mitverzinst werden.

13 Herr Kober eröffnet ein Konto und zahlt jeweils zu Quartalsbeginn 130 € ein. Das Geld wird mit 3,5 % verzinst. Wie viel Geld hat Herr Kober nach einem Jahr auf seinem Konto?

14 Frau Vieldahl lässt ein Guthaben von 4200 € drei Jahre lang auf ihrem Konto liegen. Am Ende zeigt der Kontoauszug ein Guthaben von 4724,43 € an. Mit welchem gleichbleibenden Zinssatz wurde das Geld verzinst? Probiere aus.

4.6 Themenseite: An der Börse

Was ist eine Aktie?
Wenn man eine Aktie kauft, beteiligt man sich an einer Firma, das heißt man wird Miteigentümer. Jede Aktie hat einen Geldbetrag aufgedruckt (den „Nennwert" der Aktie), der den Teil des Grundkapitals angibt, mit dem man sich beteiligt. Ein Wirtschaftsunternehmen, das Aktien ausgibt, um an Geld zu kommen, nennt man Aktiengesellschaft (AG).
Aktien werden je nach Ausgabezeitpunkt in € oder der früheren Währung D-Mark (DM) geführt, dabei gilt: 1 € = 1,95583 DM. Bei der Umrechnung wird auf ganze Cent gerundet.

a) Welchen Anteil am Grundkapital gibt eine einzelne Aktie jeweils an? Runde geeignet.
b) Wie viele Aktien hat jede Firma ausgegeben?
c) Wie viele Aktien muss jemand besitzen, der 1 % (5 %, 16 %) des Grundkapitals besitzt? Welchen „Nennwert" haben diese Aktien?

COMMERZBANK
Wert einer Aktie: 10 €
Grundkapital: 5 113 429 053,00 €

SIEMENS
Wert einer Aktie: 3 €
Grundkapital: 2 742 610 263,00 €

Wert einer Aktie: 5 DM
Grundkapital: 1 015 233 400,32 €

Wert einer Aktie: 20 DM
Grundkapital: 601 995 196,21 €

Wert einer Aktie: 50 DM
Grundkapital: 1 339 916 800,00 €

DAX – der Maßstab
Der DAX (Deutscher Aktienindex) spiegelt die Entwicklung der 30 größten deutschen Unternehmen wieder, deren Aktien an der Börse frei gehandelt werden. Sein Grundwert wurde zum 01.01.1988 auf 1000 Punkte festgelegt. Je nachdem, zu welchem Wert die Aktien der 30 Unternehmen an der Börse gehandelt werden, steigt oder sinkt der DAX-Wert. Die Tabelle zeigt die besten fünf Handelstage in den letzten Jahren jeweils mit der Veränderung gegenüber dem Vortag.

Datum	Schlusskurs in Punkten	Zunahme gegenüber Vortag in Punkten
13. Okt. 2008	5062,45	518,14
28. Okt. 2008	4823,45	488,81
24. Nov. 2008	4554,33	426,93
29. Juli 2002	3859,78	280,78
8. Dez. 2008	4715,88	334,41

a) Um wie viel Prozent hat sich der DAX jeweils gegenüber dem Vortag verändert? Achte auf den Grundwert.
b) Suche im Internet oder in der Zeitung die Schlusskurse des DAX aus der letzten Woche und beschreibe seine Veränderung. Stelle die Ergebnisse deinen Mitschülern vor.
c) Vor dem Eingang zur Börse in Frankfurt am Main, der wichtigsten in Deutschland, stehen Bulle und Bär. Finde heraus, was die beiden Tiere symbolisieren.

Kapitel 4

Dividende – die Zinsen der Aktien

Am Ende jedes Geschäftsjahres einer Aktiengesellschaft wird festgelegt, in welcher Höhe eine sogenannte Dividende ausbezahlt wird, also wie viel Geld man für jede Aktie bekommt. Die Dividende ist damit mit Zinsen vergleichbar, weil sie eine Ausschüttung auf das eingesetzte Kapital darstellt. Die Abbildung zeigt die Dividende für eine Aktie der Deutschen Post AG in den letzten Jahren.

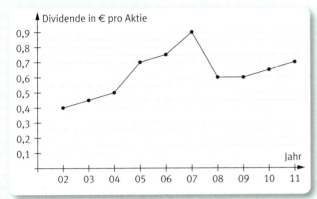

a) Beschreibe die Entwicklung der Dividende in den dargestellten Geschäftsjahren.
b) Insgesamt wurden 1 209 015 874 Aktien ausgegeben. Wie viel € wurden jeweils insgesamt an die Aktionäre ausgeschüttet?

Aktienkurse – ein ständiges Auf und Ab

Die Grafiken zeigen die Entwicklung der Aktie eines deutschen Unternehmens zu verschiedenen Zeiträumen.

a) Beschreibe und vergleiche die Grafiken.
b) Welche Grafik wird für welche Zwecke sinnvoll sein? Begründe.
c) Suche im Internet nach dem Aktienkurs einer Firma und stelle die Firma anhand des Kursverlaufs deiner Klasse vor.

4.7 Das kann ich!

Überprüfe deine Fähigkeiten und Kenntnisse. Bearbeite dazu die folgenden Aufgaben und bewerte anschließend deine Lösungen mit einem Smiley.

☺	😐	☹
Das kann ich!	Das kann ich fast!	Das kann ich noch nicht!

Hinweise zum Nacharbeiten findest du auf der folgenden Seite. Die Lösungen stehen im Anhang.

Aufgaben zur Einzelarbeit

1 Welche der Größen Grundwert G, Prozentwert P und Prozentsatz p % sind gegeben, welche ist gesucht? Ordne zu.
 a) 16 von 18 Mädchen der Klasse 8b sind Rechtshänder.
 b) Der Preis für ein Paar Schuhe wurde um 20 % reduziert. Man spart also 15 €.
 c) Luisa bekommt bisher im Monat 25 €. Ab ihrem 14. Geburtstag erhält sie 20 % mehr.

2 Berechne den Prozentwert auf verschiedene Arten. Runde gegebenenfalls geeignet.
 a) 15 % von 680 €   b) 3 % von 96 m
 c) 10,5 % von 320 t   d) 8,4 % von 44 m³
 e) 160 % von 170 min   f) 46,3 % von 85 ha

3 Übertrage die Tabelle in dein Heft und bestimme die fehlenden Größen.

	a)	b)	c)	d)
G	240 cm	30,25 t		
p %			24 %	85 %
P	60 cm	18,15 t	18,6 l	102 s

4 Bei Zahlung innerhalb von 7 Tagen kann der Rechnungsbetrag um 2 % Skonto gekürzt werden. Runde auf ct. Bearbeite die Teilaufgaben für folgende Rechnungsbeträge:
 ① 87,50 € ② 99,20 € ③ 5628 € ④ 456,27 €
 a) Wie hoch ist der Nachlass?
 b) Wie hoch ist der neue Rechnungsbetrag?

5 Bei einer Befragung von Bürgern wird festgestellt, dass ein Auto am Tag durchschnittlich nur 45 min gefahren wird. Wie viel Prozent des Tages steht das Auto still?

6 Stelle den Sachverhalt jeweils durch ein Schaubild dar und berechne.
Beispiel: Eine Ferienwohnung kostete in der letzten Saison 290 € pro Woche. In diesem Jahr werden die Preise um 15 % erhöht. Bestimme den neuen Preis.

$G^+ = G \cdot \left(1 + \dfrac{p}{100}\right)$
$G^+ = 290\,€ \cdot 1{,}15$
$G^+ = 333{,}50\,€$

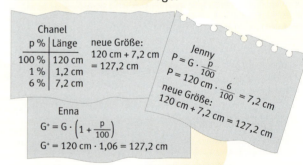

 a) Wegen der hohen Energiekosten werden die Preise für Brote um 10 % erhöht. Wie teuer ist ein Brot, das bisher 2,40 € kostete?
 b) Familie Sandoz kauft ein Sofa, das 980 € kosten soll. Das Möbelhaus gibt jedoch 16 % Rabatt. Wie teuer ist das Sofa jetzt?
 c) Eine Aktie hat während eines Jahres um 4 % zugelegt. Berechne ihren aktuellen Wert, wenn sie vor einem Jahr 23,50 € gekostet hat.

7 Eine Sonnenblume ist zu Beginn der Woche 120 cm hoch. Während der Woche wächst sie um 6 %. Chanel, Jenny und Enna berechnen die Größe am Ende der Woche auf verschiedene Arten. Beschreibe ihre Rechenwege.

Chanel

p %	Länge
100 %	120 cm
1 %	1,2 cm
6 %	7,2 cm

neue Größe: 120 cm + 7,2 cm = 127,2 cm

Jenny
$P = G \cdot \dfrac{p}{100}$
$P = 120\,cm \cdot \dfrac{6}{100} = 7{,}2\,cm$
neue Größe: 120 cm + 7,2 cm = 127,2 cm

Enna
$G^+ = G \cdot \left(1 + \dfrac{p}{100}\right)$
$G^+ = 120\,cm \cdot 1{,}06 = 127{,}2\,cm$

8 Übertrage und vervollständige die Tabelle.

	a)	b)	c)	d)
alte Größe	120 kg	33 min	86 m²	
Änderung in %	+ 12 %		− 8 %	
Gesamtänderung als Dezimalzahl		0,95		1,2
neue Größe				576 m

9 Ordne die Begriffe aus der Zinsrechnung den zugehörigen Begriffen der Prozentrechnung zu.

Guthaben   Jahreszinsen   Darlehen
Zinssatz   Kreditzinsen   Geldanlage
Kapital   Kreditbetrag   Guthabenzinsen

KAPITEL 4

10 Berechne die fehlenden Werte.

	a)	b)	c)	d)	e)
K	460 €	1200 €	245 €		
p %	4 %	6,5 %		6 %	3,5 %
Z			4,90 €	46,80 €	126 €

11 a) Frau Bons hat ein Darlehen aufgenommen und muss bei 7,5 % im Jahr 405 € Zinsen bezahlen. Wie hoch ist das Darlehen?

b) Auf einem Sparbuch liegen 640 €, die mit 2 % im Jahr verzinst werden. Welche Zinsen werden am Jahresende gutgeschrieben?

c) Zu welchem Zinssatz wurde ein Guthaben angelegt, wenn 1200 € in einem Jahr 30 € Zinsen bringen?

12 Frau Fischer hat ihr Girokonto 30 Tage lang um 350 € überzogen. Welche Zinsen werden ihr bei 12 % Überziehungszins dafür berechnet?

13 Berechne die fehlenden Größen im Heft. Runde gegebenenfalls geeignet.

	a)	b)	c)	d)
K	2500 €	680 €	1400 €	1800 €
p %	6 %	4 %	3 %	
Zeit	4 Monate	8 Monate		120 Tage
Z			10,50 €	24 €

14 Herr Müller zahlt in einen neu angelegten Bausparvertrag zu Beginn eines Quartals jeweils 80 € ein. Um welchen Betrag erhöht sich der Vertragswert im ersten Jahr, wenn ein Zinssatz von 2 % zugrunde gelegt wird?

15 Vergleiche die Zinsen, die nach einem Jahr gutgeschrieben werden, wenn jemand …

a) zu Beginn **b)** am Ende

eines Quartals jeweils 130 € bei einem Zinssatz von 3,5 % auf ein Sparkonto einzahlt, das zuvor leer war.

16 1000 € (2500 €) werden zu 3 % pro Jahr angelegt. Dabei werden die Zinsen jeweils mitverzinst. Bestimme jeweils den Kontostand am Ende jedes Jahres, wenn das Geld vier Jahre angelegt wird.

17 Aus 500 € werden nach 2 Jahren 561,80 €, wenn die Zinsen jeweils mitverzinst wurden. Wie hoch ist der Zinssatz? Probiere aus.

Aufgaben für Lernpartner

Arbeitsschritte

1. Bearbeite die folgenden Aufgaben alleine.
2. Suche dir einen Partner und erkläre ihm deine Lösungen. Höre aufmerksam und gewissenhaft zu, wenn dein Partner dir seine Lösungen erklärt.
3. Korrigiere gegebenenfalls deine Antworten und benutze dazu eine andere Farbe.

Sind folgende Behauptungen **richtig** oder **falsch**? Begründe schriftlich.

18 Der Grundwert entspricht einem Prozentwert von 100 %.

19 Die Grundaufgaben der Prozentrechnung lassen sich auf die verschiedenen Arten einer proportionalen Zuordnung lösen.

20 Beim vermehrten Grundwert gilt: $G^+ = G - P$

21 Wenn ein Preis um 20 % reduziert wurde, dann ist der neue Preis 80 % vom alten Preis.

22 Die Jahreszinsen entsprechen dem Grundwert bei der Prozentrechnung.

23 Wird ein Kapital von 200 € mit 2 % verzinst, dann erhält man nach einem Jahr 2 € Zinsen.

24 Wird Geld nur einen Teil des Jahres angelegt, dann wird auch nur der zugehörige Anteil der Jahreszinsen Z ausgeschüttet.

Aufgabe	Ich kann ...	Hilfe
1	die Grundbegriffe der Prozentrechnung zuordnen.	S. 80
2, 3, 4, 5 18, 19	die Grundaufgaben der Prozentrechnung auf verschiedene Arten lösen.	S. 80
6, 7, 8, 20, 21	den vermehrten und verminderten Grundwert bestimmen.	S. 84
9, 22	die Zinsrechnung als eine Anwendung der Prozentrechnung auffassen.	S. 88
10, 11, 23	die Grundaufgaben der Zinsrechnung bearbeiten.	S. 88
12, 13, 24	Zinsen auch nur für einen Teil des Jahres bestimmen.	S. 88
14, 15	Zinsen bei Ratenzahlungen innerhalb eines Jahres bestimmen.	S. 92
16, 17	einfache Aufgaben der Zinseszinsrechnung lösen.	S. 93

4.8 Auf einen Blick

S. 80	16 Schüler von 25 Schülern haben ein Smartphone. Das sind $\frac{16}{25} = \frac{64}{100} = 64\,\%$. Prozentwert P Grundwert G Prozentsatz p %	Bei den Grundaufgaben der Prozentrechnung ist entweder der Grundwert G, der Prozentwert P oder der Prozentsatz p % gesucht. Die Zuordnungen zwischen den Größen sind jeweils proportional, sodass man für die Bestimmung die **Eigenschaften proportionaler Zuordnungen** nutzen kann.
S. 84	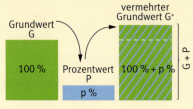 $G^+ = G \cdot \left(1 + \frac{p}{100}\right)$ 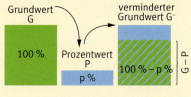 $G^- = G \cdot \left(1 - \frac{p}{100}\right)$	Wird ein Grundwert G um p % erhöht, dann bezeichnet man den erhöhten Wert als vermehrten **Grundwert G⁺**. **G⁺** = Grundwert G + Prozentwert P Entsprechend bezeichnet man bei einer Reduzierung um p % den erniedrigten Wert als **verminderten Grundwert G⁻**. **G⁻** = Grundwert G − Prozentwert P
S. 88		Prozentrechung	Zinsrechnung | |---|---| | Grundwert G | Kapital K | | Prozentwert P | Zinsen Z | | Prozentsatz p % | Zinssatz p % |	Die Zinsrechnung ist eine Anwendung der Prozentrechnung. In den meisten Fällen wird ein **Jahreszins** vereinbart, d. h. nach einem Jahr wird das Kapital um die berechneten Zinsen erhöht. Z = K · p % („**Zinsformel**")
S. 88	Jahreszinsen 120 €, Zinsen für 7 Monate sind dann Z = 120 € · $\frac{7}{12}$ = 70 €	Wird Geld nur einen **Teil des Jahres** angelegt, dann wird auch nur der zugehörige **Anteil von den Jahreszinsen** Z berechnet.
S. 92	Beispiel für Zinszeitraum einzelner Raten 1. Rate: 12 Monate 2. Rate: 11 Monate ⋮	Im Alltag werden oft regelmäßig gleich große Geldbeträge bezahlt, die man **Raten** nennt. Die Zinsen werden dabei nur für die Zeit berücksichtigt, die die Rate auch tatsächlich bezahlt wurde.
S. 93	Zinssatz 3 % Kapital K nach 2 Jahren: K (2) = K · 1,03² Kapital K nach 3 Jahren: K (3) = K · 1,03³ ⋮ Kapital K nach n Jahren: K (n) = K · 1,03ⁿ	Werden am Ende eines Jahres die **Zinsen** nicht abgehoben, so werden sie zum Guthaben hinzugerechnet und im **nächsten Jahr** ebenfalls **mitverzinst**. Man spricht vom **Zinseszins**.

Kreuz und quer

Lineare Zuordnungen

1 Lies die Rechenvorschriften für die linearen Zuordnungen aus den Graphen ab.

a) 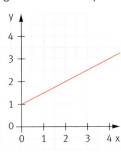 b)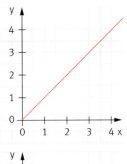

c) 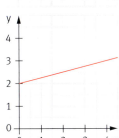 d)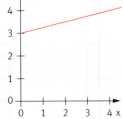

2 Entscheide jeweils, ob man die Situationen mit linearen Zuordnungen beschreiben kann.

a) Für eine Taxifahrt zahlt man eine Grundgebühr und pro gefahrenem Kilometer eine Verbrauchsgebühr.

b) In einer Fußgängerzone wird zu verschiedenen Uhrzeiten die Anzahl der Passanten gezählt.

c) 1 kg Äpfel kostet 1,99 €. Beim Einkauf wird jeder Menge an Äpfeln ein bestimmter Preis zugeordnet.

3 Zeichne die Graphen zu folgenden linearen Zuordnungen. Erstelle zunächst eine Wertetabelle.

a) $y = 2x + 1$ b) $y = 2{,}5x + 1$
c) $y = \frac{1}{2}x + 1{,}5$ d) $y = \frac{1}{4}x + 2$

4 Für welches Produkt würdest du dich entscheiden? Begründe.

Dreiecke konstruieren

5 Konstruiere mithilfe der Kongruenzsätze ein Dreieck ABC. Fertige zunächst eine Planfigur an.

a) $a = 5$ cm; $b = 7$ cm; $c = 9$ cm
b) $c = 8$ cm; $\alpha = 50°$; $\beta = 42°$
c) $a = 4$ cm; $\beta = 75°$; $c = 6{,}3$ cm

6 Ein gleichschenkliges Dreieck hat einen Basiswinkel von 20° und eine Schenkellänge von 5 cm. Bestimme zeichnerisch die Länge der Basis und die Größe des Scheitelwinkels.

7 Die Abbildungen zeigen die Konstruktion eines Dreiecks. Entscheide, nach welchem Kongruenzsatz konstruiert wurde.

a)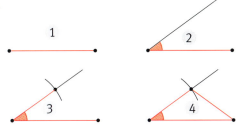

b)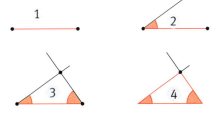

8 Ein Dreieck ABC soll folgende Maße haben:
$a = 8$ cm; $b = 5{,}5$ cm; $\beta = 67°$

a) Konstruiere dieses Dreieck. Was fällt dir auf? Begründe.

b) Verändere β auf 34°. Was stellst du bei der Konstruktion fest?

9 Bestimme zeichnerisch die Breite des Flusses. Gib an, mit welchem Maßstab du zeichnest.

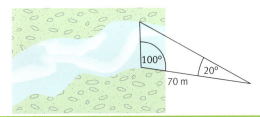

102 Kreuz und quer

Potenzen und Wurzeln

10 Berechne im Kopf.
a) $\sqrt{4}$ $\sqrt{400}$ $\sqrt{0{,}04}$
b) $\sqrt{25}$ $\sqrt{225}$ $\sqrt{2{,}25}$
c) $\sqrt[3]{8}$ $\sqrt[3]{27}$ $\sqrt[3]{125}$
d) $\sqrt{64}$ $\sqrt[3]{64}$ $\sqrt{6400}$

11 Wie lautet die Gleichung? Jede Lücke steht für eine Ziffer.
a) $\sqrt{8\square} = 9$
b) $\sqrt{\square\square} = 8$
c) $\sqrt{\square} = 2$
d) $\sqrt[3]{\square 7} = 3$
e) $\sqrt[3]{0{,}0\square 7} = 0{,}\square$
f) $\sqrt{22\square} = 1\square$

12 Gib die Zahlen in der Tabelle auf zwei Dezimalstellen genau an. Nutze den Taschenrechner, falls nötig.

	x	$\sqrt{x}$	$\sqrt[3]{x}$
a)	50		
b)		50	
c)			50
d)		5	

13 Korrigiere die Hausaufgaben von Peter.
a) $\sqrt{90} = 30$
b) $\sqrt[3]{8000} = 200$
c) $\sqrt{0{,}16} = 0{,}04$
d) $\sqrt[3]{0{,}27} = 0{,}3$

14 Erkläre anhand der Abbildungen, was man unter den folgenden Termen versteht.

 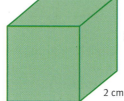

a) 2^2 b) 2^3 c) $\sqrt{4}$ d) $\sqrt[3]{8}$

15 Begründe (ohne Rechnung), ob das Ergebnis positiv oder negativ wird.
a) $0{,}8^2$; $-0{,}8^2$; $(0{,}8)^2$
b) $\left(\frac{1}{5}\right)^2$; $-\left(\frac{1}{5}\right)^2$; $\left(-\frac{1}{5}\right)^2$
c) $(+\sqrt{2})^2$; $(-\sqrt{2})^2$; $-(+\sqrt{2})^2$
c) $\left(-\frac{5}{6}\right)^2$; $+\left(\frac{5}{6}\right)^2$; $-\left(\frac{5}{6}\right)^2$
d) $-1{,}7^1$; $(-1{,}7)^2$; $(-1{,}7)^3$
e) $\frac{3^2}{4}$; $\frac{3^2}{-4}$; $\frac{(-3)^2}{-4}$

Daten

16 Die Schüler der 8a wurden nach der Anzahl ihrer Geschwister gefragt. Die Tabelle zeigt die Ergebnisse.

Anzahl der Geschwister	0	1	2	3	4
Häufigkeit	6	10	4	2	1

a) Stelle die Daten in einem Kreisdiagramm und einem Balkendiagramm dar. Runde gegebenenfalls geeignet.
b) Berechne das arithmetische Mittel der Geschwisteranzahl in der Klasse 8a.
c) Begründe, in welchem deiner Diagramme aus a) man das arithmetische Mittel gut darstellen kann.
d) Gib den Median und den Modalwert der Umfrage an. Begründe, wecher Mittelwert die Umfrage besser beschreibt.

17 Die Abbildung zeigt die Ergebnisse einer Umfrage zum Lieblingshaustier der 8.-Klässler einer Schule.

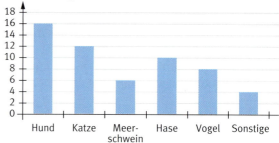

a) Wie viele Personen wurden befragt?
b) Gib den Modalwert der Umfrage an.
c) Begründe, warum es nicht möglich ist, das arithmetische Mittel zu bestimmen.

18 Erkläre, wie folgendes Diagramm manipuliert wurde und welche Wirkung sich daraus ergibt.

Erfurts Touristenzahlen nahezu verdoppelt!
Februar 2009   März 2012

5 Wahrscheinlichkeitsrechnung

Einstieg

- Wie groß ist die Wahrscheinlichkeit, mit einem Spielwürfel eine 6 zu würfeln?
- Würfle hintereinander möglichst oft mit einem Würfel. Bestätigt sich deine Vermutung?
- Wie lassen sich die Ergebnisse des Würfelwurfs mithilfe von Kennzahlen beschreiben und darstellen?

Am Ende dieses Kapitels hast du gelernt, ...
- wie du Kennzahlen von Daten bestimmen kannst.
- wie du Wahrscheinlichkeiten im Alltag beschreiben kannst.
- auf welche Weise man aus den wiederholten Ergebnissen eines Zufallsversuchs eine Wahrscheinlichkeit schätzen kann.
- was man unter einer Laplace-Wahrscheinlichkeit versteht und wie man sie bestimmen kann.

5.1 Daten auswerten

Mit einem 30 cm langen Plastiklineal lässt sich ein Reaktionstest durchführen. Dazu hält ein Schüler als Testleiter das Lineal am oberen Ende fest. Ein Partner hält die Hand an der Unterkante des Lineals leicht geöffnet. Der Testleiter lässt plötzlich das Lineal los. Der Partner muss sofort reagieren und das Lineal auffangen. An der oberen Handkante wird die Länge abgelesen, um die das Lineal gefallen ist.

- Führt den Reaktionstest paarweise wiederholt durch (mindestens 10-mal pro Person) und notiert die Daten. Beschreibt die Reaktion durch Kennwerte.
- Stellt die beiden Reaktionen als Boxplot dar und vergleicht sie.

MERKWISSEN

Daten lassen sich durch Kennwerte beschreiben. Man verwendet folgende **Mittelwerte**:

- Der Modalwert ist der Wert, der **am häufigsten** vorkommt.
- Der Median ist der Wert, der genau in der **Mitte einer Rangliste** liegt.
- Das arithmetische Mittel $\bar{x}$ **verteilt** die Summe aller Einzelwerte **gleichmäßig** auf alle Werte: $\bar{x} = \frac{\text{Summe aller Einzelwerte}}{\text{Anzahl der Einzelwerte}}$.

Für die **Streuung** von Daten kennst du bereits die Spannweite als Differenz von Maximum (größter Wert) und Minimum (kleinster Wert).

Die Verteilung von Daten lässt sich mit einem **Boxplot** darstellen.
Beispiel:

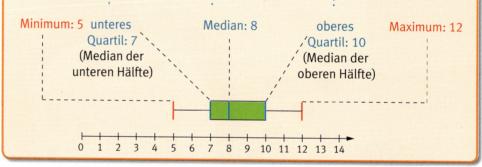

Bei einer geraden Anzahl von Daten ist der Zentralwert (Median) das arithmetische Mittel des Zahlenpaars, das sich in der Mitte der geordneten Datenreihe befindet.
Bei einer ungeraden Anzahl von Daten ist der Zentralwert in jeder der beiden Hälften enthalten.

Vorgehen:
- Ordne die Daten der Größe nach und bestimme Minimum, Maximum und Median der Datenreihe.
- Der Median teilt die Datenreihe in zwei Hälften. Bestimme den Median für jede der Hälften.
- Wähle einen geeigneten Ausschnitt auf der Zahlengerade und zeichne den Boxplot.

BEISPIELE

I Die beiden Boxplots zeigen die Verteilung der Körpergrößen der Jungen und Mädchen in der Klasse 8e.
Vergleiche die Verteilung der Körpergrößen.

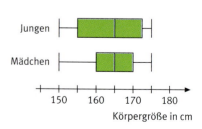

Lösung:
Bei den Körpergrößen der Jungen und Mädchen sind sowohl der Median als auch das Minimum und Maximum und somit die Spannweite gleich. Die kleinere Box bei den Mädchen bedeutet, dass die mittleren 50 % der Daten dichter um den Median liegen als bei den Jungen. Bei den Jungen sind dafür die beiden Antennen kürzer, d. h. die unteren und die oberen 25 % der Daten liegen jeweils dichter beisammen als bei den Mädchen.

KAPITEL 5

VERSTÄNDNIS

- Der Median wird auch als „mittleres Quartil" bezeichnet. Erkläre.
- Kann der Modalwert (der Median, das arithmetisches Mittel) auch das Minimum einer Datenreihe sein? Überlege ein Beispiel und begründe.

AUFGABEN

1 Beschreibe die Datenreihen anhand von Mittelwerten und der Spannweite.
   a) 2; 6; 3; 5; 2; 7; 3; 1; 7; 4
   b) −2; 8; −4; 6; 4; −2; 8; −10; −4; 0; 2; −6; 8; −12; 4; −8; 7; −6; 2; 0
   c) 0,2; 0,1; 0,7; 0,3; 0,6; 1,5; 0,1; 0,3; 0,5; 0,8
   d) −210; −320; −120; −300; −280; −310; −240; −290; −310; −270
   e) 6,3; 9,2; 32,1; 17,6; 19,8; 7,3; 17,4; 12,4; 8,4; 25,8

2

	Daten							Min.	Max.	R
1	4,1 m	1,7 m	3,9 m	5,3 m	5,2 m	5,1 m	4,8 m			
2	200,2	198,0	177,6	213,8	186,3	207,8	200,2			
3	34 s		51 s	48 s	59 s	16 s	22 s	15 s		
4	27 ct	33 ct		75 ct		61 ct	69 ct		81 ct	67 ct
5	87 g	150 g	74 g		103 g	112 g		67 g		46 g
6	$\frac{1}{2}$ l	$\frac{1}{8}$ l	$\frac{3}{4}$ l	$\frac{2}{3}$ l	$\frac{7}{8}$ l	$1\frac{1}{2}$ l	$\frac{1}{4}$ l			

Für die Spannweite verwendet man oft den Buchstaben R (engl.: range, Weite) als Abkürzung.

   a) Übertrage die Tabelle in dein Heft und vervollständige sie.
   b) Bestimme den Median und das arithmetische Mittel der Reihen 1, 2, 3 und 6.

3 Bei den Fußballern eines Sportvereins wird zu Saisonbeginn der Ruhepuls gemessen: 49; 54; 57; 62; 52; 58; 51; 61; 60; 55; 54; 51; 60.
Stelle die Verteilung der Messwerte in einem Boxplot dar.

4 In einer Molkerei wird Milch maschinell in Litertüten abgefüllt. Mit einer neuen Maschine soll die Abfüllgenauigkeit verbessert werden. Die Daten geben die Ergebnisse einer Kontrolle der beiden Maschinen an (alle Angaben in Litern).

alte Maschine	neue Maschine
0,97; 0,98; 1,02; 0,99; 1,01; 0,97; 1,00; 0,96; 1,03; 0,99; 1,02; 0,99; 0,97; 1,00; 1,02	0,99; 0,98; 1,04; 1,02; 0,97; 1,00; 1,00; 0,98; 1,02; 0,99; 1,01; 1,03; 1,02; 0,97; 1,00

   a) Stelle für jede Maschine die Verteilung der Daten als Boxplot dar.
   b) Vergleiche die Maschinen miteinander. Ist die neue Maschine besser?

5 Der Boxplot zeigt das Ergebnis einer Umfrage zur Höhe des wöchentlichen Taschengeldes. Welche Kenngrößen kannst du ihm entnehmen?

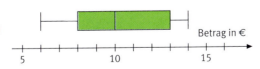

6 Gib eine Datenreihe mit 9 (10; 11) Werten an, die zu dem Boxplot gehören könnte.

a)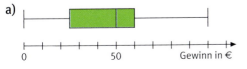

b)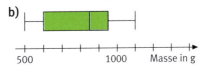

5.2 Zufallsversuche

Mittwoch 18.50 Uhr. Im Fernsehen wird die Ziehung der Lottozahlen ausgestrahlt. Dabei werden zufällig 6 der 49 weißen, nummerierten Kugeln gezogen. Diese 6 Zahlen sind die „Gewinnzahlen" der laufenden Woche. Je mehr „Richtige" ein Lottospieler auf seinem Lottoschein angekreuzt hat, desto größer ist sein Gewinn.

- Gib fünf verschiedene Möglichkeiten für die 6 Gewinnzahlen an.
- Was bedeutet es, dass die Gewinnzahlen „zufällig" entstehen? Erkläre genau.
- Welche Gewinnzahlen werden wohl nächste Woche gezogen? Begründe.

Merkwissen

Ein Versuch, dessen Ausgang bzw. **Ergebnis zufällig** ist, heißt **Zufallsversuch**, wenn zusätzlich Folgendes gilt:
1. Die Durchführung erfolgt nach genauen Regeln und ist beliebig wiederholbar.
2. Es müssen mindestens zwei verschiedene Ergebnisse möglich sein.
3. Das Ergebnis ist nicht vorhersagbar.

Werden mehrere gleiche Zufallsversuche hintereinander ausgeführt, so spricht man von einem **mehrstufigen Zufallsversuch** (z. B. mehrmaliges Würfeln).

Alle möglichen Ergebnisse zusammen bilden die **Ergebnismenge**. Ein bestimmter Teil aller möglichen Ergebnisse, für den man sich interessiert, wird **Ereignis** genannt. Ein Ereignis kann **sicher**, **möglich** oder **unmöglich** sein.

Beispiel: Würfelwurf: Ergebnismenge E = {1; 2; 3; 4; 5; 6}
Ereignis A: „Augenzahl gerade"   A = {2; 4; 6}. Das Ereignis ist möglich.
Ereignis B: „Augenzahl 0"   B = { }. Das Ereignis ist unmöglich.
Ereignis C: „Augenzahl höchstens 6"   C = {1; 2; 3; 4; 5; 6}. Das Ereignis ist sicher.

Wenn ein Ereignis sicher ist, so enthält es alle möglichen Ausgänge des Versuchs. Ist ein Ereignis unmöglich, so enthält es kein einziges Ergebnis der Ergebnismenge.

Will man ein Ereignis aufzählen, dann nutzt man die Mengenschreibweise {...}.

Beispiele

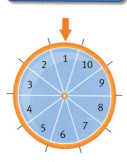

I Das nebenstehende Glücksrad wird gedreht.
  a) Welche Ergebnisse sind möglich?
  b) Welche Ergebnisse passen für folgende Ereignisse? Schreibe in Mengenschreibweise und beurteile deine Lösung.
     A: „Die Zahl ist gerade."   B: „Die Zahl ist durch 3 teilbar."
     C: „Die Zahl ist größer als 10." D: „Die Zahl liegt zwischen 0 und 15."
  c) Auf welches Ereignis würdest du eher wetten? Begründe deine Antwort.
     F: „Die Zahl ist gerade."   G: „Die Zahl ist kleiner als 5."

Lösung:
a) Ergebnismenge E = {1; 2; 3; 4; 5; 6; 7; 8; 9; 10}
b) A = {2; 4; 6; 8; 10}, mögliches Ereignis   B = {3; 6; 9}, mögliches Ereignis
   C = { }, unmögliches Ereignis   D = {1; 2; ...; 9; 10}, sicheres Ereignis
c) Die Felder zu jeder Zahl sind gleich groß, also kann man damit rechnen, dass jede Zahl in etwa gleich häufig vorkommt. Also muss man nur die Anzahl der möglichen Ergebnisse zu den beiden Ereignissen vergleichen:
   Zum Ereignis F gehören 5 Ergebnisse: 2, 4, 6, 8 und 10.
   Zum Ereignis G gehören nur 4 Ergebnisse: 1, 2, 3 und 4.
   Also würde man eher auf F wetten, weil dort mehr Ergebnisse möglich sind.

KAPITEL 5

VERSTÄNDNIS

- Finde mindestens drei Beispiele für Zufallsversuche in deiner Umwelt.
- Richtig oder falsch? Beim „blinden" Ziehen einer Spielkarte aus einem Kartenspiel handelt es sich um einen Zufallsversuch. Begründe.
- Simones Würfel hat auf allen sechs Seiten eine Eins. Begründe, warum das Werfen dieses Würfels kein Zufallsversuch ist.

AUFGABEN

1 Handelt es sich um einen Zufallsversuch? Begründe. Gib mögliche Ergebnisse an.
  a) Ein Würfel wird 1-mal (2-mal) geworfen.   b) Der Schiedsrichter pfeift „Foul".
  c) Moritz dreht an einem Glücksrad.   d) Jenna wirft eine Münze.
  e) Selma springt vom Fünfmeterbrett.   f) Martin löste eine Matheaufgabe.
  g) Jaqueline zieht ein Los auf der Kirmes.   h) Herr Vettel fährt Auto.

2 Welche möglichen Ergebnisse gibt es zu folgenden Zufallsexperimenten?

a)   b)    c)

Augensumme beim gleichzeitigen Werfen mit zwei Würfeln | Einmaliges Ziehen einer Kugel aus der abgebildeten Urne | Würfeln mit einem Körper mit acht gleich großen Flächen (Ziffern 1 bis 8)

3 a) Übertrage die Tabelle ins Heft und fülle sie aus, indem du für die angegebenen Ereignisse jeweils die möglichen Ergebnisse bestimmst.

Ereignis	Ergebnisse
Zahl ist kleiner als 4.	
Zahl ist ungerade.	
Zahl ist größer als 5.	
Zahl ist größer als 0.	

Mithilfe eines Bierdeckels und einer Nadel kannst du leicht selbst ein Glücksrad bauen. Probiere es aus!

b) Formuliere mehrere Ereignisse, die einen sicheren (einen unmöglichen) Ausgang erwarten lassen.

4 Ein Spielwürfel wird zweimal geworfen. Anschließend wird aus den Augenzahlen eine möglichst große zweistellige Zahl gebildet.
  a) Schreibe alle möglichen Ergebnisse auf.
  b) Notiere die folgenden Ereignisse in Mengenschreibweise.
   A: „Die Zahl ist gerade."   B: „Die Zahl ist ungerade."
   C: „Die Zahl ist durch 3 teilbar."   D: „Die Zahl ist kleiner als 50."
   E: „Die Zahl ist eine Quadratzahl."   F: „Die Zahl ist größer als 15."

5 Bastle ein Glücksrad. Du benötigst eine runde Pappscheibe und eine Nadel.
  a) Überlege dir mindestens drei verschiedene Zufallsversuche, die du mit deinem Glücksrad durchführen kannst.
  b) Führe deine Zufallsversuche aus a) jeweils zehnmal durch und notiere die Ergebnisse jeweils in einer Häufigkeitstabelle.
  c) Finde verschiedene Ereignisse und gib die zugehörige relative Häufigkeit an.

So könnte ein Glücksrad aussehen:

5.3 Das Gesetz der großen Zahlen

Hast du schon einmal mit Schraubverschlüssen gewürfelt? Wenn sie an der Seite recht gerade sind, lassen sich drei Positionen unterscheiden.

oben (o)   unten (u)   Seite (S)

- Besorge dir zehn gleichartige Verschlüsse (z. B. von Milchtüten oder Getränkeflaschen). Würfle wiederholt mit den Verschlüssen und vervollständige die Tabelle.

*Die tatsächliche Anzahl, wie oft ein Ergebnis vorkommt, bezeichnet man als **absolute Häufigkeit H**. Den Anteil, den ein Ergebnis in Bezug auf alle Ergebnisse hat, nennt man **relative Häufigkeit h**.*

Anzahl geworfener Verschlüsse	absolute Häufigkeit H			relative Häufigkeit h		
	H (o)	H (u)	H (S)	h (o)	h (u)	h (S)
10	☐	☐	☐	☐	☐	☐
50	☐	☐	☐	☐	☐	☐
100	☐	☐	☐	☐	☐	☐
500	☐	☐	☐	☐	☐	☐
1000	☐	☐	☐	☐	☐	☐
...	☐	☐	☐	☐	☐	☐

- Beschreibe, wie sich die absoluten und relativen Häufigkeiten in Abhängigkeit von der Anzahl der Würfe verändern.

MERKWISSEN

Führt man einen Zufallsversuch wiederholt durch, so verändert sich die relative Häufigkeit eines Ergebnisses. Mit zunehmender Anzahl an Durchführungen werden die Schwankungen jedoch immer kleiner, die **relative Häufigkeit stabilisiert sich**. Diese Tatsache wird auch das **Gesetz der großen Zahlen** genannt.

Die relative Häufigkeit, die sich nach vielen Durchführungen kaum noch ändert, ist ein guter **Schätzwert für die Wahrscheinlichkeit**, mit der man die Ergebnisse eines Zufallsexperiments erwartet.

Große Zahlen bedeuten hier, dass ein Zufallsversuch 5000- oder 10 000-mal durchgeführt wird.

BEISPIELE

Kopf: Seite:

I Eine Reißzwecke wird in vier Durchgängen je 1000-mal geworfen. Bestimme einen Schätzwert für die Wahrscheinlichkeit, dass die Reißzwecke auf dem Kopf landet.

Durchgang	1	2	3	4
Anzahl Kopf	356	372	365	362

Lösungsmöglichkeiten:

① relative Häufigkeit als Mittelwert aller Würfe:
$$\bar{x} = \frac{356 + 372 + 365 + 362}{4000} = \frac{1455}{4000} \approx 0{,}364 = 36{,}4\,\%$$

② Mittelwert der relativen Häufigkeiten der einzelnen Durchgänge:
$$\bar{x} = \frac{0{,}356 + 0{,}372 + 0{,}365 + 0{,}362}{4} = \frac{1{,}455}{4} \approx 0{,}364 = 36{,}4\,\%$$

Man kann erwarten, dass in ca. 36 % der Fälle die Reißzwecke auf dem Kopf landet.

KAPITEL 5

- Stimmt das? Egal wie häufig man ein Zufallsexperiment bei verschiedenen Durchgängen durchführt, kann man immer den Mittelwert der relativen Häufigkeiten als Schätzwert für die Wahrscheinlichkeit verwenden.
- Begründe, warum die Lösungsmöglichkeiten in Beispiel I gleichwertig sind.

AUFGABEN

1 Eine Spielkarte wird 10-mal nacheinander in die Luft geworfen. Sie landet 7-mal auf der Vorderseite und 3-mal auf der Rückseite. Nelson ist sich sicher: „Die Wahrscheinlichkeit, dass die Spielkarte auf der Vorderseite landet, beläuft sich auf 70 %." Was meinst du dazu? Begründe deine Meinung.

2 Wirf eine Reißzwecke auf einen harten Untergrund. Ermittle für die Lagen Kopf und Seite (siehe Beispiel I) einen Schätzwert für die Wahrscheinlichkeit, indem du in fünf Durchgängen jeweils 200 Lagen von Reißzwecken bestimmst.

Statt eine Reißzwecke 200-mal zu werfen, kann man beispielsweise auch zehn Reißzwecken 20-mal werfen.

3 Telefonnummern bestehen aus verschiedenen Ziffern. Die Tabelle zeigt die absoluten Häufigkeiten der Ziffern in den Seiten eines Telefonbuchs.

Ziffer	0	1	2	3	4	5	6	7	8	9
S. 34	354	276	451	289	313	462	243	178	254	327
S. 187	267	189	312	251	281	361	176	189	243	278
S. 342	317	229	395	321	276	385	207	165	265	332

a) Bestimme die relativen Häufigkeiten der Ziffern auf den einzelnen Seiten.

b) Bestimme einen Schätzwert für die Wahrscheinlichkeit der einzelnen Ziffern der Telefonnummern.

4 In deutschen Texten treten die Buchstaben mit unterschiedlichen Häufigkeiten auf.

a) Nimm eine beliebige Buchseite aus diesem Schulbuch und bestimme die Anzahl der einzelnen Buchstaben. Übertrage dazu die Tabelle in dein Heft und vervollständige sie.

Buchstabe	a	b	c	d	e	f	g	...	x	y	z
H („Buchstabe")	☐	☐	☐	☐	☐	☐	☐		☐	☐	☐
h („Buchstabe")	☐	☐	☐	☐	☐	☐	☐		☐	☐	☐

b) Führe die Untersuchung an einer weiteren Seite durch. Bestimme mit deinen Ergebnissen einen Schätzwert für die Wahrscheinlichkeiten des Auftretens der einzelnen Buchstaben.

Du kannst auch mit einem Partner zusammen arbeiten.

5 Beim Spieleabend läuft gerade eine Runde „Mensch-ärgere-dich-nicht". Beschreibe, wie Rudi herausfinden könnte, ob Coras Glückswürfel gezinkt ist.

Bei einem gezinkten Spielwürfel erhält man manche Augenzahlen mit größerer Wahrscheinlichkeit als andere.

Das gibt's doch nicht, du würfelst schon wieder einen Sechser!

Jetzt weißt du, warum ich nur meinen pinkfarbenen Glückswürfel benutze.

5.3 Das Gesetz der großen Zahlen

Die Summe gegenüberliegender Augenzahlen beträgt stets 7.

6 Die Klasse 8a hat mit verschiedenen „Würfeln" je 10 000-mal gewürfelt und ihre Ergebnisse in Säulendiagrammen veranschaulicht.

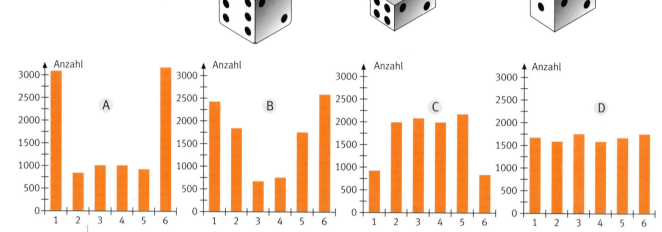

a) Welches Diagramm gehört zu welchem Würfel? Begründe deine Antwort.

b) Wie muss ein Zufallsgerät aussehen, der zu dem übrig gebliebenem Diagramm passt? Beschreibe und skizziere.

7 Paulina dreht an dem abgebildeten Glücksrad.

a) In wie viel Prozent aller Drehungen erwartest du auf lange Sicht die einzelnen Farben?

b) Zeichne in dein Heft jeweils ein Glücksrad mit den Farben Rot, Grün und Blau, das die folgende Bedingung erfüllt. Wie viele solcher Glücksräder gibt es? Auf lange Sicht gesehen erwartet man …

① Rot genauso oft wie Blau.

② Grün genauso oft wie Blau und Rot zusammen.

③ Grün doppelt so oft wie Blau.

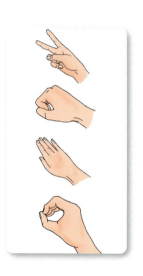

8 Sicherlich kennst du das Spiel „Schere, Stein, Papier und Brunnen". Dabei entscheiden sich zwei Spieler gleichzeitig für eine dieser Figuren und es gewinnt (Sieger jeweils fett):

① **Schere** schneidet Papier. ② **Papier** bedeckt Brunnen und wickelt Stein ein.

③ **Stein** schleift Schere.   ④ Stein und Schere fallen in **Brunnen**.

a) Untersuche die Gewinnchancen, wenn man nur die Figuren Schere, Stein und Papier verwendet.

b) Beim Spiel mit allen Figuren hat man angeblich die besten Gewinnchancen, wenn man niemals „Stein" benutzt. Überprüfe die Behauptung mit einem Partner, indem einer niemals „Stein" benutzt und ein anderer in etwa einem Viertel aller Fälle. Beschreibt eure Ergebnisse und versucht, sie zu erklären.

c) Beschreibe mithilfe des Gesetzes der großen Zahlen, wie zuverlässig die Ergebnisse aus den Teilaufgaben a) und b) sind.

Kapitel 5

Alltag

Du kennst bereits folgende Befehle zur Bestimmung von Kennwerten aus den Zellen B3 bis D3 bzw. B3 bis D6:
Maximum: =MAX(B3:D3) oder =MAX(B3;C3;D3)
Minimum: = MIN(B3:D3) oder =MIN(B3;C3;D3)
Arithmetisches Mittel: =MITTELWERT (B3:D3)
Median: =MEDIAN(B3:D6)
Modalwert: =MODALWERT(B3:D6)

	A	B	C	D	E
1	Schlagballwurf 8c am 16.05. (Weiten in Meter)				
2	Name	1. Wurf	2. Wurf	3. Wurf	Bester Wurf
3	Laura	22,4	31,7	29,9	=MAX(B3:D3)
4	Sebastian	45,1	38,7	41,0	45,1
5	Nico	36,9	38,7	37,4	38,7
6	Sarah	31,9	33,5	39,0	39,0

Münzwurf simulieren
Wir simulieren das Werfen einer Münze. Bei einer „normalen" Münze (Kopf, Zahl) ist die Wahrscheinlichkeit für Kopf 50 % = 0,5. Die Abbildung zeigt den Aufbau eines Tabellenblattes. Wir schreiben für das Ergebnis Kopf eine 1, für Zahl eine 0.
Für die Simulation eines Münzwurfs werden folgende Befehle benötigt:

Zufallszahl ausgeben: „=ZUFALLSZAHL()"
Eine Zahl zwischen 0 und 1 wird zufällig erzeugt.

Bedingung: „=WENN(BEDINGUNG;DANN;SONST)"
Ein Bedingungsbefehl, bei dem zunächst die Bedingung eingegeben wird (B9<0,5). Nach dem Strichpunkt steht die Angabe, was passieren soll, wenn die Bedingung erfüllt ist (1), nach dem nächsten Strichpunkt steht das, was ansonsten in der Zelle stehen soll (0).

a) Erstelle das Tabellenblatt **1**.
b) Erweitere die Tabelle bis 100 (1000, 5000) Würfe.
c) Ändere das Tabellenblatt so ab, dass der Münzwurf auch für andere Wahrscheinlichkeiten für Kopf in Zelle B3 berechnet wird.

Hinweis: Mit der Taste F9 auf deiner Tastatur kannst du neue Zufallszahlen erzeugen.

Wir wollen in einem zweiten Tabellenblatt beobachten, wie sich die relative Häufigkeit für Kopf, also h („Kopf"), bei vielen Münzwürfen verändert. Simuliere dazu den Münzwurf mit den bisherigen Befehlen, sodass du ein Tabellenblatt wie in **2** erhältst.

d) Erstelle das Tabellenblatt **2** und setze die Tabelle bis 1000 (2000) Würfe fort.
e) Erstelle ein Diagramm, das die relative Häufigkeit in Abhängigkeit von der Anzahl der Würfe darstellt. Was fällt dir auf? Beschreibe.
Diagramm **3** zeigt ein mögliches Ergebnis.

1

absolute Häufigkeit für Kopf: H („Kopf")

	A	B	C	D
1	Münzwurf			
2				
3	Wahrscheinlichkeit Kopf	0,5		
4				
5			H ("Kopf")	H ("Zahl")
6			3	2
7				
8	Wurf Nr.	Zufallszahl	Kopf	Zahl
9	1	0,6299059	=WENN(B9<0,5;1;0)	1
10	2	0,5168466	0	1
11	3	0,1617881	1	0
12	4	0,1317735	1	0
13	5	0,3588534	1	0

2

	A	B	C	D	E
1	Münzwurf - relative Häufigkeit für Kopf				
2					
3	Wurf Nr.	Zufallszahl	Kopf	H ("Kopf")	h ("Kopf")
4	1	0,81417284	0	0	0
5	2	0,20686313	1	1	0,5
6	3	0,52805168	0	1	=D6/A6
7	4	0,3355378	1	2	0,5
8	5	0,202836	1	3	0,6
9	6	0,26372382	1	4	0,666666667
10	7	0,24299591	1	5	0,714285714
11	8	0,67420491	0	5	0,625
12	9	0,57770917	0	5	0,555555556
13	10	0,89305231	0	5	0,5
14	11	0,87810695	0	5	0,454545455
15	12	0,09968275	1	6	0,5

3

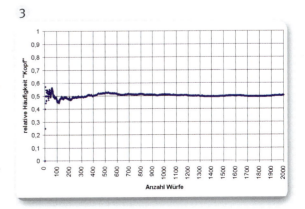

5.4 Laplace-Wahrscheinlichkeit

Ein Tetraeder ist eine dreiseitige Pyramide aus lauter gleichseitigen Dreiecken.

Bastle ein Tetraeder und male die Begrenzungsflächen in den Farben Rot, Blau, Grün und Violett an. Mit dem Tetraeder soll gewürfelt werden. Diejenige Farbe gilt als gewürfelt, mit der die untere, nicht sichtbare Fläche angemalt wurde.

- Überlege zunächst: In wie viel Prozent aller Fälle erwartest du Rot bzw. Blau? Begründe deine Antwort.
- Überprüfe deine Vermutungen, indem du mit dem Tetraeder 1000-mal würfelst. Stimmen die relativen Häufigkeiten mit deinen Erwartungen überein?
- Kannst du mit deinen Überlegungen auch einen Schätzwert für die Wahrscheinlichkeiten eines Spielwürfels angeben, ohne mit ihm zu würfeln?

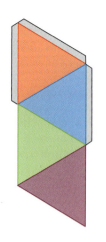

*Pierre Simon **Laplace** (1749 – 1827) war ein französischer Physiker und Mathematiker. Zufallsgeräte wie Münzen, Würfel, etc., bei denen jedes Ergebnis gleich wahrscheinlich ist, nennt man auch Laplace-Münzen, Laplace-Würfel, etc.*

Merkwissen

Bei manchen Zufallsexperimenten kann aufgrund theoretischer Überlegungen (z. B. Symmetriebetrachtungen) davon ausgegangen werden, dass **alle möglichen Ergebnisse gleich wahrscheinlich sind**.
Gibt es n mögliche Ergebnisse (n = 2, 3, 4, …), dann ist die Wahrscheinlichkeit für jedes einzelne Ergebnis $\frac{1}{n}$. Man spricht von einer **Laplace-Wahrscheinlichkeit**.

Beispiel:
Bei einem Farbwürfel mit den Farben Rot, Gelb, Grün, Blau, Weiß und Schwarz beträgt die Wahrscheinlichkeit für das Ergebnis Grün $\frac{1}{6}$.

Werden mehrere Ergebnisse zu einem **Ereignis A** zusammengefasst, so berechnet man dessen Wahrscheinlichkeit, indem man die Anzahl **der für das Ereignis A günstigen Ergebnisse durch die Anzahl aller möglichen Ergebnisse** des Zufallsversuchs dividiert:

$$P(A) = \frac{\text{Anzahl der für A günstigen Ergebnisse}}{\text{Anzahl aller möglichen Ergebnisse}}$$

Die Wahrscheinlichkeit wird mit P (engl. probability) abgekürzt.

Beispiele

I Mary sitzt bereits seit einer Stunde beim Zahnarzt im Warteraum. Sie weiß nur, dass es in der Praxis drei Behandlungszimmer (I, II und III) gibt. Wie groß ist die Wahrscheinlichkeit, dass Marry in Zimmer III behandelt wird?

Lösung:
Für alle drei möglichen Behandlungszimmer kann die gleiche Wahrscheinlichkeit angenommen werden. Somit ist die Wahrscheinlichkeit, dass die Behandlung von Mary in Zimmer III stattfindet, $\frac{1}{3}$ = 0,333 = 33,3 %.

Die Annahme von gleichen Wahrscheinlichkeiten kann auch bei völliger Ungewissheit sinnvoll sein.

II In einem Beutel sind 64 Kugeln. Manche sind grün, der Rest rot. Wie viele es von jeder Farbe sind, ist leider nicht bekannt, aber die Wahrscheinlichkeit, eine rote Kugel zu ziehen, beträgt P („rote Kugel") = $\frac{11}{16}$.
Wie viele Kugeln von jeder Farbe sind im Beutel?

Lösung:
Insgesamt sind 64 Kugeln im Beutel, also sind 64 Ergebnisse möglich. Erweitert man den Bruch mit 4, so folgt: P („rote Kugel") = $\frac{11}{16} = \frac{44}{64}$.
Somit sind 44 der 64 Kugeln rot, die restlichen 20 Kugeln sind grün.

Kapitel 5

VERSTÄNDNIS

- „Die 1-€-Münze ist eine Laplace-Münze." Wie kannst du diese Aussage überprüfen?
- Wie muss ein Laplace-Glücksrad aussehen? Beschreibe.

AUFGABEN

1 Bestimme für jeden „Spielwürfel" die Wahrscheinlichkeit für die Farbe Gelb.

a)   b)   c)

Oktaeder:
8 gleich große Seiten

Dodekaeder:
12 gleich große Seiten

Ikosaeder:
20 gleich große Seiten

2 Entscheide, ob sich eine Laplace-Wahrscheinlichkeit angeben lässt. Begründe.
a) Werfen einer 50-ct-Münze
b) Ziehen der Zusatzzahl beim Samstagslotto „6 aus 49"
c) Würfeln mit einem halbkugelförmigen Karamellbonbon
d) Werfen eines Flaschendeckels
e) Ziehen eines Loses aus einer Lostrommel

3 In einem Becher sind 7 schwarze, 3 weiße und 5 rote Kugeln, die jeweils gleich groß sind. Bestimme die Wahrscheinlichkeit für das Ziehen einer ...
a) roten Kugel.
b) schwarzen Kugel.
c) Kugel, die nicht rot ist.
d) Kugel, die nicht grün ist.
e) schwarzen oder roten Kugel.
f) gelben Kugel.

Eine Skizze kann helfen.

4 Ein Laplace-Würfel wird geworfen. Notiere zuerst das Ereignis in Mengenschreibweise und bestimme dann die Wahrscheinlichkeit, ...
a) die Zahl 4 zu würfeln.
b) mindestens 3 zu würfeln.
c) eine Primzahl zu würfeln.
d) höchstens 5 zu würfeln.
e) mindestens 6 zu würfeln.
f) ein Vielfaches von 3 zu würfeln.

Alle natürlichen Zahlen, die genau zwei voneinander verschiedene Teiler haben (also die 1 und sich selbst), nennt man Primzahlen.

5 In einem Becher sind insgesamt 24 blaue und gelbe Kugeln. Die Wahrscheinlichkeit, eine gelbe Kugel zu ziehen, ist ...
a) $\frac{1}{2}$.   b) $\frac{2}{3}$.   c) $\frac{3}{8}$.   d) $\frac{5}{6}$.

Wie viele Kugeln von jeder Farbe befinden sich jeweils im Becher?

6 In einem Becher sind rote und violette Kugeln. Die Wahrscheinlichkeit, eine violette Kugel zu ziehen, ist ...
a) $\frac{1}{3}$.   b) $\frac{7}{8}$.   c) $\frac{3}{7}$.   d) 40 %.   e) 0.

Wie viele Kugeln von jeder Farbe können sich im Becher befinden? Wie viele Kugeln können es insgesamt sein? Finde verschiedene Möglichkeiten und begründe.

5.5 Wahrscheinlichkeiten im Alltag

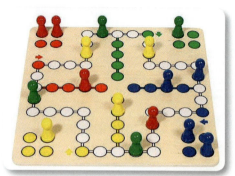

Susi spielt mit ihren Freunden Mensch-ärgere-dich-nicht. Ihr gehören die gelben Figuren und sie ist mit dem Würfeln dran.
- Was muss Susi würfeln, damit sie eine der anderen Figuren werfen kann?
  Beschreibe in Worten und als Mengenschreibweise.
- Was ist das Gegenteil von „Susi kann eine der anderen Figuren werfen"?
  Beschreibe in Worten. Welche Ergebnisse gehören hierzu?
- Wie groß ist die Wahrscheinlichkeit, dass Susi niemanden werfen kann? Versuche zwei verschiedene Lösungswege zu finden.

MERKWISSEN

Zum Berechnen von Wahrscheinlichkeiten von Ereignissen mit sehr vielen Elementen ist es manchmal einfacher, die Wahrscheinlichkeit des Gegenereignisses zu berechnen und diese von 1 zu subtrahieren.

Alle Ergebnisse, die **nicht** zu einem **bestimmten Ereignis A gehören**, die also für das Ereignis A ungünstig sind, bilden zusammen das **Gegenereignis** von A. Man kürzt es mit **$\bar{A}$** ab.

Beispiel: Würfeln mit einem Spielwürfel
Ereignis A: „Augenzahl ist gerade." oder A = {2; 4; 6}
Gegenereignis $\bar{A}$: „Augenzahl ist *nicht* gerade." oder $\bar{A}$: „Augenzahl ist ungerade." oder $\bar{A}$ = {1; 3; 5}

Die **Wahrscheinlichkeiten für ein Ereignis und sein Gegenereignis müssen zusammen 1 ergeben**, weil alle möglichen Ergebnisse eines Zufallsversuchs in einer der beiden Mengen enthalten sind:
$P(A) + P(\bar{A}) = 1$
Anders ausgedrückt: Die Wahrscheinlichkeit für das Gegenereignis ist
$P(\bar{A}) = 1 - P(A)$ bzw. in Prozent: $P(\bar{A}) = 100\% - P(A)$

BEISPIELE

*Beachte:
Das Gegenteil von **immer** ist **nicht immer**.
Das Gegenteil von **nie** ist **manchmal**.
Das Gegenteil von **mindestens 2-mal** ist **höchstens 1-mal**.
Das Gegenteil von **alle** ist **nicht alle**.*

Das Gegenteil von Regen ist nicht Sonnenschein.

Das Gegenteil von „nie schneien" ist nicht „immer schneien".

I Beschreibe zu jedem Ereignis das Gegenereignis in Worten.
a) A: „Am 3. Mai regnet es."
b) B: „Sonntags schlafe ich immer lang."
c) C: „An meinem Geburtstag schneit es nie."
d) D: „Ich gehe mindestens zweimal in der Woche zum Fußballtraining."
e) E: „Im letzten Schuljahr habe ich höchstens dreimal verschlafen."
f) F: „Alle Könige sind reich."

Lösung:
a) $\bar{A}$: „Am 3. Mai regnet es nicht."
b) $\bar{B}$: „Sonntags schlafe ich nicht immer lang."   oder:
   $\bar{B}$: „Manchmal schlafe ich am Sonntag nicht lang."
c) $\bar{C}$: „Manchmal schneit es an meinem Geburtstag."   oder:
   $\bar{C}$: „An meinem Geburtstag kann es schneien."
d) $\bar{D}$: „Ich gehe höchstens einmal in der Woche zum Fußballtraining."
e) $\bar{E}$: „Im letzten Schuljahr habe ich mindestens viermal verschlafen." oder:
   $\bar{E}$: „Im letzten Schuljahr habe ich mehr als dreimal verschlafen."
f) $\bar{F}$: „Nicht alle Könige sind reich."   oder:
   $\bar{F}$: „Es gibt auch arme Könige."

KAPITEL 5

- Wenn ein Ereignis sicher ist, dann ist das zugehörige Gegenereignis unmöglich. Stimmt das? Begründe.
- Sonja behauptet, das Gegenteil von „Heute haben wir in ganz Deutschland blauen Himmel." sei: „Heute gibt es in ganz Deutschland keinen blauen Himmel." Hat sie Recht? Begründe.

AUFGABEN

1 Formuliere jeweils das Gegenereignis.
   a) In unserer Straße parken heute nur rote Autos.
   b) Mein Bruder bekommt mehr Taschengeld als ich.
   c) In meiner Klasse hat niemand eine Brille.
   d) Letzte Woche hat es mindestens dreimal gehagelt.
   e) In den Sommerferien fahre ich mindestens zwei Wochen weg.
   f) In unserer Schule gibt es mehr Jungen als Mädchen.
   g) Ich habe genau einen blauen Buntstift.

2 Die Abbildung zeigt verschiedene Glücksräder.

1  2  3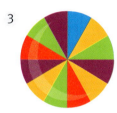

   a) Bestimme die Wahrscheinlichkeit für das Ereignis „Farbe Blau" („Farbe Gelb"). Wie lautet jeweils das Gegenereignis?
   b) Jedes Glücksrad wird 200-mal (5000-mal) gedreht. Wie oft erwartest du die Farbe Blau? Für wie sicher hältst du deinen Erwartungswert?

3 Ein Zauberkünstler fordert eine Zuschauerin auf, eine beliebige Karte aus einem Kartenspiel mit 32 unterschiedlichen Karten zu ziehen. Er behauptet, die gezogene Karte vorhersagen zu können. Wie groß ist die Wahrscheinlichkeit, eine falsche Karte zu nennen, falls der Zauberer ohne Tricks arbeitet?

4 Gib die Wahrscheinlichkeit an, dass eine beliebige Person …
   a) am 1. Januar   b) im März   c) im Herbst   d) sonntags
   Geburtstag hat. Welche Annahmen hast du getroffen?

5 Die Abbildungen zeigen Behälter mit verschiedenfarbigen Kugeln.

1  2  3

Die Kugeln sind jeweils gleichartig, d. h. durch Fühlen nicht zu unterscheiden.

   a) Bestimme jeweils die Wahrscheinlichkeit dafür, eine rote Kugel zu ziehen, wenn man aus dem vollen Behälter eine Kugel entnimmt.
   b) Jemand zieht jeweils 120-mal eine Kugel und legt diese anschließend wieder zurück. Wie oft erwartest du, dass eine rote Kugel gezogen wird?

5.5 Wahrscheinlichkeiten im Alltag

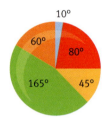

6 Gib die Wahrscheinlichkeiten zu den Ereignisse beim abgebildeten Glücksrad an.
  a) „Grün"
  b) „Rot oder Blau"
  c) „nicht Orange"
  d) „weder Grün noch Gelb"

7 Gib die zugehörige Laplace-Wahrscheinlichkeit in Prozent an.
  a) Werfen eines Buchstabenwürfels mit den Buchstaben A, D, I, R, T und W
  b) Ziehen einer Socke aus einer Sockenschublade, in der ein Paar dunkelblaue und ein Paar schwarze Rechts-Links-Socken liegen
  c) Werfen eines Oktaeder-Würfels mit den Augenzahlen 1, 2, 3, 4, 5, 6, 7 und 8

8 In einem Becher befinden sich vier Fruchtgummis: eine Zitrone, eine Banane, eine Himbeere und eine Ananas. Dejan hat das Zufallsexperiment „Ziehen eines Fruchtgummis" mehrmals durchgeführt. Den gezogenen Fruchtgummi hat er dabei stets in den Becher zurückgelegt. Das Balkendiagramm zeigt Dejans Ergebnisse.

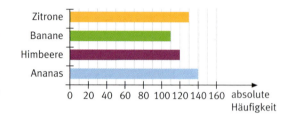

  a) Wie oft hat Dejan das Zufallsexperiment insgesamt durchgeführt?
  b) Gib die relativen Häufigkeiten der einzelnen Früchte an.
  c) Welche Wahrscheinlichkeit kann für die einzelnen Früchte angenommen werden? Diskutiere verschiedene Möglichkeiten.

9 An der Bushaltestelle stehen fünf Schultaschen hintereinander auf dem Boden. Jenny und ihre vier Freundinnen haben sie dort in der Reihenfolge ihrer Ankunft an der Haltestelle abgestellt. Plötzlich ruft Marc: „So ein Mist! Ein Vogel hat mitten auf eine eurer Schultaschen gemacht!" Wie groß schätzt du die Wahrscheinlichkeit ein, dass Jennys Schultasche die betreffende ist?

Beachte, dass nicht alle Zahlen zwischen 111 und 888 auch als Losnummern vorkommen.

10 Bei einem Fest werden zu den drei Glücksrädern Lose mit Nummern zwischen 111 und 888 verkauft. Um den Hauptgewinn zu ermitteln, dreht die Glücksfee alle drei Räder.

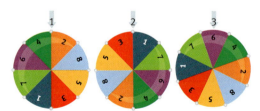

  a) Mit welcher Wahrscheinlichkeit gewinnt die Nummer 217?
  b) Mit welcher Wahrscheinlichkeit gewinnt ein Los mit einer geraden (ungeraden) Zahl als letzte Ziffer?
  c) Als Trostpreis erhalten alle Lose, die mit der Endziffer des Hauptgewinns übereinstimmen, einen Bleistift. Mit welcher Wahrscheinlichkeit gewinnt man diesen?

11 Bei vielen Wetterberichten wird eine Wahrscheinlichkeit dafür angegeben, dass es am folgenden Tag regnet.

  a) Welche Bedeutung haben die Angaben?
  b) Alexander meint: „Dann mache ich am Montag einen Ausflug, denn mit einer Wahrscheinlichkeit von 60 % scheint die Sonne." Was meinst du? Begründe.

12 In einer Lostrommel für ein Klassenfest befinden sich 50 von 1 bis 50 durchnummerierte Lose. Bei einem Gewinnspiel wird eine Karte „blind" gezogen. Mit welcher Wahrscheinlichkeit zeigt die gezogene Karte …

a) die Zahl 17?　　b) eine gerade Zahl?　　c) eine Primzahl?

d) eine Quadratzahl?　　e) eine durch 9 teilbare Zahl?

13 Beim Spiel „Schiffe versenken" markiert jeder der beiden Spieler seine zehn Schiffe (ein Vierer, zwei Dreier, drei Zweier und vier Einer) auf einem quadratischen Spielfeld mit 100 Kästchen. Die Schiffe dürfen sich gegenseitig nicht berühren (auch nicht diagonal). Um ein Schiff zu treffen, muss man die Koordinaten eines Kästchens treffen (z. B. D8), auf dem ein Schiff steht.

a) Wie wahrscheinlich ist es, gleich beim ersten Versuch ein gegnerisches Schiff zu treffen?

b) Du hast ein Feld erwischt, auf dem sich ein gegnerisches Schiff befindet. Wie gehst du weiter vor? Erkläre genau und begründe.

c) Isabella hat ihre Schiffe wie abgebildet markiert. Aron hat gleich beim ersten Mal den Einer auf E6 erwischt. Warum war das ein absoluter Glückstreffer?

d) Isabella hat schon 11-mal ins Wasser getroffen und 7 Felder mit Schiffen. Wie hoch ist ihre Trefferwahrscheinlichkeit beim nächsten Versuch, wenn sie vollkommen ohne Strategie vorgeht?

14 Beim „Spiel 77" nimmt ein Spieler mit seiner gewählten 7-stelligen Zahl an einer Ziehung teil, die auf dem Lotto-Spielschein abgedruckt ist. Der Spieleinsatz beträgt 2,50 €. Je nachdem, wie viele Endziffern (EZ) mit der gezogenen Zahl übereinstimmen, erhält man einen unterschiedlich hohen Gewinn. Wie groß ist die Wahrscheinlichkeit für die verschiedenen Gewinne?

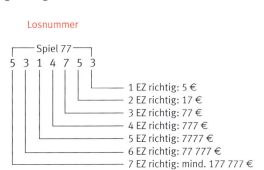

Spiel

Einer gewinnt immer … (Partnerspiel)

Spielmaterial

- drei verschiedene Würfel:　　1 viermal 3, zweimal 6　　2 zweimal 2, viermal 5　　3 sechsmal 4
- 10 Spielplättchen pro Spieler, z. B. 1-ct-Münzen

Regeln

- Der erste Spieler wählt einen Würfel aus. Anschließend wählt der zweite Spieler seinen Würfel.
- Nun wird gewürfelt. Wer die niedrigere Augenzahl hat, gibt ein Spielplättchen an seinen Mitspieler ab.
- Das Spiel ist zu Ende, wenn einer der Spieler keine Spielplättchen mehr hat.
- Fortsetzung: Tauscht die Rollen, sodass der zweite Spieler nun zuerst einen Würfel wählen kann. Wiederholt das Spiel. Was stellt ihr fest? Findet Gründe.

5.6 Vermischte Aufgaben

Es ist nicht nötig, die einzelnen Boxplots zu zeichnen.

1 Giovanni ist Mathematik-Student und Single. Zum Abendessen bestellt er sich oft eine Pizza beim Lieferservice. Die Zeit, die zwischen Bestellung und Anlieferung vergeht, schreibt sich Giovanni jedes Mal auf:
22 min; 21 min; 23 min; 17 min; 30 min; 23 min; 25 min; 25 min; 21 min; 23 min; 24 min; 22 min; 22 min; 26 min; 20 min; 27 min
Erstelle den zugehörigen Boxplot.

2 Begründe, zu welchen beiden Datenreihen sich der gleiche Boxplot ergibt.
① 5; 7; 22; 10; 13; 29; 13; 11; 17; 12; 13
② 14; 10; 18; 11; 5; 29; 14; 12; 6; 14
③ 10; 29; 13; 5; 12; 10; 20; 7; 13; 15; 13

3 Bei einer Klassen-arbeit sind maxi-mal 15 Punkte erreichbar. Nach der Korrektur stellt die Lehrerin die Punktzahlen in einem Boxplot dar.

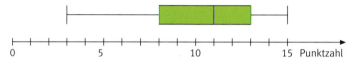

a) Gib alle Informationen an, die du dem Boxplot entnehmen kannst.
b) Die Klassenarbeit wurde von insgesamt 30 Schülerinnen und Schülern bearbeitet. Gib eine mögliche Liste von erreichten Punktzahlen an.
c) Begründe, welches der beiden Diagramme zu diesem Boxplot gehören könnte.

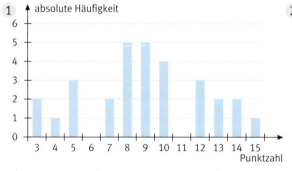
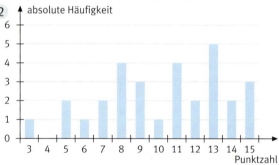

5 Micha und Eva haben ein Glücksrad gebaut. Zum Testen haben sie das Rad wiederholt gedreht und die Ergebnisse in einer Strichliste festgehalten.

a) Handelt es sich um einen Zufallsversuch? Begründe.
b) Welche Wahrscheinlichkeiten erwartest du für die einzelnen Ziffern?
c) Micha behauptet: „Ganz klar, wir haben ein Laplace-Glücksrad." Was meint Micha damit? Hat er Recht?

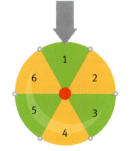

6 Wie groß ist die Wahrscheinlichkeit, dass die erste Zahl beim Lotto „6 aus 49" eine gerade Zahl (eine Quadratzahl, eine Zahl mit zwei gleichen Ziffern) ist?

KAPITEL 5

7 Ordne den angegebenen Laplace-Wahrscheinlichkeiten das passende Zufallsgerät zu.

1 ≈ 8,3 %
2 ≈ 16,3 %
3 ≈ 33,3 %

Urne   Würfel   Glücksrad

8

22.5.2011
Reykjavik – Grimsvötn bricht aus

Nachts erreichte die Eruptionssäule eine Höhe von 15 km und gegen Morgen waren es nur noch 10 km. Stärkere Explosionen trieben sie gelegentlich noch bis auf 15 km Höhe.

26.5.2011
Reykjavik – Es wird ruhiger

Die Aktivität ließ stark nach und es steigt nur noch wenig Dampf auf. Vulkanische Erdbeben wurden seit zwei Tagen nicht mehr registriert. Die Eruption ist somit für dieses Mal beendet, allerdings kann davon ausgegangen werden, dass der Grimsvötn in den nächsten 10 Jahren mit 75 %-iger Wahrscheinlichkeit wieder ausbricht.

Nimm zu folgenden Aussagen jeweils Stellung.
a) „75 % von 10 Jahren sind 7,5 Jahre. Das heißt, der Grimsvötn wird in 7,5 Jahren wieder ausbrechen."
b) „Eine 75 %-ige Wahrscheinlichkeit ist groß! Also wird der Grimsvötn in den nächsten 10 Jahren ganz sicher ausbrechen."
c) „Ob der Grimsvötn tatsächlich ausbricht, weiß kein Mensch! Aber es ist dreimal so wahrscheinlich, dass es passiert, als dass es nicht passiert."

9 Beim Mensch-ärgere-Dich-nicht-Spiel hat Jenny die Vermutung, dass der Würfel gezinkt ist. Sie macht folgende Versuchsreihe:

Augenzahl	1	2	3	4	5	6
50 Würfe	7	8	11	9	6	9
150 Würfe	27	27	28	23	18	27
500 Würfe	98	79	85	82	75	81
1000 Würfe	202	168	164	170	164	132

a) Welche Wahrscheinlichkeiten wird Jenny für die einzelnen Augenzahlen bestimmen? Hat Sie mit ihrer Vermutung Recht?
b) Stelle die Entwicklung der relativen Häufigkeiten für die Augenzahl 3 (für alle Augenzahlen) grafisch dar. Du kannst ein Tabellenprogramm verwenden.

10 Denke dir jeweils zwei Zufallsversuche aus, bei denen jedes mögliche Ergebnis mit der folgenden Wahrscheinlichkeit auftritt. Stelle den Versuch der Klasse vor.
a) 0,5   b) 5 %   c) $\frac{1}{5}$

11 Für eine Meinungsumfrage soll in einem Dorf mit 180 Einwohnern ermittelt werden, wie viele Mädchen, Jungen, Frauen und Männer dort wohnen. Dazu werden willkürlich einige Bewohner erfasst. Wie viele Menschen jeder Kategorie leben wohl ungefähr in dem Dorf? Erläutere deine Überlegungen. Warum kannst du dir nicht völlig sicher sein?

	Anzahl
Mädchen	14
Jungen	16
Frauen	7
Männer	9

5.7 Themenseite: Glück im Spiel

Lauter Karten
Die Abbildung zeigt alle Spielkarten eines Skatspiels.

a) Aus dem Spiel wird verdeckt eine Karte gezogen. Wie groß ist die Wahrscheinlichkeit, dass es sich dabei um …

1. Herz 10 handelt?
2. eine schwarze Karte handelt?
3. eine Kreuzkarte handelt?
4. ein Ass handelt?
5. eine Bildkarte handelt?
6. eine Zahlkarte 7 bis 10 handelt?
7. eine rote Dame handelt?
8. ein Kreuz-Bild handelt?

b) Sind alle Ereignisse gleich wahrscheinlich, dann lassen sich die Wahrscheinlichkeiten wie Anteile bestimmen. Begründe diese Aussage.

Bezeichnungen:
J: Bube
Q: Dame
K: König
A: Ass

♣ : Kreuz
♥ : Herz
♠ : Pik
♦ : Karo

Würfelei
Timo wirft einen grauen und einen roten Spielwürfel jeweils genau einmal. Die möglichen Ergebnisse des Wurfes werden durch die Abbildung verdeutlicht:

Die Punkte auf einem Spielwürfel werden auch „Augen" genannt.

a) Bestimme die folgenden Wahrscheinlichkeiten:

1. Der graue Würfel zeigt 1 Auge an, der rote Würfel eine beliebige Augenzahl.
2. Entweder der graue Würfel zeigt 1 Auge an oder der rote Würfel zeigt 1 Auge an.
3. Die Augenzahl auf dem roten Würfel ist durch 2 teilbar, die Augenzahl auf dem grauen Würfel ist beliebig.

b) Bilde für jeden Wurf die Summe der Augenzahlen beider Würfel.

1. Übertrage dazu die Tabelle in dein Heft und vervollständige sie.

Summe der Augenzahlen	2	3	4	…	11	12
Anzahl der Möglichkeiten	☐	☐	☐	☐	☐	☐
Wahrscheinlichkeit	☐	☐	☐	☐	☐	☐

2. Mit welcher Wahrscheinlichkeit ist die Summe der Augenzahlen eine Primzahl? Beschreibe dein Vorgehen.

Nichts geht mehr

Beim Roulette kann die Kugel auf eine der Zahlen 0 bis 36 fallen. Auf dem Spielfeld gibt es verschiedene Möglichkeiten zum Setzen durch Auflegen eines Spielchips an der entprechenden Stelle.

6 Richtige

Abgebildet sind die Lottotipps von Albert und Bertram. Einer der beiden hat 6 Richtige. Was meinst du zu Hedwigs Einschätzung? Begründe deine Meinung.

Albert

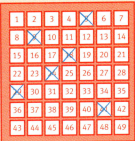
Bertram

Ich glaube, dass von den beiden eher Bertram die 6 Richtigen hat.

a) Bestimme die Wahrscheinlichkeit für folgende Ereignisse.
   1. Es fällt die Zahl 18.
   2. Es kommt die Zahl 0.
   3. Die Zahl ist gerade.
   4. Es fällt eine schwarze Zahl.
   5. Es kommt eine Zahl aus dem 1. Dutzend (aus einer Kolonne).

Beachte: Die Zahl 0 ist beim Roulette weder gerade noch ungerade. Sie ist nicht rot und auch nicht schwarz und gehört auch zu keinem Dutzend und keiner Kolonne.

b) Für eine einzelne Zahl erhält ein Spieler das 36-Fache seines Einsatzes zurück. Findest du das Spiel fair? Begründe.

Hopp oder Topp

Friederike wirft eine 2-€-Münze. Sie erhält Zahl. Anschließend wirft Antje die Münze und bekommt ebenfalls Zahl. Nun ist Gina an der Reihe.

a) Wie groß schätzt du die Chance ein, dass Gina das Ergebnis Wappen erhält? Erläutere.

b) Gina glaubt, dass die Münze gezinkt ist, weil sie bei drei Würfen hintereinander jeweils „Zahl" geworfen hat.
   1. Was meinst du zu Ginas Vermutung? Begründe.
   2. Überprüfe an einer Münze deiner Wahl, ob sie gezinkt ist. Beschreibe dein Vorgehen.

5.8 Das kann ich!

Überprüfe deine Fähigkeiten und Kenntnisse. Bearbeite dazu die folgenden Aufgaben und bewerte anschließend deine Lösungen mit einem Smiley.

☺	😐	☹
Das kann ich!	Das kann ich fast!	Das kann ich noch nicht!

Hinweise zum Nacharbeiten findest du auf der folgenden Seite. Die Lösungen stehen im Anhang.

Aufgaben zur Einzelarbeit

1. Jana untersucht, wie oft sie einen Würfel werfen muss, bis zum ersten Mal eine „6" fällt. Sie erhält folgende Ergebnisse: 4; 7; 1; 4; 2; 6; 4; 8; 6; 13; 5; 1; 9; 3; 11; 4; 8; 15; 3; 1; 7; 13; 2; 5; 6
   a) Bestimme den Modalwert, den Median und das arithmetische Mittel. Welchen Mittelwert wählst du, um die „durchschnittliche" Anzahl an Würfen anzugeben? Begründe.
   b) Stelle die Verteilung als Boxplot dar.

2. Bei einem 2000-m-Lauf gab es folgende Zeiten:
   8 min 24 s   9 min 3 s   7 min 57 s
   8 min 12 s   8 min 49 s   8 min 11 s
   7 min 20 s   7 min 27 s   9 min 28 s
   7 min 51 s   6 min 36 s   9 min 42 s
   8 min 39 s   8 min 17 s   9 min 8 s
   8 min 18 s   9 min 37 s   7 min 12 s
   8 min 39 s   8 min 20 s
   a) Erstelle eine Rangliste.
   b) Zeichne den zugehörigen Boxplot und beschreibe damit die Verteilung der gemessenen Zeiten.

3. Die Schüler der 8b haben ermittelt, aus wie vielen Personen sich ihre Familien zusammensetzen:

   3; 6; 4; 2; 4; 3; 5; 3; 3; 2; 4; 2; 4; 5; 3; 3; 2; 3; 3; 4; 4; 3; 3; 3; 4; 4; 4; 4; 4; 3

   a) Berechne das arithmetische Mittel.
   b) Erstelle den zugehörigen Boxplot.
   c) Welches Kreisdiagramm stellt das Ergebnis der Umfrage dar? Begründe deine Entscheidung.

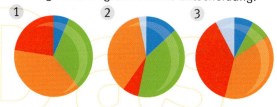

4. Handelt es sich um einen Zufallsversuch? Begründe.
   a) Annina fährt Fahrrad.
   b) Jona dreht an einem Glücksrad.
   c) Der einjährige Laurin wählt mit dem Telefon.
   d) Ein Spieler lässt einen Mitspieler blind eine Karte ziehen.

5. Wirft man den Schraubverschluss einer PET-Flasche in die Luft, so bleibt er nach der Landung auf einem harten Boden entweder auf der Seite oder mit der Fläche nach unten oder oben liegen. Beschreibe, wie man vorgehen kann, wenn man für jede der drei Positionen einen Schätzwert für die Wahrscheinlichkeit ermitteln will.

6. Vor langer Zeit lebte einmal ein strenger und gemeiner König. Zu seinem Geburtstag tat er kund, dass er alle Gefangenen freizulassen gedenke, die es schafften, aus einer Schatulle, die eine schwarze und eine weiße Kugel enthielt, eine Kugel herauszuziehen, deren Farbe der Gefangene zuvor richtig vorhergesagt hatte.
   Gib einen Schätzwert dafür an, wie viele der 12 319 Gefangenen des Königs mithilfe dieses Spiels ungefähr freigekommen sind.

7. Gregor würfelt mit einem Laplace-Würfel. Beschreibe das Ereignis in Worten und beurteile seinen Ausgang.
   A = {1; 3; 5}   B = {2; 3; 4; 5; 6}
   C = {2; 3; 5}   D = {1; 6}
   E = {9}   F = {6}

8. Benny hält fünf Spielkarten verdeckt in der Hand, eine davon ist der „Schwarze Peter". Till muss eine Karte von Benny ziehen. Mit welcher Wahrscheinlichkeit zieht Till den „Schwarzen Peter"?

9. Michelle ist mit Würfeln an der Reihe. Sie hat die roten Spielfiguren. Gib die Wahrscheinlichkeit dafür an, dass Michelle das Spiel mit diesem Wurf beendet.

10. Formuliere jeweils das Gegenereignis.
    A: „Im August scheint jeden Tag die Sonne."
    B: „Das nächste Kind, das in unserer Stadt zur Welt kommt, ist ein Mädchen."
    C: „Heute wird Hiran in Geschichte abgefragt."

11 Lucy und Hank informieren sich im Internet, welche Lottozahlen bisher wie oft gezogen wurden: Am häufigsten war die Zahl 12 mit 358-mal dran, am seltensten die Zahl 16 mit 249-mal. Was meinst du?

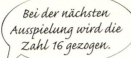

Bei der nächsten Ausspielung wird die Zahl 12 gezogen.

Bei der nächsten Ausspielung wird die Zahl 16 gezogen.

Was meinst du?

12 Ella hat den abgebildeten Glückskreisel gebastelt. Sie geht davon aus, dass die Wahrscheinlichkeit für alle Farben gleich groß ist.
  a) Gib die betreffende Wahrscheinlichkeit in Prozent an.
  b) Beschreibe, wie Ella überprüfen könnte, ob ihre Einschätzung zutreffend ist.

Aufgaben für Lernpartner

Arbeitsschritte
1 Bearbeite die folgenden Aufgaben alleine.
2 Suche dir einen Partner und erkläre ihm deine Lösungen. Höre aufmerksam und gewissenhaft zu, wenn dein Partner dir seine Lösungen erklärt.
3 Korrigiere gegebenenfalls deine Antworten und benutze dazu eine andere Farbe.

Sind folgende Behauptungen **richtig** oder **falsch**? Begründe schriftlich.

13 Beim Boxplot liegt genau die Hälfte der Werte außerhalb der Box.

14 Die Spannweite ist immer kleiner als das Maximum.

15 Einen Zufallsversuch kann man beliebig oft durchführen.

16 Bei wiederholter Durchführung eines Zufallsversuchs stabilisiert sich die absolute Häufigkeit eines Ergebnisses mit wachsender Versuchszahl.

17 Relative Häufigkeiten bei sehr oft durchgeführten Zufallsexperimenten sind Schätzwerte für die betreffenden Wahrscheinlichkeiten.

18 Wenn man bei einem Spielwürfel eine „1" würfeln möchte, kann es sein, dass dieses bei den ersten sechs Würfen nicht der Fall ist. Nach 60 Würfen sollte aber eine „1" schon fallen.

19 Laplace-Wahrscheinlichkeiten lassen sich bei allen Zufallsexperimenten angeben.

20 Bei einem Spielwürfel ist das Gegenteil von „höchstens drei" stets „mindestens vier".

21 Beim Lotto „6 aus 49" wird die Zahl 13 seltener gezogen als die Zahl 47.

22 Mit einem Laplace-Würfel ist es wahrscheinlicher, hintereinander die Zahlen 1, 2 und 3 (in dieser Reihenfolge) zu würfeln als drei Sechser.

23 Wenn beim Münzwurf viermal hintereinander Wappen erscheint, so hat man eine gezinkte Münze verwendet.

24 Ist bei einem gezinkten Spielwürfel die Wahrscheinlichkeit für eine gerade Zahl 75 %, dann ist die Wahrscheinlichkeit, eine Eins zu würfeln, mit Sicherheit kleiner als 25 %.

25 Das Werfen eines Spielwüfels ist ein Zufallsexperiment.

Aufgabe	Ich kann ...	Hilfe
1, 2, 3, 14	Kennwerte von Daten bestimmen.	S. 104
1, 2, 13	die Verteilung von Daten durch einen Boxplot darstellen.	S. 104
4, 15, 25	Zufallsversuche beschreiben.	S. 106
7	Ergebnisse und Ereignisse auf verschiedene Arten beschreiben und beurteilen.	S. 106
5, 6, 16, 17, 18, 23	relative Häufigkeiten bei wiederholter Versuchsdurchführung als Schätzwert für Wahrscheinlichkeiten bestimmen.	S. 108
8, 9, 12, 22	Laplace-Wahrscheinlichkeiten bestimmen.	S. 112
11, 19, 21, 24	beurteilen, ob Laplace-Wahrscheinlichkeiten vorliegen.	S. 112
10, 20	Ereignisse und Gegenereignisse beschreiben.	S. 114

5.9 Auf einen Blick

S. 104	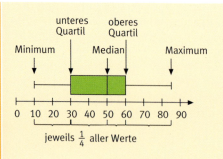	**Modalwert**: häufigster Wert **Median**: Wert in der Mitte einer geordneten Datenreihe **arithmetisches Mittel**: $\bar{x} = \dfrac{\text{Summe aller Einzelwerte}}{\text{Anzahl der Einzelwerte}}$ **Spannweite**: Maximum − Minimum Ein **Boxplot** veranschaulicht die Verteilung der Werte. Der Median unterteilt die Daten in zwei Hälften. **unteres Quartil**: Median der unteren Hälfte **oberes Quartil**: Median der oberen Hälfte Die **Box** umfasst die mittlere Hälfte aller Werte.

S. 106	Mögliche Ergebnisse beim Würfeln:
	1, 2, 3, 4, 5, 6
	• Ereignis „Augenzahl gerade":
	  mögliches Ereignis
	• Ereignis „Augenzahl > 6":
	  unmögliches Ereignis
	• Ereignis „Augenzahl mindestens 1":
	  sicheres Ereignis
		Ein Versuch heißt **Zufallsversuch**, wenn gilt:
		1. Die Durchführung erfolgt nach genau festgelegten Regeln und ist beliebig oft wiederholbar.
		2. Mindestens zwei Ergebnisse sind möglich.
		3. Das Ergebnis ist nicht vorhersagbar.
		Als **Ereignis** wird der **Teil aller möglichen Ergebnisse** genannt, für die man sich genauer interessiert. Ein Ereignis kann unmöglich, möglich oder sicher sein.

S. 108	Eine 1-€-Münze wird mehrmals geworfen. 	Anzahl Würfe	H (W)	H (Z)	h (W)	h (Z)
---	---	---	---	---
10	7	3	70 %	30 %
100	42	58	42 %	58 %
1000	514	486	51 %	49 %
10 000	4955	5045	50 %	50 %		Führt man ein Zufallsexperiment sehr oft durch, dann beobachtet man, dass sich die **relativen Häufigkeiten** bei wachsender Versuchszahl **stabilisieren**. Diese Tatsache wird auch als das **Gesetz der großen Zahlen** bezeichnet. Die stabilisierten relativen Häufigkeiten sind ein guter **Schätzwert für die Wahrscheinlichkeit**, mit der man die Ergebnisse erwartet.
S. 112	Bei einem Farbwürfel mit den Farben Rot, Gelb, Grün, Blau, Weiß und Schwarz beträgt die Wahrscheinlichkeit für das Ergebnis Grün $\frac{1}{6}$. 	Bei manchen Zufallsversuchen kann man aufgrund theoretischer Überlegungen davon ausgehen, dass **alle Ergebnisse gleich wahrscheinlich** sind. Gibt es n mögliche Ergebnisse (n = 2, 3, 4, ...), dann ist die Wahrscheinlichkeit für jedes einzelne Ergebnis $\frac{1}{n}$. Man spricht von einer **Laplace-Wahrscheinlichkeit**. Werden mehrere Ergebnisse zu einem Ereignis A zusammengefasst, dann gilt: $P(A) = \dfrac{\text{Anzahl der für A günstigen Ergebnisse}}{\text{Anzahl aller möglichen Ergebnisse}}$
S. 114	Würfeln mit einem Spielwürfel Ereignis A: „Augenzahl ist gerade." Gegenereignis $\bar{A}$: „Augenzahl ist ungerade." oder: $\bar{A}$: „Augenzahl ist nicht gerade."	Alle Ergebnisse, die **nicht** zu einem **bestimmten Ereignis A gehören**, bilden zusammen das **Gegenereignis $\bar{A}$**. $P(\bar{A}) = 1 - P(A) = 100\ \% - P(A)$

Kreuz und quer

Mit rationalen Zahlen rechnen

1 Fülle die Lücken im Bauch der Rechenschlange aus. Beginne beim Kopf.

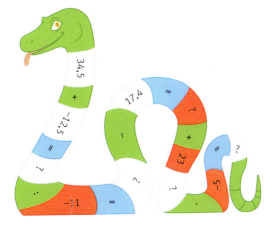

2 Ordne die Terme den entsprechenden Texten zu. Die Einheiten wurden bei den Termen weggelassen.

A 35 − 75
B −75 + 235
C −235 + 75
D 235 + 75

① Ein Güterzug hat 235 t Sand geladen. An einem Betonwerk lädt er 75 t davon ab.

② Peter befindet sich 235 m über dem Meeresspiegel und wandert nochmals 75 m bergauf.

③ Zwei Läufer laufen eine Langstrecke. Der eine Läufer kommt 75 s vor der vorgesehenen Zeit ins Ziel, der andere 160 s danach.

④ Claudia hat auf ihrem Konto 235 € Schulden. Zum Glück erhält sie von ihrer Oma zum Geburtstag 75 € Taschengeld.

3 Löse folgende Sachaufgaben.

a) Frau Braun hat am Ende des Monats 123 € Schulden. Dann wird ihr Gehalt von 1360 € überwiesen. Berechne den Kontostand, wenn sie ihre Miete von 410 € bezahlt hat.

b) Johann, Luisa und Clara haben auf dem Markt Gebasteltes verkauft. Sie haben 36 € eingenommen, mussten jedoch 20 € für Standmiete und 43 € für Material bezahlen. Der Gewinn bzw. Verlust soll gleichmäßig geteilt werden. Wie viel € sind das für jeden?

Gleichungen lösen

4 Löse die nachfolgenden Gleichungen. Ordne jedem Ergebnis den entsprechenden Buchstaben des Alphabets zu (1 ≙ A, 2 ≙ B, …). Die Buchstaben ergeben der Reihe nach den Namen eines Mathematikers.

a) $5x - 7 = -2$
b) $3x = 2\left(29 - \frac{x}{4}\right) - 11x$
c) $\frac{1}{3} - \frac{1}{2}x = -\frac{1}{6}x$
d) $\frac{1}{8}x \cdot 16 - 4 = 22$
e) $27 - x : (-3) = 33$
f) $2 - \frac{3}{2}x = -11,5$
g) $-\frac{1}{20}x + 0,25 = 0$
h) $(x - 7) : 2 = x - 13$

5 Sandra stellt ihrer Klasse ein Zahlenrätsel. Wie lautet die gesuchte Zahl? Löse durch Probieren.

Ich denke mir eine natürliche Zahl. Wenn ich diese Zahl mit sich selbst multipliziere und anschließend durch 3 dividiere, erhalte ich dasselbe, wie wenn ich die gesuchte Zahl verdopple und 9 addiere.

6 Welchen Wert muss die Variable x annehmen, damit die Waage im Gleichgewicht ist?

7 Stelle eine Gleichung auf und löse.

a) Peter behauptet: Wenn ich bei „Sparfuchs" 6 Stifte und einen Rucksack für 15,95 € kaufe, bezahle ich genauso viel, wie wenn ich bei „Kauf günstig" 17 Stifte und ein Linealset für 5,50 € kaufe. Ein Stift kostet in beiden Läden gleich viel.
Wie viel kostet ein Stift?

b) Theresa sagt: „Im Schwimmbad kostet meine Eintrittskarte 40 % von dem Preis, den meine Mutter bezahlen muss. Zusammen zahlen wir 6,30 €." Wie teuer ist die Karte für Theresa?

Zuordnungen im Alltag

8 Tina und Anja kaufen sich je eine Tüte Kartoffelchips. Tina hat sich für Angebot 1 und Anja für Angebot 2 entschieden. Beide behaupten, dass sie die preiswertere Variante gewählt haben. Untersuche, wer von beiden Recht hat.

Angebot 1: 150 g Chips zu 0,90 €

Angebot 2: 250 g Chips zu 1,60 €

9 Jan fährt in den Sommerferien in die Schweiz. Hierfür möchte er sein Taschengeld von 20 € in Schweizer Franken (CHF) umtauschen. Die Umtauschgebühr wird vernachlässigt.

Umtauschkurs: 1 € → 1,2027 CHF
LOGO-Bank

a) Berechne, wie viel Schweizer Franken Jan für sein Geld bekommt.
b) Jans Mutter hat 108,11 Schweizer Franken in ihrer Geldbörse. Berechne, wie vielen Euro das entspricht.

10 Um in einem Bergwerk den Wasserpegel allmählich zu senken, wurden 3 gleichartige Pumpen installiert. Wenn alle 3 Pumpen gleichzeitig arbeiten, ist der Schacht in 40 Stunden leer gepumpt.
a) Gib an, wie lange es dauert, wenn eine Pumpe von Beginn an ausfällt.
b) Damit der Vorgang beschleunigt wird, werden zu Beginn 2 mobile Pumpen gleicher Bauart zusätzlich eingesetzt. Berechne, in welcher Zeit die Anlage jetzt leer gepumpt werden kann.
c) Aufgrund von unvorhersehbaren Arbeiten muss der Schacht bereits in 15 Stunden leer gepumpt sein. Gib die Anzahl der Pumpen an, die nun benötigt werden.

Winkel

11 Gib für folgende Winkel die Winkelart an und bestimme anschließend die Winkelgröße mithilfe eines Geodreiecks.

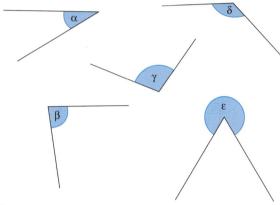

12 Ermittle alle mit griechischen Buchstaben gekennzeichneten Winkelgrößen. Es gilt stets: g ∥ h.
a)
b)

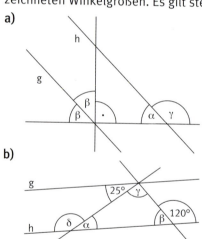

13 Berechne die fehlenden Winkel im Dreieck ABC.

	a)	b)	c)	d)
α	35°		60°	95°
β	120°	73°		48°
γ		90°	60°	

14 Übertrage und ergänze zur angegebenen Figur.
a) Parallelogramm   b) Raute

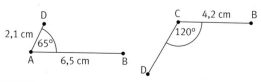

6 Terme und Gleichungen

EINSTIEG

- Bestimme jeweils, aus wie vielen Kugeln die einzelnen dreieckigen Pyramiden bestehen. Setze die Reihe um die nächsten beiden Kugelpyramiden fort.
- Beschreibe in Worten, wie sich die Anzahl der Kugeln für eine Pyramide bei einem Schritt bestimmen lässt.
- In der Literatur findet man, dass sich die Anzahl der Kugeln mit $\frac{n(n+1)(n+2)}{6}$ bestimmen lässt. n ist dabei die Zahl der Kugeln in einer Seitenkante der Pyramide. Prüfe an Beispielen nach.
- Wie viele Kugeln liegen an einer unteren Kante, wenn die Pyramide insgesamt aus 220 Kugeln besteht?

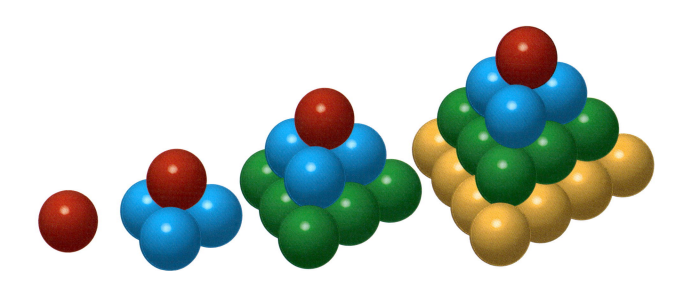

AUSBLICK

Am Ende dieses Kapitels hast du gelernt, ...
- wie man Terme beschreiben und aufstellen kann.
- wie man Terme vereinfachen kann.
- was binomische Formeln sind.
- wie man Gleichungen auch mit Brüchen auf verschiedene Arten lösen kann.
- wie man Formeln zu gesuchten Größen umstellen kann.

6.1 Terme aufstellen und vereinfachen

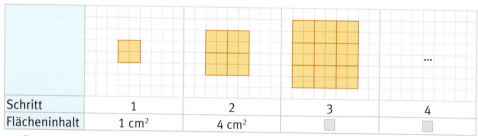

Schritt	1	2	3	4
Flächeninhalt	1 cm²	4 cm²		

- Übertrage die Tabelle in dein Heft und setze sie um mindestens zwei Schritte fort.
- Finde einen Term für den Flächeninhalt in jedem Schritt.
- Beschreibe den Term in Worten.
- Überprüfe den Term für den 10. (12., 15.) Schritt.

MERKWISSEN

Mithilfe von Termen und Variablen kann man mathematische Zusammenhänge beschreiben. Dabei treten **Variablen** (a, b, c, ..., x, y, z) als Platzhalter für Zahlen auf. In **Termen** werden Zahlen und/oder Variablen mithilfe von Rechenzeichen miteinander verbunden.

Terme lassen sich anhand der bekannten Rechenregeln **vereinfachen**. Dadurch entstehen zueinander **äquivalente** (gleichwertige) Terme:

Eine **Summe gleicher Summanden** lässt sich als **Produkt** schreiben.

Beispiel:
$x + x + y + x + y + x = x + x + x + x + y + y = 4 \cdot x + 2 \cdot y$

Gleichartige Summanden lassen sich zusammenfassen.

Beispiel:

3xy + 7xz – 7xy + 2xy – 2xz	gleichartige Summanden ordnen
= 3xy – 7xy + 2xy + 7xz – 2xz	gleichartige Summanden zusammenfassen
= –2xy + 5xz	

Gleichartige Summanden haben stets dieselben Variablen.

3xy ist die Kurzschreibweise für das Produkt $3 \cdot x \cdot y$.

BEISPIELE

I Ein Würfel hat ein Volumen von 1 cm³.

a) Setze die Reihe der Würfeltürme um zwei Schritte fort.
b) Beschreibe in Worten, wie sich das Gesamtvolumen mit jedem Schritt verändert.
c) Finde einen Term, der das Volumen des Turms beim n-ten Schritt beschreibt.

Lösungsmöglichkeit:

a)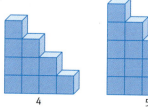

b) Beim 2. Schritt kommen 2 Würfel hinzu, beim 3. Schritt 3 Würfel, beim n-ten Schritt also n Würfel.

c) $V(n) = V(n-1) + n$ oder
$V(n) = \frac{1}{2}n \cdot (n+1)$
V (n) bedeutet:
Volumen beim Schritt n

Oftmals sind mehrere Terme für einen Sachverhalt möglich.

II Vereinfache so weit wie möglich.
  a) 8,4a + 3b − 7 − 12,3a
  b) 12ab − 7ac − 8ac + 2ab

Lösung:
  a) 8,4a + 3b − 7 − 12,3a = 8,4a − 12,3a + 3b − 7 = −3,9a + 3b − 7
  b) 12ab − 7ac − 8ac + 2ab = 12ab + 2ab − 7ac − 8ac = 14ab − 15ac

- Begründe, warum sich nur gleichartige Summanden zusammenfassen lassen.
- „Im Term x + y darf man nicht dieselben Zahlen für x und y einsetzen."
  Nimm Stellung zu der Aussage.

Aufgaben

1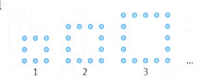

  a) Übertrage die Reihe in dein Heft und setze sie um zwei Schritte fort.
  b) Beschreibe in Worten, wie sich das Muster mit jedem Schritt ändert.
  c) Stelle einen Term auf, der die Anzahl der Punkte beim n-ten Muster angibt. Überprüfe deinen Term für den 5. (8., 10.) Schritt.

2 Stelle einen Term auf. Welche Zahlen darf man für x einsetzen?
  a) Verdreifache die Summe aus x und 7 und subtrahiere vom Ergebnis 12.
  b) Quadriere das Doppelte einer Zahl und dividiere das Ergebnis durch 4.
  c) Bestimme die Wurzel aus dem Fünffachen einer Zahl und 17.

3 Vereinfache so weit wie möglich.
  a) 4a + 12 − 6a + 3
  b) −5a − 3b + 7b + 8 − 3a
  c) 12xy − 8x + 7y − 2x − 2,5xy
  d) −7,5z + 3,8x − 4,2z − 0,9 + 2,8z
  e) 2,7c − 1,5ac + 2,6a + 3,5c
  f) 1,8y + 7,2x − 13,2y − 5,2x + 11,4y

In der Lösung ordnet man Variablen alphabetisch, falls möglich.

4 Finde mindestens zwei verschiedene Terme für den Umfang der Figur und überprüfe, ob die Terme äquivalent zueinander sind.

  a)
  b)
  c)
  d)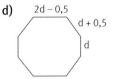

Lassen sich Terme vereinfachen?

5
  1 2x + 24
  2 24 + 10x
  3 4x + 24 + 6x
  4 24 − x^2

  1 3x + 3x + x^2 + $\frac{1}{2}x^2$
  2 3x + 3
  3 1,5x^2 + 6x
  4 3x + 6 + $\frac{1}{2}x^2$

  a) Welche Terme beschreiben den Flächeninhalt der roten bzw. gelben Figur?
  b) Zeige, dass die gefundenen Terme aus a) äquivalent zueinander sind.

6.2 Terme umformen

Übertrage das Muster mindestens zweimal in dein Heft.

- Beschrifte in einem Muster die einzelnen Flächeninhalte mit einem Term.
- Markiere im anderen Muster die Flächeninhalte, die durch die folgenden Terme gegeben sind:

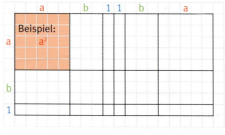

① a · (a + b)   ② (a + b) · (a + b)   ③ (b + 1) · (b + a)   ④ b · (1 + b + a)

- Stelle die Terme ① bis ④ durch äquivalente Terme dar, indem du die einzelnen Rechtecksflächen verwendest, in die sich die Flächen zerlegen lassen.
- Beschreibe eine Möglichkeit, wie man Produkte von Termen zerlegen kann. Überprüfe an weiteren Beispielen im Muster.

Merkwissen

Mithilfe des Distributivgesetzes kann man Zahlen und einzelne Variablen **ausmultiplizieren** bzw. **ausklammern**.

- Wird eine Summe mit einem Faktor multipliziert, dann wird **jeder Summand mit dem Faktor (aus-)multipliziert**. Die entstandenen Produkte werden mit ihren Vorzeichen addiert.
- Kommt in einer Summe von Produkten in jedem Summanden derselbe Faktor vor, dann kann dieser **gemeinsame Faktor ausgeklammert** werden.

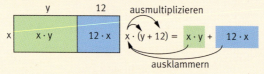

Werden Summen miteinander multipliziert, dann muss man **jeden Summanden der ersten Summe** mit **jedem Summanden der zweiten Summe** multiplizieren. Die entstandenen Produkte werden dann mit ihren Vorzeichen addiert.

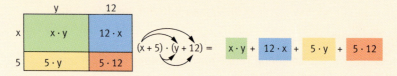

Terme werden multipliziert, indem Zahlen mit Zahlen und Variablen mit Variablen multipliziert werden:
$3x \cdot 4y = 3 \cdot 4 \cdot x \cdot y = 12xy$

Es wird „jeder mit jedem" multipliziert.

Beispiele

I Multipliziere die Klammern aus und vereinfache.

a) $(3x + y) \cdot 5$ b) $\frac{2}{3} \cdot (19{,}2x + 1)$ c) $(7{,}2r - 8{,}8s) : \frac{4}{5}$

Lösung:

a) $(3x + y) \cdot 5$
$= 3x \cdot 5 + y \cdot 5$
$= 15x + 5y$

b) $\frac{2}{3} \cdot (19{,}2x + 1)$
$= \frac{2}{3} \cdot 19{,}2\,x + \frac{2}{3} \cdot 1$
$= 12\frac{4}{5}x + \frac{2}{3}$

c) $(7{,}2r - 8{,}8s) : \frac{4}{5}$
$= 7{,}2\,r : \frac{4}{5} - 8{,}8s : \frac{4}{5}$
$= 9r - 11s$

Die Division durch eine Zahl bzw. Variable lässt sich in eine Multiplikation mit dem Kehrwert umformen.

Kapitel 6

II Wie lautet der gemeinsame Faktor? Klammere ihn aus und vereinfache.

a) $5ab + 7a - 3ac$ b) $12xy + 4xz + 8vx$ c) $7mn + m$

Lösung:

a) $5ab + 7a - 3ac$
 $= a \cdot (5b + 7 - 3c)$

 a ist der gemeinsame Faktor aller Summanden.

b) $12xy + 4xz + 8vx$
 $= 3 \cdot 4xy + 4xz + 2 \cdot 4vx$
 $= 4x \cdot (3y + z + 2v)$

 In den Summanden lassen sich 4 und x als Faktoren ausklammern. Der gemeinsame Faktor ist 4x.

c) $7mn + m = 7mn + 1m$
 $= m \cdot (7n + 1)$

 m ist der gemeinsame Faktor.

Beachte: $m = 1 \cdot m$

III Das Produkt von Summen lässt sich übersichtlich mithilfe einer Verknüpfungstabelle darstellen.

$(3x + 7) \cdot (4x - 5)$
$= 12x^2 + \underbrace{28x - 15x} - 35$
$= 12x^2 \quad + 13x \quad - 35$

·	4x	−5
3x	12x²	−15x
7	28x	−35

Erinnere dich:
$x \cdot x = x^2$,
aber
$x + x = 2x$

Nach dem Ausklammern lässt sich der Term noch vereinfachen.

a) Erkläre das Vorgehen.
b) Berechne ebenso: $(2a - 3b) \cdot (12 - 6a)$

Lösung:

a) Jeder Summand der ersten Klammer muss mit jedem Summanden der zweiten Klammer multipliziert werden. Dieses kann man durch die Darstellung der einzelnen Summanden in die Spalten bzw. Zeilen einer Verknüpfungstabelle erreichen, indem in jeder Zelle das Produkt der einzelnen Summanden steht. Das Vorgehen entspricht der Bestimmung einzelner Flächeninhalte im Merkwissen.

b) $(2a - 3b) \cdot (12 - 6a)$
 $= 24a - 12a^2 - 36b + 18ab$
 $= -12a^2 + 24a + 18ab - 36ab$

·	12	−6a
2a	24a	−12a²
−3b	−36b	+18ab

- Lässt sich jeder Term so umformen, dass man ihn als Produkt schreiben kann? Begründe.
- $6ab + a = a \cdot (6b + 1)$ oder $6ab + a = a \cdot (6b + 0)$. Was ist richtig? Begründe.

Aufgaben

1 Multipliziere aus und vereinfache so weit wie möglich.

a) $7 \cdot (4x + 2)$ b) $(-3b + a) \cdot 5$ c) $1{,}7 \cdot (2c + a)$

d) $2x \cdot (x + 2{,}5)$ e) $y \cdot (15 - x)$ f) $3z \cdot (3z + 4)$

g) $\frac{1}{3} k \cdot (6k + 1)$ h) $\left(-\frac{3}{4}l\right) \cdot (4l - 12)$ i) $\frac{4}{5}s \cdot \left(0{,}75\,t - \frac{3}{2} u\right)$

j) $(-1{,}5a + 4{,}9b) \cdot (-c)$ k) $(-3k + 0{,}2l) \cdot (-3m)$ l) $(-2{,}4s^2 + 3{,}6ts) : (4s)$

m) $(-3b) \cdot \left(2b - \frac{1}{6}bc\right)$ n) $(2{,}3a - 3{,}9ab) \cdot a$ o) $\left(\frac{2}{3}fg - \frac{5}{9}f^2g\right) : (-2g)$

p) $2{,}4x \cdot (x - y) \cdot z$ q) $(-4{,}8st^3 - 0{,}5st) : st$ r) $\frac{1}{4}f^2 \cdot \left(\frac{2}{3}g - \frac{4}{5}fh\right) \cdot h^2$

In den Termen werden die Variablen möglichst alphabetisch geordnet.

6.2 Terme umformen

2 Finde einen gemeinsamen Faktor. Klammere ihn aus und vereinfache.
a) $\frac{1}{2}ax + 3x - 7xy$
b) $a^2bc - ab^2 + 3{,}2abc$
c) $6mn + 4km + 8m$
d) $2{,}5s^2f - 1{,}5s^2t + 12s^2$
e) $-35rs + 21r - 49rs^2$
f) $1{,}2gh + 0{,}3g - 1{,}5gk$
g) $\frac{2}{3}d^2 - 1\frac{1}{3}cd + d$
h) $0{,}8k^2l^2 - 1{,}6kl^2 + mkl^2$
i) $1{,}9x^3y - 4{,}6x^2y^2 + x^2y^3$

3 a) Der Flächeninhalt der Figur wurde auf zwei Arten (jeweils ohne Einheiten) berechnet. Erkläre das Vorgehen.
① $A = 6 \cdot 12 + 6 \cdot 6 + 2 \cdot 12 + 2 \cdot 6 = 144$
② $A = (6 + 2) \cdot (12 + 6) = 8 \cdot 18 = 144$

b) Beschreibe analog zu a) den Flächeninhalt auf zwei verschiedene Arten.

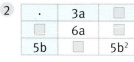
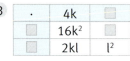

4 Berechne das Produkt mithilfe einer Verknüpfungstabelle wie im Beispiel III. Vereinfache so weit wie möglich.
a) $(x + 2) \cdot (x + 3)$
b) $(r + s) \cdot (r - 1)$
c) $(-2a + 5) \cdot (1{,}2y - 0{,}4)$
d) $(-2x + 7) \cdot (x - y)$
e) $\left(0{,}4k - \frac{2}{3}\right) \cdot (-l + 8)$
f) $(-3{,}2a + 0{,}5b) \cdot (a - 2b)$
g) $(1{,}4y + 1{,}8) \cdot (-x + y)$
h) $(-s^2 + 2t) \cdot (s - 0{,}6)$
i) $(2k - t^2) \cdot (1{,}6 - 0{,}3t)$

5 In den Verknüpfungstabellen zur Multiplikation von Summen fehlen Werte.

①
·	☐	5
x	x^2	☐
☐	☐	15

②
·	3a	☐
☐	6a	☐
5b	☐	$5b^2$

③
·	4k	☐
☐	$16k^2$	☐
☐	2kl	l^2

④
·	2x	☐
☐	$7x^2$	☐
$\frac{1}{4}y$	☐	$2y^2$

⑤
·	☐	-6
-x	$4x^2$	☐
☐	☐	6y

⑥
·	$-\frac{2}{5}x$	$\frac{3}{4}z$
x	$\frac{1}{5}xy$	☐
☐	☐	$-3z^2$

a) Übertrage die Tabellen in dein Heft und vervollständige sie.
b) Wie lautet die zugehörige Aufgabenstellung? Vereinfache so weit wie möglich.

6 a) Erkläre die Richtigkeit der nebenstehenden Aussage anhand der folgenden Gleichheit.
$-(2x - 4{,}5) = (-1) \cdot (2x - 4{,}5) = -2x + 4{,}5$

*Klammern, vor denen ein Minuszeichen – steht, nennt man auch **Minusklammern**.*

Bei einer Minusklammer drehen sich die Vorzeichen der Summanden in der Klammer um, wenn man sie in eine Plusklammer umwandelt.

b) Löse die folgenden Klammern auf und vereinfache.
① $5{,}5 - (3{,}5a + 4{,}5)$
② $1{,}8m - \left(\frac{4}{5}m + 3m\right)$
③ $1{,}2x - (2{,}6 - 3{,}1x)$
④ $-\frac{4}{7}s - \left(0{,}8 - \frac{3}{7}s\right)$
⑤ $3a^2 - (-1{,}9a + 0{,}2a^2)$
⑥ $-5x^2 - \left(\frac{1}{5}x + 3x^2\right)$
⑦ $-\left(\frac{2}{5}b + \frac{3}{4}c\right)$
⑧ $2\sqrt{3} - (7\sqrt{3} + 15)$
⑨ $-\frac{5}{2}a - \sqrt{3} \cdot \left(\sqrt{27}a + \frac{1}{\sqrt{3}}\right)$
⑩ $-6\sqrt{2} - (4{,}5 + 9\sqrt{2})$
⑪ $x - \sqrt{2} \cdot \left(\sqrt{8}x + \frac{2}{\sqrt{2}}y\right)$
⑫ $3\sqrt{5} - (4\sqrt{3} - 3\sqrt{5})$
⑬ $3\sqrt{3} - (-7\sqrt{3} + \sqrt{3}x)$
⑭ $-2 \cdot (6\sqrt{7} + 4\sqrt{11}) - 9\sqrt{11}$

7 Übertrage ins Heft und ergänze so, dass die Rechnung stimmt.

a) $2 \cdot \left(\square + \frac{2}{5}v\right) = \frac{1}{12}u + 0{,}8v$

b) $3{,}5ab + 14a^2b = \square \cdot \left(\frac{1}{2} + 2a\right)$

c) $\square : 5 + 2r + 3 = 27r + 3$

d) $81p - 15q = \square \cdot (\square p - 5q)$

e) $\square \cdot \frac{4}{3}q + \frac{2}{9} = 12q + \square$

f) $\square + 2{,}5x^2 - x = x \cdot (4x^2 + 2{,}5x - \square)$

8 Hier stimmt doch was nicht. Finde den Fehler und verbessere.

a) $2x - 4y + 8r - 2$
   $= 2(x - 2y + 4r)$

b) $(3x - 2) \cdot (x + 4)$
   $= 3x^2 - 2x + 12x + 8$
   $= 3x^2 + 14x + 8$

c) $8(b + \frac{3}{4}a) - (b + 3)$
   $= 8b + 6a - b + 3$
   $= 6a + 7b + 3$

9 Multipliziere aus und vereinfache so weit wie möglich.

a) $(x + 5) \cdot (x - 4)$

b) $(x + y) \cdot (y - 2x)$

c) $(6 - x) \cdot (6 - y)$

d) $(x - 3) \cdot (2x - 6)$

e) $(-2x + 3y) \cdot (x - 5y)$

f) $(5{,}5x + 2{,}6) \cdot (4x - 1{,}2y)$

g) $\left(4\frac{1}{10}x + \frac{3}{5}\right) \cdot (y - 2)$

h) $(x - 1{,}3y) \cdot (-1{,}3x + y)$

i) $\left(\frac{1}{2}x^2 - 4x\right) \cdot \left(\frac{1}{5}x - y\right)$

Schaffst du es auch ohne Verknüpfungstabelle?

10 Übertrage die Rechenmauern in dein Heft und vervollständige sie.

a) Addition   b) Subtraktion   c) Multiplikation   d) Division

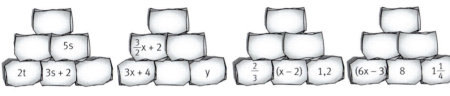

Der Wert eines Steins ergibt sich aus der entsprechenden Rechnung der darunter liegenden Steine (von links nach rechts).

11 Das in der Randspalte skizzierte Grundstück soll umzäunt werden. Der Flächeninhalt beträgt 180 m² (61,25 m²). Bestimme die Außenmaße des Grundstücks.

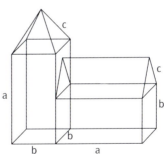

12 Markus baut ein Drahtmodell einer Kirche. Dabei achtet er darauf, dass keine Kante doppelt besetzt wird.

a) Stelle einen Term auf, mit dem man die Länge eines Drahtes für das Modell bestimmen kann. Vereinfache den Term so weit wie möglich.

b) Für den Term aus a) gilt: $a = 2b + 4$ cm und $c = b + 2$ cm. Ersetze die Variablen und vereinfache erneut.

c) Wie lang muss der Draht für $b = 8$ cm mindestens sein? Warum mindestens? Finde Gründe.

Die Skizze ist nicht maßstabsgetreu.

13 Man kann mithilfe einer Verknüpfungstabelle auch Produkte von Summen mit mehr als zwei Summanden bestimmen.

a) Erkläre das Vorgehen im Beispiel.

b) Berechne ebenso:
   1) $(2a - 3b + 7) \cdot (3a + b - 8)$
   2) $(-x + 4y + z) \cdot (x - y + 4)$

c) Wie muss eine Tabelle für $(2x + 4) \cdot (x - 3 + y)$ aussehen? Begründe und berechne.

Beispiel:

	2x	3y	-5
x	2x²	3xy	-5x
-y	-2xy	-3y²	+5y
1	2x	3y	-5

$(x - y + 1) \cdot (2x + 3y - 5)$
$= 2x^2 + 3xy - 5x - 2xy - 3y^2$
$+ 5y + 2x + 3y - 5$
$= 2x^2 - 3y^2 - 3x + 8y + xy - 5$

6.3 Binomische Formeln

Schneide dir ein dünnes quadratisches Papier zurecht oder verwende Origami-Papier.

Die Windmühle kann sich auch drehen, wenn du sie mit einer Stecknadel an einem Holzstift befestigst.

Wir basteln eine Windmühle aus einem quadratischen Stück Papier.

1   2   3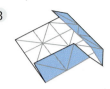

1 Falte die Diagonalen und Mittellinien und öffne jeweils wieder. Anschließend falte alle Quadratkanten nochmals zur Mittellinie.

2 Öffne die Viertelungen wieder. Falte alle vier Ecken zur Mitte und öffne sie wieder.

3 Falte zwei angrenzende Quadratseiten um und forme in der Ecke einen Windmühlenflügel. Wiederhole das Vorgehen reihum.

- Entfalte die Windmühle und betrachte das Faltmuster. Zeige am Faltmuster die folgenden Flächengleichheiten:

1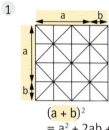
$(a + b)^2 = a^2 + 2ab + b^2$

2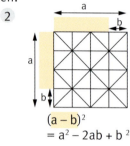
$(a - b)^2 = a^2 - 2ab + b^2$

3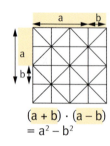
$(a + b) \cdot (a - b) = a^2 - b^2$

MERKWISSEN

Die **binomischen Formeln** sind ein Sonderfall der Multiplikation von Summen, die besonders häufig verwendet werden.

		Quadrat 1. Summand		doppeltes Produkt beider Summanden		Quadrat 2. Summand
1.	$(a + b)^2 =$	a^2	+	$2ab$	+	b^2
2.	$(a - b)^2 =$	a^2	−	$2ab$	+	b^2
3.	$(a + b)(a - b) =$	a^2			−	b^2

Man erhält die binomischen Formeln auch, indem man die beiden Summanden ausmultipliziert.

Die binomischen Formeln lassen sich in beide Richtungen anwenden: ausmultiplizieren bzw. zusammenfassen.

BEISPIELE

I Löse die Klammern auf und vereinfache.

a) $(x + 3)^2$
b) $(3x + y)(3x - y)$

Lösung:

a) $(x + 3)^2 = x^2 + 2 \cdot x \cdot 3 + 3^2$
   $= x^2 + 6x + 9$

b) $(3x + y)(3x - y) = (3x)^2 - y^2$
   $= 9x^2 - y^2$

Überlegungen:
- *Betrachte die quadrierten Teilterme: Wie lauten die Summanden?*
- *Wie lautet das doppelte Produkt der Summanden? Welches Vorzeichen hat es?*

II Wende die binomischen Formeln an und schreibe mit Klammern.

a) $4x^2 - 2ax + \frac{1}{4}a^2$
b) $1 - 169r^2$

Lösung:

a) $4x^2 - 2ax + \frac{1}{4}a^2$
   $= (2x)^2 - 2ax + \left(\frac{1}{2}a\right)^2$
   $= \left(2x - \frac{1}{2}a\right)^2$

b) $1 - 169r^2$
   $= (1)^2 - (13r)^2$
   $= (1 + 13r)(1 - 13r)$

Kapitel 6

- Worin unterscheiden sich die 1. und die 2. binomische Formel? Beschreibe.
- Wieso entfällt der „mittlere Teil" bei der 3. binomischen Formel? Erkläre anschaulich.

Aufgaben

1 Wende die binomischen Formeln an.
- a) $(x + 5)^2$
- b) $(4 + y)^2$
- c) $(x - 1)^2$
- d) $\left(x + \frac{1}{4}\right)^2$
- e) $\left(y + \frac{2}{3}\right)^2$
- f) $\left(x + 1\frac{1}{2}\right)^2$
- g) $(7 - x)^2$
- h) $\left(\frac{1}{5} - y\right)^2$
- i) $\left(\frac{4}{9} + x\right)^2$
- j) $(x - \sqrt{2})^2$
- k) $(x + 2\sqrt{2})^2$
- l) $(y - 0{,}5\sqrt{3})^2$
- m) $(x + \sqrt{5})^2$
- n) $(\sqrt{3} - 2y)^2$
- o) $(5x - 2\sqrt{2})^2$

2 Nutze die 3. binomische Formel zum Vereinfachen.

Beachte: a + b = b + a

- a) $(x + 2)(x - 2)$
- b) $(x - 3)(3 + x)$
- c) $(y - 4)(y + 4)$
- d) $(6 - x)(6 + x)$
- e) $\left(y + \frac{2}{5}\right)\left(y - \frac{2}{5}\right)$
- f) $\left(\frac{4}{9} - x\right)\left(\frac{4}{9} + x\right)$
- g) $(y - \sqrt{7})(\sqrt{7} + y)$
- h) $(\sqrt{3} - x)(\sqrt{3} + x)$
- i) $(y - 2\sqrt{5})(y + 2\sqrt{5})$
- j) $(2x - 7)(2x + 7)$
- k) $(3 + 2y)(3 - 2y)$
- l) $(9x - 12y)(9x + 12y)$
- m) $(3\sqrt{3} - s)(s + 3\sqrt{3})$
- n) $(4x - \sqrt{5})(\sqrt{5} + 4x)$
- o) $(8\sqrt{11} - 9x)(8\sqrt{11} + 9x)$

3 Löse die Klammern auf und vereinfache so weit wie möglich.
- a) $(a + 3)^2$
- b) $(b - 6)^2$
- c) $(7 - x) \cdot (7 + x)$
- d) $(2x - 4)^2$
- e) $\left(\frac{1}{2}y + 2{,}5\right) \cdot \left(\frac{1}{2}y - 2{,}5\right)$
- f) $(3{,}5 + 5z)^2$
- g) $(7r - 2{,}3)^2$
- h) $\left(\frac{2}{3}v + t\right)^2$
- i) $(a + 1{,}9b)(a - 1{,}9b)$
- j) $(\sqrt{11} - 4s)(\sqrt{11} + 4s)$
- k) $\left(0{,}6v + \frac{5}{6}w\right)^2$
- l) $\left(\frac{m}{3} - 8\right)\left(\frac{m}{3} + 8\right)$
- m) $(2{,}5x - \sqrt{3})(\sqrt{3} + 2{,}5x)$
- n) $(y - 0)^2 \cdot (0 - y)$
- o) $\left(\frac{35}{36} - \frac{17}{36}\right)^2$

4 Überprüfe mithilfe von Verknüpfungstabellen die Richtigkeit der binomischen Formeln aus dem Merkwissen.

5 Ordne zu. Welche Terme sind äquivalent?

1 $x(4 + x)$	2 $(x - 2)^2$	A $x^2 - 4$	B $x^2 + 4x + 4$
3 $(2 - x)(2 + x)$	4 $(x - \sqrt{2})(\sqrt{2} + x)$	C $x^2 - 4x + 4$	D $x^2 + 4x$
5 $(2 + x)^2$	6 $(x + 2)(x - 2)$	E $-x^2 + 4$	F $x^2 - 2$

6 Fasse geschickt mithilfe binomischer Formeln zusammen wie im Beispiel II.
- a) $x^2 + 22x + 121$
- b) $a^2 - 26a + 169$
- c) $25 - y^2$
- d) $1 + 2x + x^2$
- e) $\frac{1}{4}t^2 - st + s^2$
- f) $4a^2 - 36a + 81$
- g) $9x^2 + 30xy + 25y^2$
- h) $\frac{1}{4}s^2 - s + 1$
- i) $36k^2 - 144m^2$
- j) $0{,}64a^2 + 6{,}4a + 16$
- k) $\frac{4}{9}x^2 - \frac{4}{15}x + \frac{1}{25}$
- l) $0{,}49r^2 - \frac{121}{169}$
- m) $7 + 2 \cdot \sqrt{7} \cdot x + x^2$
- n) $y^2 - 4\sqrt{5}y + 20$
- o) $2x^2 - 2 \cdot \sqrt{6}x + 3$

6.3 Binomische Formeln

7 Erkläre mithilfe der Zeichnung die Gültigkeit der 3. binomischen Formel anschaulich.

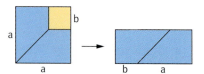

8 „Das Quadrat einer Differenz ergibt als Ergebnis die Differenz aus dem Quadrat des Minuenden und dem doppelten Produkt aus Minuend und Subtrahend addiert zum Quadrat des Subtrahenden."

  a) Welche binomische Formel wird hier beschrieben?
  b) Beschreibe ebenso in Worten die beiden anderen binomischen Formeln.

9 Löse zuerst die binomische Formel auf und vereinfache dann.

  a) $4 \cdot (a + 3)^2$ **b)** $3 \cdot (x - 2y)^2$ **c)** $2 \cdot (2 - x) \cdot (2 + x)$
  d) $x \cdot \left(x + \frac{1}{3}\right)^2$ **e)** $k \cdot (2m + 9)^2$ **f)** $\frac{1}{3} \cdot (3a - b)^2$
  g) $-2 \cdot (-x - 5)^2$ **h)** $-y \cdot (y + 2)^2$ **i)** $2x(4 - x)^2$
  j) $(2y - 11) \cdot (2y + 11) \cdot y$ **k)** $t \cdot (5t - 0)^2$ **l)** $5 \cdot (\sqrt{2} - 6)^2$

10 Ergänze die Lücke so, dass du eine binomische Formel anwenden kannst. Vereinfache anschließend.

  a) $x^2 + 6x + \square$ **b)** $x^2 - 16x + \square$ **c)** $x^2 - 22x + \square$
  d) $x^2 - x + \square$ **e)** $x^2 + 0{,}6x + \square$ **f)** $x^2 + 3x + \square$
  g) $x^2 - \square x + 49$ **h)** $x^2 + \square x + 2{,}25$ **i)** $x^2 - \square x + \frac{4}{9}$
  j) $x^2 - 2 \cdot \sqrt{6}x + \square$ **k)** $x^2 - \square x + 7$ **l)** $\square x^2 - \frac{1}{8}x + \frac{1}{64}$

11 Übertrage in dein Heft und fülle die Lücken aus.

  a) $(x + \square)^2 = \square + \square + 64$ **b)** $(y - \square)^2 = \square - 5x + \square$
  c) $(2a + \square)^2 = \square + 2a + \square$ **d)** $(\square - 12)^2 = \square - 6m + \square$
  e) $(3x - \square) \cdot (3x + \square) = \square - 5$ **f)** $\left(\square - \frac{2}{5}\right)^2 = 2\frac{1}{4}r^2 - \square + \square$
  g) $(\square + \sqrt{2})^2 = 8z^2 + \square + \square$ **h)** $\left(\square t - 7\frac{1}{2}\right) \cdot \left(\square t + 7\frac{1}{2}\right) = 6t^2 - \square$

12 Zeige, dass sich der Flächeninhalt A der Figuren durch den angegebenen Term darstellen lässt.

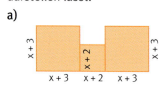

  a) $A = 3x^2 + 16x + 22$ **b)** $A = (\sqrt{2}x - 5) \cdot (\sqrt{2}x + 5)$ **c)** $A = 8 \cdot (x^2 + 4x + 2)$

13 Die Zahlen 1,5; 2,5; 3,5; ... lassen sich folgendermaßen quadrieren:
$(n + 0{,}5)^2 = n \cdot (n + 1) + 0{,}25$ n ist dabei die natürliche Zahl vor dem Komma.
Beispiele: $1{,}5^2 = 1 \cdot 2 + 0{,}25 = 2{,}25$
                   $2{,}5^2 = 2 \cdot 3 + 0{,}25 = 6{,}25$

  a) Berechne mithilfe der Formel.

     ① $3{,}5^2$ ② $5{,}5^2$ ③ $8{,}5^2$ ④ $10{,}5^2$ ⑤ $15{,}5^2$ ⑥ $20{,}5^2$

  b) Überprüfe die Gültigkeit der Formel.

14 Gegeben sind Rechtecke mit der Länge x cm und der Breite (x – 6) cm sowie ein Quadrat mit der Seitenlänge 3 cm.

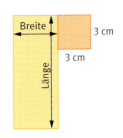

a) Zeichne das Rechteck für x = 10 cm in dein Heft und füge das Quadrat an.

b) Zeichne ein Quadrat in dein Heft, das denselben Flächeninhalt hat wie die beiden Figuren in a) zusammen.

c) Bestimme in Abhängigkeit von x die Seitenlänge eines Quadrats, dessen Flächeninhalt so groß ist wie der Flächeninhalt der gegebenen Figuren.

15 Für das Faktorisieren einer Summe gibt es die Möglichkeit, zunächst einen gemeinsamen Faktor aller Summanden auszuklammern und anschließend die binomischen Formeln anzuwenden. Faktorisiere wie in den Beispielen.

Faktorisieren bedeutet, dass eine Summe in ein Produkt umgeformt wird.

Beispiele: $3x^2 + 24x + 48 = 3 \cdot (x^2 + 8x + 16) = 3 \cdot (x + 4)^2$
$ax^2 - 4ay^2 = a \cdot (x^2 - 4y^2) = a(x + 2y) \cdot (x - 2y)$

a) $4x^2 + 48x + 144$ b) $3y^2 - 30y + 75$ c) $2{,}5x^2 - 20x + 40$

d) $10x^2 + 30x + 22{,}5$ e) $250x^2 - 100xy + 10y^2$ f) $\frac{7}{4}x^2 - \frac{14}{10}xy + \frac{7}{25}y^2$

16 a) Betrachte die Quadratzahlen nebenan.

1 Setze die Reihe um mindestens drei Schritte fort. Welche Gesetzmäßigkeiten erkennst du?

2 Wie lautet allgemein ein Term $(10 + n)^2$, wenn man für n natürliche Zahlen einsetzt? Wie sieht es bei $(10 - n)^2$ aus?

b) Beschreibe, wie man Quadratzahlen der Form $(20 + n)^2$ und $(30 + n)^2$ berechnen kann. Überprüfe zunächst an Beispielen.

c) Wie kann man allgemein für einen Term $(a + n)^2$ berechnen? Beschreibe in Worten. Erkläre den Zusammenhang mit einer Verknüpfungstabelle.

d) Binomische Formeln für schnelle Rechner: Berechne ohne Taschenrechner, indem du die bisherigen Zusammenhänge nutzt.

$18^2 \quad 24^2 \quad 26^2 \quad 35^2 \quad 41^2 \quad 44^2 \quad 57^2 \quad 61^2 \quad 73^2$

$11^2 = (10 + 1)^2$
$ = 100 + 20 + 1$

$12^2 = (10 + 2)^2$
$ = 100 + 40 + 4$

$13^2 = (10 + 3)^2$
$ = 100 + 60 + 9$

$14^2 = \ldots$

Geschichte

Faktorisieren nach Viète

Bestimmte Summen kann man in ein Produkt umformen (faktorisieren), obwohl ihre Summanden keinen gemeinsamen Faktor enthalten und ihre Struktur auch keiner binomischen Formel entspricht. François Viète hat dafür ein Verfahren mittels einer Verknüpfungstabelle angegeben:

Beispiel: $x^2 - 2x - 15$

·	x	–5
x	x^2	–5x
3	3x	–15

Die Terme x^2 und –15 kann man sofort in die weißen Felder der Verknüpfungstabelle eintragen. In die beiden gelb unterlegten Felder müssen Faktoren der Zahl –15 so eingetragen werden, dass deren Summe die Zahl –2 ergibt. Unter mehreren Möglichkeiten findet man die Lösungen 3 und –5 durch Probieren.

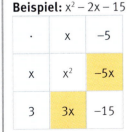

François Viète (1540 – 1603)
Französischer Mathematiker

Also gilt: $x^2 - 2x - 15 = (x + 3) \cdot (x - 5)$

- Faktorisiere ebenso.

a) $x^2 - 2x - 8$ b) $x^2 + 7x + 6$ c) $x^2 + 3x - 18$ d) $x^2 + 3x - 40$

e) $x^2 - 5x + 6$ f) $x^2 + 5x - 36$ g) $4x^2 + 2x - 12$ h) $\frac{1}{4}x^2 - x - 24$

6.4 Gleichungen lösen

EU-Verordnung:
Ein Lastkraftwagen (Lkw) darf als Sattelzug 16,50 m lang, bis zu 4,0 m hoch und ohne die Außenspiegel 2,55 m breit sein.

Ein Lkw wird mit Platten beladen. Eine Platte ist 11,20 m lang, 1,75 m breit und 15 cm hoch.

- Stelle einen Term auf, der die Höhe des Lkws mit Ladung angibt, je nachdem, wie viele Platten sich auf dem Lkw befinden.
- Bestimme die Anzahl der Platten, die der Lkw gemäß der EU-Verordnung maximal laden darf.

*Alle Zahlen, die man in eine Gleichung einsetzen darf, bezeichnet man als **Definitionsmenge** $\mathbb{D}$. Die Lösungen der Gleichung müssen aus dieser Menge $\mathbb{D}$ stammen.*

*Alle Zahlen aus $\mathbb{D}$, die eine Gleichung lösen, bezeichnet man als **Lösungsmenge** $\mathbb{L}$.*

Mögliche Fälle:
$\mathbb{L} = \{\,\}$: keine Lösung
$\mathbb{L} = \{-2\}$: eine Lösung in $\mathbb{D}$
$\mathbb{L} = \mathbb{D}$: alle Zahlen aus $\mathbb{D}$ sind Lösung.

MERKWISSEN

Um Gleichungen zu lösen, gibt es verschiedene Möglichkeiten:

Systematisches Probieren

Durch Einsetzen von Zahlen **der Reihe nach** oder durch **Einschachteln mit kleinen und großen Zahlen** versucht man, sich der Lösung einer Gleichung schrittweise zu nähern.	Beispiel: $2x + 7 = 21$	x	2x + 7	
		5	17	zu klein
		6	19	zu klein
		7	21	richtig

Umkehraufgabe

Ist der Term auf einer Seite soweit vereinfacht, dann „baut" man den Term von der Variablen aus auf und geht anschließend durch die **Umkehroperationen** den Weg wieder bis zur Lösung **zurück**.

Beispiel:
$2x + 7 = 21$

$x \xrightarrow{\cdot 2} 2x \xrightarrow{+7} 2x + 7$
$\parallel \qquad\qquad \parallel$
$7 \xleftarrow{:2} 14 \xleftarrow{-7} 21$

Äquivalenzumformung

Formt man eine Gleichung so um, dass sich die **Lösungsmenge nicht ändert**, so spricht man von einer Äquivalenzumformung. Äquivalenzumformungen liegen dann vor, wenn auf beiden Seiten der Gleichung …

- **dieselbe Zahl** (derselbe Term) **addiert** oder **subtrahiert** wird.
- mit derselben Zahl (demselben Term) **multipliziert** oder **dividiert** wird. Die Zahl darf jedoch nicht null sein.

Beispiel: $6x - 2 \cdot (2x + 7) = 6 + 4x - 2$ $\qquad \mathbb{D} = \mathbb{Z}$

$6x - 4x - 14 = 4 + 4x$ $2x - 14 = 4 + 4x$	1 Terme **vereinfachen**
$-4x$ $\qquad\qquad\qquad -4x$ $-2x - 14 = 4$ $+14$ $\qquad\qquad\qquad +14$ $-2x = 18$	2 Durch Addition und Subtraktion **alle Variablen auf eine Seite** der Gleichung und die **Zahlen ohne Variable auf die andere Seite** bringen
$:(-2) \qquad\qquad\qquad :(-2)$ $x = -9$	3 Durch Multiplikation und Division den **Faktor vor der Variablen zur 1** machen
$-9 \in \mathbb{Z}; \mathbb{L} = \{-9\}$	4 **Lösungsmenge** durch Vergleich mit der Definitionsmenge bestimmen

Eine Probe am Ende hilft zur Überprüfung.
Hier: -9 eingesetzt ergibt:
$-54 - 2 \cdot (-11) = -32$
$6 + 4 \cdot (-9) - 2 = -32$

Kapitel 6

Beispiele

I Bestimme die Lösungsmenge ($\mathbb{D} = \mathbb{Z}$).

a) $3x + 8 = -2$

b) $a \cdot (a - 5) = a^2 - 2a + 75$

Lösung:

a)
$$3x + 8 = -2 \quad | -8$$
$$3x = -10 \quad | :3$$
$$x = -\frac{10}{3}$$
$$-\frac{10}{3} \notin \mathbb{Z}; \mathbb{L} = \{\ \}$$

b)
$$a \cdot (a - 5) = a^2 - 2a + 75 \quad | \text{ vereinfachen}$$
$$a^2 - 5a = a^2 - 2a + 75 \quad | -a^2$$
$$-5a = -2a + 75 \quad | +2a$$
$$-3a = 75 \quad | :(-3)$$
$$a = -25$$
$$-25 \in \mathbb{Z}; \mathbb{L} = \{-25\}$$

Probe: l. S.: $-25 \cdot (-25 - 5) = 750$
r. S.: $(-25)^2 - 2 \cdot (-25) + 75 = 750$

Statt die Änderungen auf beiden Seiten einer Gleichung durch Pfeile darzustellen, benutzt man als Kurzschreibweise meist einen Strich „|", hinter dem man die Änderung notiert.

linke Seite: l. S.
rechte Seite: r. S.

II Bestimme die Lösungsmenge. Vereinfache mithilfe binomischer Formeln ($\mathbb{D} = \mathbb{Q}$).

a) $(2 - x)^2 = x \cdot (x + 5) - 4$

b) $(a + 9)^2 = (a - 4)^2$

Lösung:

a)
$$(2 - x)^2 = x \cdot (x + 5) - 4$$
$$4 - 4x + x^2 = x^2 + 5x - 4 \quad | -x^2$$
$$4 - 4x = 5x - 4 \quad | -5x$$
$$4 - 9x = -4 \quad | -4$$
$$-9x = -8 \quad | :(-9)$$
$$x = \frac{8}{9}$$
$$\frac{8}{9} \in \mathbb{Q}; \mathbb{L} = \{\tfrac{8}{9}\}$$

Probe:
l. S.: $\left(2 - \tfrac{8}{9}\right)^2 = \tfrac{100}{81}$
r. S.: $\tfrac{8}{9} \cdot \left(\tfrac{8}{9} + 5\right) - 4 = \tfrac{100}{81}$

b)
$$(a + 9)^2 = (a - 4)^2$$
$$a^2 + 18a + 81 = a^2 - 8a + 16 \quad | -a^2$$
$$18a + 81 = -8a + 16 \quad | +8a$$
$$26a + 81 = 16 \quad | -81$$
$$26a = -65 \quad | :26$$
$$a = -2{,}5$$
$$-2{,}5 \in \mathbb{Q}; \mathbb{L} = \{-2{,}5\}$$

Probe:
l. S.: $(-2{,}5 + 9)^2 = 6{,}5^2$
r. S.: $(-2{,}5 - 4)^2 = (-6{,}5)^2 = 6{,}5^2$

Du kannst auch quadratische Terme wie a^2 auf eine Seite bringen und vereinfachen.

- Marie hat einen Tipp: „Wenn Äquivalenzumformungen oder Umkehraufgabe nicht klappen, dann versuche ich als letztes Mittel immer systematisches Probieren. Das klappt fast immer." Wie kommt Marie zu ihrem Tipp?
- Für welchen Wert von x gilt $-x = x$?

Aufgaben

1 Erkläre die Umformungen zwischen den einzelnen Waagenbildern.

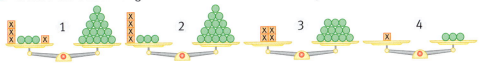

2 Notiere jeweils eine Gleichung und löse.

a) b)   c)   d)

3 Erkläre die Umformungen ($\mathbb{D} = \mathbb{Q}$).

a) $5x + 9 = 27$
$5x = 18$
$x = 3{,}6$

$3{,}6 \in \mathbb{Q};$
$\mathbb{L} = \{3{,}6\}$

b) $a \cdot (a + 4) = a^2 + 7a + 24$
$a^2 + 4a = a^2 + 7a + 24$
$4a = 7a + 24$
$-3a = 24$
$a = -8$

$-8 \in \mathbb{Q}; \mathbb{L} = \{-8\}$

c) $(x - 5)(x + 5) = (x - 7)^2 + 2$
$x^2 - 25 = x^2 - 14x + 51$
$-25 = -14x + 51$
$-76 = -14x$
$5\tfrac{3}{7} = x$

$5\tfrac{3}{7} \in \mathbb{Q}; \mathbb{L} = \{5\tfrac{3}{7}\}$

Lösungen zu 4:
$\mathbb{L} = \{-7{,}25\}; \mathbb{L} = \{1\};$
$\mathbb{L} = \{-2\}; \mathbb{L} = \{0{,}5\};$
$\mathbb{L} = \{1{,}5\}; \mathbb{L} = \{5{,}45\};$
$\mathbb{L} = \{-7{,}2\}; \mathbb{L} = \{8\}; \mathbb{L} = \mathbb{Q};$
$\mathbb{L} = \{9{,}5\}; \mathbb{L} = \{\,\}; \mathbb{L} = \mathbb{Q}$

4 Bestimme die Lösungsmenge ($\mathbb{D} = \mathbb{Q}$). Vergiss die Probe nicht.

a) $-3{,}2 - 5x + 11 = 5{,}3$
b) $11 + r + 2 \cdot (r - 5{,}5) = 24$
c) $3x + 5 = 15{,}9 + x$
d) $2\tfrac{1}{3}y + 2 - \tfrac{1}{3}y = 5$
e) $7 \cdot (x - 2) = 52{,}5$
f) $-2 + 4x = x + 4 \cdot (x + 1{,}3)$
g) $x - 7 = -0{,}5 \cdot (14 - 2x)$
h) $-(x + 3{,}8) = -(x - 3{,}8)$
i) $-2y - 4 = \tfrac{1}{2} \cdot (8 + 4y)$
j) $(2x + 3) : 4 = \tfrac{3}{2}x + 8$
k) $2{,}8y - \tfrac{7}{8} = 0{,}125 + y + \tfrac{4}{5}$
l) $4r + 5 - r = r + 3 + 2 \cdot (r + 1)$

5 Übertrage in dein Heft und ergänze die fehlenden Lösungsschritte ($\mathbb{G} = \mathbb{Q}$).

a) $3x - 5 \cdot (x + 10) - 2 \cdot (2 - x) + 3x = 43$
$3x - \square - \square - \square + \square + 3x = 43$
$3x - \square = 43$
$3x = \square$
$x = \square$
$\square \in \mathbb{Q}, \mathbb{L} = \{\square\}$

b) $2x \cdot (5x + 3) - x \cdot (x - 3) = (7 - 3x)^2$
$\square + 6x - \square + \square = \square - \square x + \square x^2$
$\square x^2 + \square x = \square x^2 - \square x + \square$
$\square x = -\square x + \square$
$\square x = \square$
$x = \square$
$\square \in \mathbb{Q}, \mathbb{L} = \{\square\}$

6 Wie lautet die Lösungsmenge ($\mathbb{D} = \mathbb{Q}$)?

a) $(x + 3)^2 = (x - 5)^2$
b) $(x - 2) \cdot (x + 2) = (x + 4)^2$
c) $(a - 4)^2 = (a + 3)^2$
d) $(b + 4)^2 = (b + 2)(b + 8)$
e) $(y - 6)^2 = y(y - 12) + 36$
f) $(3x + 5)^2 = 9x^2 - 17$
g) $(3x + 1{,}5)^2 = x(9x - 4{,}5)$
h) $(2 - 8y)^2 = (-2 + 4y) \cdot 16y$
i) $(\sqrt{2} + x)^2 = x^2 - 2$
j) $4x^2 - 8x = (2x - 8)^2$
k) $(4 - 3x)^2 = 3x - 25 + 9x^2$
l) $(x + \sqrt{3})^2 = 3 + x^2$
m) $(a - 1)^2 = 1 + (a - 1)^2$
n) $(4{,}5 + 0{,}25x)^2 = \left(\tfrac{x}{4}\right)^2 + 3x$
o) $\left(\tfrac{2}{5} - 3x\right)^2 = 9x^2 + 4$
p) $\left(\tfrac{1}{2}x - 5\right)^2 = \left(\tfrac{1}{2}x + 3\right)\left(\tfrac{1}{2}x - 3\right)$
q) $\tfrac{1}{4}x^2 + 3x = \left(\tfrac{1}{2}x - 2\right) \cdot (2 + 0{,}5x)$

7 Löse die Gleichungen in der angegebenen Definitionsmenge.

a) $8 - (3y + 5) = y + 23; \mathbb{D} = \mathbb{Z}$
b) $212 - 2s = 2 \cdot (6 - s) + 200; \mathbb{D} = \mathbb{N}$
c) $a^2 + 2a + 1 = 2 \cdot (a + 1); \mathbb{D} = \mathbb{Z}$
d) $12 + r = 3r + 8 - 2 \cdot (r + 4); \mathbb{D} = \mathbb{Q}$
e) $(x - 2)^2 = x^2 + 4; \mathbb{D} = \mathbb{Z}$
f) $(2 - 5x)^2 = (4x - 7) \cdot (4x + 7) + 9x^2; \mathbb{D} = \mathbb{Q}$

8 a) In einem Viereck mit dem Umfang 15 cm sind die benachbarten Seiten a und b gleich lang. Die Seiten c und d sind ebenfalls gleich lang, aber jeweils 2 cm länger als a und b. Um welche Art von Viereck handelt es sich? Zeichne es und bestimme die Länge der Seiten.

b) In einem Viereck sind die gegenüberliegenden Winkel α und γ gleich groß, β ist doppelt so groß wie α und δ ist um 10° größer als γ. Welche Art von Viereck liegt vor? Skizziere es und bestimme die Winkelmaße.

c) Ein Dreieck hat einen Umfang von 24 cm. Die längste Seite ist 2 cm länger als die mittlere, die 2 cm länger ist als die kürzeste. Um was für ein Dreieck handelt es sich? Zeichne es und bestimme die Seitenlängen.

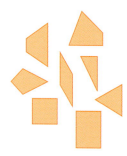

KAPITEL 6

9 Thomas und Sabine haben eine Gleichung ($\mathbb{D} = \mathbb{Z}$) gelöst und zwei verschiedene Lösungen erhalten. Suche die Fehler und begründe, warum man so nicht rechnen darf.

Thomas
$4x \cdot (x + 2) + 9 = (2x + 3)^2$
$4x^2 + 8x + 9 = 4x^2 + 12x + 9 \quad | - 4x^2$
$8x + 9 = 12x + 9 \quad | - 9$
$8x = 12x \quad | : x$
$8 = 12 \quad\quad\quad falsch$
$\mathbb{L} = \{\ \}$

Sabine
$4x \cdot (x + 2) + 9 = (2x + 3)^2$
$4x^2 + 8x + 9 = 4x^2 + 12x + 9 \quad | - 4x^2$
$8x + 9 = 12x + 9 \quad | - 9$
$8x = 12x \quad | \cdot 0$
$0 = 0 \quad\quad\quad wahr$
$\mathbb{L} = \mathbb{Z}$

10 Gib die Lösungsmenge für $\mathbb{D} = \mathbb{Q}$ an.
a) $a^2 = 1$
b) $x^2 = 2$
c) $r^2 = 9$
d) $y^2 = 12$
e) $b^2 = 25$
f) $x^2 = 121$
g) $c^2 = -256$
h) $s^2 = 0{,}49$
i) $p^2 = 0$
j) $q^2 = 14{,}4$

$x^2 = 36$ hat zwei Lösungen: −6 und 6, denn $(-6)^2 = 36$ und $6^2 = 36$

11 Manchmal führen Äquivalenzumformungen nicht zu einem Ergebnis ($\mathbb{D} = \mathbb{Q}$).
Beispiel:
$(x + 1)^2 = 9$
$x^2 + 2x + 1 = 9 \quad | - 9$
$x^2 + 2x - 8 = 0$
Ein quadratischer Term bleibt bestehen.

a) Löse die Gleichung aus dem Beispiel durch systematisches Probieren. Du kannst auch ein Tabellenprogramm nutzen.
b) Probiere aus, ob Äquivalenzumformungen zu einer Lösung führen. Wähle ansonsten ein anderes Lösungsverfahren.

1 $(x + 2)^2 = 4$
2 $4x (x + 7) = -40$
3 $4x^2 = 2x$
4 $3x (x + 3) = 54$
5 $(x + 2)^2 = 49$
6 $(x - 3)(2x - 4) = (x - 5)^2 + 3$

Oftmals ist es günstig, die Gleichung dann so aufzulösen, dass auf einer Seite eine Null steht.

Findest du mehr als eine Lösung?

12 Ermittle die gesuchte Zahl.
a) Addiert man zum Fünffachen einer ganzen Zahl das Sechsfache ihrer Gegenzahl, so erhält man 10.
b) Ich denke mir eine natürliche Zahl, addiere zu ihr das Vierfache ihres Vorgängers und erhalte 41.
c) Die Summe aus dem Quadrat einer rationalen Zahl und 3 ergibt 23,25.
d) Multipliziert man eine ganze Zahl mit ihrem Vorgänger, so erhält man 156.
e) Multipliziert man eine ganze Zahl mit dem Vorgänger ihrer Gegenzahl, so erhält man −72.

Wie viele Lösungen findest du bei d) und e)?

13 Gib die Lösungsmenge für folgende Ungleichungen in aufzählender Form an (z. B. $\mathbb{L} = \{...; -10; -9; -8; -7\}$) an ($\mathbb{D} = \mathbb{Z}$).
a) $a + 5 \geq -1$
b) $2b + 7 < b + 4 - 3$
c) $-3 + 2 \leq -c - 1$
d) $d + 8 > d + 9 - 2d$
e) $\frac{1}{3}x - 2 > 12 + x$
f) $y \cdot (y - 2) \leq 4y + 3{,}5 + y^2$

14 Betrachte die Gleichung $5x + a = 75$ ($\mathbb{D} = \mathbb{Q}$).
x ist die Variable, aus der sich die Lösungsmenge ergibt, a ist eine natürliche Zahl.
a) Wähle a so, dass $\mathbb{L} = \{11\}$ ($\mathbb{L} = \{-3\}$) ist.
b) Für welche a ergeben sich nur negative (nur positive) Lösungen?

6.5 Bruchgleichungen

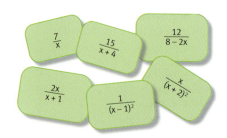

Auch im Nenner können bei Termen Variablen auftauchen. Setze die Werte auf den Zahlenkärtchen in die Terme ein.

- Welche Zahlen darf man einsetzen, welche nicht? Begründe.
- Für welche Zahlen ist der Wert des Terms am größten (kleinsten)?
- Erstelle selbst Terme mit Variablen im Nenner und probiere aus.

Merkwissen

Befindet sich bei Termen und Gleichungen eine **Variable im Nenner** eines Bruches, so muss man beachten, das **keine Zahlen** in den Term **eingesetzt werden** dürfen, bei denen der **Nenner zur Null** wird. Die Definitionsmenge darf nicht die Zahlen enthalten, die nicht eingesetzt werden dürfen.

Beispiel:
$\frac{2x+1}{x-3} = 7$ Der Nenner würde 0 werden für $x = 3$.

$\mathbb{D} = \mathbb{Q}\setminus\{3\}$. Sprich: „Alle rationalen Zahlen ohne 3"
Man löst Gleichungen mit Variablen im Nenner, indem man zunächst die **Gleichung mit einem gemeinsamen Nenner multipliziert**, sodass anschließend ohne Bruchstrich weitergerechnet werden kann.

Der Bruchstrich wirkt in einem Term zusätzlich zur Division wie eine Klammer um Zähler und Nenner.
Beispiel:
$\frac{2x+1}{x-3} = (x+1) : (x-3)$

Beispiele

I Welche rationalen Zahlen dürfen in die Gleichung eingesetzt werden? Gib die Definitionsmenge an.

a) $\frac{x+4}{5x} = 15$ b) $\frac{2x-3}{x+1} = 3x$ c) $\frac{2 \cdot (x-2)}{3} = 0$

Lösung:

a) $5x = 0$ für $x = 0$; also: $\mathbb{D} = \mathbb{Q}\setminus\{0\}$
b) $x + 1 = 0$ für $x = -1$; also: $\mathbb{D} = \mathbb{Q}\setminus\{-1\}$
c) $3 \neq 0$; also: $\mathbb{D} = \mathbb{Q}$

II Bestimme für die Gleichung $\frac{3}{(x-2)} = \frac{2}{(x+4)}$ die Definitionsmenge im Bereich der rationalen Zahlen. Löse die Gleichung.

Du musst nur die Nenner einzeln betrachten, um festzustellen, welche Zahlen du nicht einsetzen darfst.

Lösung:

Definitionsmenge bestimmen	$\frac{3}{(x-2)} = \frac{2}{(x+4)}$ $\mathbb{D} = \mathbb{Q}\setminus\{-4; 2\}$
mit gemeinsamem Nenner multiplizieren	$\frac{3}{(x-2)} = \frac{2}{(x+4)}$ $\mid \cdot (x-2) \cdot (x+4)$
Gleichung lösen	$3 \cdot (x+4) = 2 \cdot (x-2)$ ... $x = -16$
Lösungsmenge bestimmen	$-16 \in \mathbb{Q}$; $\mathbb{L} = \{-16\}$
Probe	l. S.: $\frac{3}{(-16-2)} = \frac{3}{-18} = -\frac{1}{6}$ r. S.: $\frac{2}{(-16+4)} = \frac{2}{-12} = -\frac{1}{6}$

KAPITEL 6

- Wie kann der Nenner eines Bruchs aussehen, wenn du in eine Gleichung alle rationalen Zahlen außer +3 (–4, 0) einsetzen darfst? Findest du verschiedene Möglichkeiten?
- Marko behauptet, dass man in den Term $\frac{1}{x^2+1}$ jede Zahl einsetzen kann. Stimmt das? Begründe.

AUFGABEN

1 Welche rationalen Zahlen dürfen eingesetzt werden? Bestimme $\mathbb{D}$.

a) $\frac{2x-6}{x} = 22$
b) $\frac{x+3}{x-1} - 3 = \frac{1}{2}x$
c) $\frac{3-5x}{12} = \frac{2}{3}$
d) $\frac{3x^2-4x}{4-x} = \frac{3x}{4}$

e) $\frac{x+5}{x-3} = \frac{4}{x}$
f) $\frac{3}{x} + \frac{17}{6x} = 0$
g) $\frac{6}{6+3x} + \frac{4}{x} = 1$
h) $\frac{21}{2x(x-2)} = 3$

i) $\frac{1,5x}{(x-3)} = \frac{6}{5x+25}$
j) $\frac{2x}{x-1} = \frac{5}{x^2-4}$
k) $\frac{1}{(x-3)^2} = \frac{5x}{x+9}$
l) $\frac{2}{3x(x-5)} = \frac{1}{4}$

2 Bestimme die Definitionsmenge im Bereich der rationalen Zahlen. Wie lautet die Lösungsmenge?

a) $\frac{1}{x} = 5$
b) $\frac{3}{x} = -2$
c) $\frac{15}{x} = 3$
d) $-\frac{6}{x} = -4$
e) $\frac{25}{x+3} = -5$

Lösungen zu 2:
$\mathbb{L} = \{-8\}$; $\mathbb{L} = \{-1,5\}$;
$\mathbb{L} = \{\frac{1}{5}\}$; $\mathbb{L} = \{1,5\}$; $\mathbb{L} = \{5\}$

3
1 $\frac{10}{x} = \square$ $\square = 10; 5; 1; -2; -20$
2 $\frac{2}{x+1} = \square$ $\square = 6; 2; -1; -3; -8$
3 $\frac{8}{x-3} = \square$ $\square = 2; \frac{1}{2}; \frac{1}{8}; 0; -4$
4 $\frac{x}{2+x} = \square$ $\square = 2; \frac{1}{3}; \frac{1}{5}; 0; -3$
5 $\frac{2x}{x-1} = \square$ $\square = 4; \frac{4}{5}; 0; -\frac{1}{4}; -2$
6 $\frac{3x}{(x-2)^2} = \square$ $\square = 3; \frac{2}{3}; 0; -\frac{1}{3}; -\frac{3}{8}$

a) Bestimme $\mathbb{D}$ für den Term links des Gleichheitszeichens im Bereich der rationalen Zahlen.
b) Setze in das Kästchen der Reihe nach die angegebenen Werte ein. Probiere aus, für welche x du eine Lösung erhältst.

Nicht bei jedem Wert gibt es eine Lösung.

4 Bestimme $\mathbb{D}$ im Bereich der rationalen Zahlen. Gib die Lösungsmenge an.

a) $\frac{4}{x+5} = 1$
b) $\frac{3}{x} = \frac{5}{x-1}$
c) $\frac{4}{5x} = \frac{3}{6+x}$
d) $\frac{3}{x+1} = \frac{9}{x+2}$

e) $\frac{4}{5x} - \frac{7}{10x} = 2$
f) $\frac{1}{x+2} = \frac{4}{2x-6}$
g) $\frac{x-3}{2x} = \frac{3}{5}$
h) $\frac{3}{x+1} = \frac{3}{x-2}$

5 Löse die Gleichung. Bestimme zunächst die Definitionsmenge im Bereich der ganzen Zahlen.

a) $\frac{1}{x} + \frac{1}{3x} = \frac{8}{9}$
b) $\frac{1}{2x} - \frac{1}{6x} = \frac{1}{12}$
c) $\frac{3}{3x} + \frac{3}{2x} = \frac{5}{4}$

d) $\frac{5}{3x} + \frac{7}{4x} = \frac{41}{48}$
e) $\frac{3}{2x} + \frac{7}{8} = \frac{5}{x}$
f) $\frac{1}{2x} + \frac{1}{3x} = \frac{5}{12}$

Suche zunächst einen möglichst einfachen gemeinsamen Nenner.

6 a) Überprüfe, ob du in den Term jede rationale Zahl einsetzen darfst.

1 $\frac{1}{x^2+4}$ 2 $\frac{1}{x^2}$ 3 $\frac{3x}{(x+2)^2}$ 4 $\frac{5x}{(x-2)^2}$ 5 $\frac{7}{2x^2+3}$

b) Finde selbst Terme mit Variablen im Nenner, für die du jede rationale Zahl einsetzen darfst. Worauf achtest du? Beschreibe.

7 Probiere die Gleichung zu lösen ($\mathbb{D} = \mathbb{Z}$).

a) $\frac{1}{x} = \frac{1}{2x}$
b) $\frac{x-1}{x-2} = \frac{x-3}{x-2}$
c) $\frac{1}{2x} - \frac{1}{18} = \frac{3}{6x}$

6.5 Bruchgleichungen

8 Carmen und Koko lösen eine Gleichung auf zwei verschiedene Arten.

Carmen

$\frac{5}{x+3} = \frac{2}{x-3}$ $\mathbb{D} = \mathbb{Q} \setminus \{-3; 3\}$

$\frac{x+3}{5} = \frac{x-3}{2}$

$2 \cdot (x+3) = 5 \cdot (x-3)$

$2x + 6 = 5x - 15$

$-3x = -21$

$x = 7$

$7 \in \mathbb{D}; \mathbb{L} = \{7\}$ Probe: $\frac{5}{10} = \frac{2}{4}$ ✓

Koko

$\frac{5}{x+3} = \frac{2}{x-3}$ $\mathbb{D} = \mathbb{Q} \setminus \{-3; 3\}$

$5(x-3) = 2 \cdot (x+3)$

$5x - 15 = 2x + 6$

$3x - 15 = 6$

$3x = 21$

$x = 7$

$7 \in \mathbb{D}; \mathbb{L} = \{7\}$ Probe: $\frac{5}{10} = \frac{2}{4}$ ✓

a) Beschreibe jeweils die einzelnen Umformungsschritte.
b) Vergleiche die Rechenwege miteinander.
c) Löse ebenso auf zwei verschiedene Arten ($\mathbb{D} = \mathbb{Q}$).

1 $\frac{1}{x-5} = \frac{4}{3+x}$
2 $\frac{4}{3x} = \frac{5}{2x+2}$
3 $\frac{7}{\frac{1}{2}x-4} = \frac{6}{x-1,4}$

4 $\frac{2}{x} = \frac{5}{x+3}$
5 $\frac{4}{x-2} = 2$
6 $\frac{3}{x} = \frac{2}{x-2}$

9 Du kannst das Vorgehen aus der vorigen Aufgabe auch nutzen, wenn keine Variablen im Nenner sind.
Bestimme die Lösungsmenge wie im Beispiel. Es gilt $\mathbb{D} = \mathbb{Q}$.

a) $\frac{x+4}{3} = x - 6$

b) $\frac{2y-5}{2} = 12,5 + 6y$

c) $\frac{z-7}{3} = \frac{-2,5z+5}{30}$

d) $\frac{2x+3}{5} = \frac{14+4x}{2}$

e) $2 + \frac{b}{5} = \frac{2+b}{5}$

f) $\frac{1+4c}{3} - 3 = \frac{2c+6}{7}$

g) $\frac{3+2d}{2} + \frac{3d+2}{9} = d$

h) $2 + \frac{2e+e}{13} = \frac{2e}{2}$

i) $\frac{f+1}{5} + \frac{f}{4} + \frac{1-f}{3} = 2$

j) $\frac{3g}{18} = \frac{g}{6} + 3$

Beispiel:

$\frac{7y-3}{6} = 6,5y + 7,5$ $\mathbb{D} = \mathbb{Q}$

$\frac{7y-3}{6} = 6,5y + 7,5$ $| \cdot 6$

$7y - 3 = (6,5y + 7,5) \cdot 6$

$7y - 3 = 39y + 45$ $| -39y$

$-32y - 3 = 45$ $| +3$

$-32y = 48$ $| : (-32)$

$y = \frac{-48}{32} = -\frac{3}{2}$

$-\frac{3}{2} \in \mathbb{Q}; \mathbb{L} = \left\{-\frac{3}{2}\right\}$

10 Zahlenfolgen lassen sich durch Terme beschreiben.
Beispiel: $\frac{1}{3}; \frac{2}{4}; \frac{3}{5}; \frac{4}{6}; \ldots$ lässt sich als $\frac{n}{n+2}$ schreiben.

Für natürliche Zahlen schreibt man oft n.

a) Ordne die Terme den Zahlenfolgen zu.

A $\frac{1}{1}; \frac{1}{4}; \frac{1}{9}; \frac{1}{16}; \ldots$

B $\frac{1}{1}; \frac{2}{4}; \frac{3}{9}; \frac{4}{16}; \ldots$

1 $\frac{n-1}{3n}$

2 $\frac{1}{n^2}$

C $\frac{2}{4}; \frac{4}{5}; \frac{6}{6}; \frac{8}{7}; \ldots$

D $\frac{2}{5}; \frac{3}{6}; \frac{4}{7}; \frac{5}{8}; \ldots$

3 $\frac{n}{2n+1}$

4 $\frac{2n}{n+3}$

E $\frac{1}{3}; \frac{2}{5}; \frac{3}{7}; \frac{4}{9}; \ldots$

F $\frac{0}{3}; \frac{1}{6}; \frac{2}{9}; \frac{3}{12}; \ldots$

5 $\frac{n+1}{n+4}$

6 $\frac{n}{n^2}$

b) Erfinde selbst Zahlenfolgen und lasse einen Partner den Term finden.

11 Gib eine Gleichung zu der gegebenen Definitionsmenge an.

a) ℚ\{0} b) ℚ\{−9} c) ℚ\{0; 3} d) ℚ\{−5; 5}

Findest du verschiedene Möglichkeiten?

12 Stelle eine Gleichung auf. Wie lautet die gesuchte Zahl?

a) Bei einer Zahl ist der Nenner dreimal so groß wie der Zähler. Vermehrt man den Nenner um 1 und verringert den Zähler um 17, dann erhält man 2.

b) Bei einem Bruch mit unbekanntem Nenner x ist der Zähler doppelt so groß wie der Nenner. Addiert man 2 zum Nenner des Bruches und 5 zu seinem Zähler, so hat der neue Bruch den Wert $1\frac{1}{5}$.

c) Der achte Teil einer Zahl ist genauso groß wie das Neunfache des Kehrwerts dieses achten Teils der Zahl.

d) Addiert man zu Zähler und Nenner von $\frac{5}{12}$ dieselbe Zahl, so erhält man $\frac{4}{5}$.

e) Der Zähler eines Bruchs ist um 4 kleiner als der Nenner. Verdoppelt man den Zähler und erhöht den Nenner um 24, so erhält man $\frac{5}{6}$.

Gibt es mehrere Lösungen?

13 Vor allem in ländlichen Gegenden werden manchmal noch Löschteiche verwendet. Eine einstufige Pumpe kann bei voller Leistung den Teich in 10 Stunden leer pumpen, die zweistufige Pumpe braucht dazu nur 6 Stunden.

a) Wie viel Wasser des Teichs schafft jede Pumpe in einer Stunde? Bestimme als Anteil.

b) Wie lange brauchen beide bei voller Leistung, um den Teich leer zu pumpen? Nutze die Ergebnisse aus a).

Wissen

Brüche erweitern und kürzen

Brüche lassen sich erweitern und kürzen, egal ob es sich um Zahlen oder Variablen handelt. Bevor man kürzen kann, ist es oft günstig, zunächst gemeinsame Faktoren in Zähler und Nenner auszuklammern. Dabei können die binomischen Formeln helfen. Beachte: Durch Erweitern und Kürzen kann sich die Definitionsmenge ändern.

Erweitern	Kürzen	Ausklammern
$\frac{5}{x-2} = \frac{5 \cdot x}{(x-2) \cdot x} = \frac{5x}{x^2 - 2x}$	$\frac{10x}{15x^2} = \frac{\cancel{10x}^2}{\cancel{15x} \cdot x} = \frac{2}{3x}$	1 $\frac{2x^2 + 4x}{10x^2 - 8x} = \frac{\cancel{2x} \cdot (x+2)}{\cancel{2x} \cdot (5x-4)} = \frac{x+2}{5x-4}$ 2 $\frac{2x^2 - 6x}{x^2 - 6x + 9} = \frac{2x \cdot (x-3)}{(x-3)^2}$ $= \frac{2x \cancel{(x-3)}}{(x-3) \cdot \cancel{(x-3)}} = \frac{2x}{x-3}$

- Wie lautet die Definitionsmenge in den Beispielen jeweils vor und nach dem Kürzen bzw. Erweitern? Vergleiche.
- Vereinfache so weit wie möglich. Klammere gemeinsame Faktoren vorher aus, wenn nötig. Bestimme jeweils die Definitionsmenge.

a) $\frac{4x}{7x^2}$ b) $\frac{12x^2}{15x}$ c) $-\frac{x}{2x^3}$ d) $\frac{14x^2}{21x^3}$ e) $\frac{18x}{6x^2 - 12x}$

f) $\frac{4x^2 + 4x}{x^2 + x}$ g) $\frac{3x+6}{5x+10}$ h) $\frac{2x^2 - x}{8x - 4}$ i) $\frac{x^2 + 12x + 36}{x+6}$ j) $\frac{x^2 - 16}{2x^2 + 8x + 32}$

6.6 Mit Formeln umgehen

- Ordne die Angaben in den Kästchen einander zu.
- Erkläre jeweils die vorkommenden Variablen.
- Forme jede Formel so um, dass die Variable a bzw. α alleine auf einer Seite steht. Welche Bedeutung hat die umgestellte Formel?

Merkwissen

In vielen Anwendungen der Mathematik werden **Formeln** verwendet, um einen Zusammenhang zwischen Variablen, Größen und Zahlen zu beschreiben. Dabei enthält eine Formel **verschiedene Variablen**, von denen **eine zu berechnen** ist. Oft ist es deshalb hilfreich, die Formel so umzustellen, dass **diese Variable alleine auf einer Seite steht**.
Man sagt: „Man löst die Formel nach einer bestimmten Variablen auf."

Formeln sind **Gleichungen**, bei ihrer Umformung gelten die bekannten Regeln.

Beispiele

I Der Flächeninhalt eines Parallelogramms berechnet sich als Produkt aus Grundseite und zugehöriger Höhe: $A = a \cdot h_a$. Vervollständige die Tabelle.

	a)	b)	c)	d)	e)	f)
A	42,5 cm²	52,7 dm²	91,76 m²	15,04 cm²	39,37 m²	69,58 m²
a	17 cm	8,5 dm	7,4 m			
h_a				4,7 cm	12,7 m	9,8 m

Lösung:
Wenn man eine Rechnung häufig durchführen muss, dann lohnt es sich, die Formel nach den gesuchten Variablen umzustellen:

$A = a \cdot h_a \quad | : a \qquad A = a \cdot h_a \quad | : h_a$
$\frac{A}{a} = h_a; a \neq 0 \qquad \frac{A}{h_a} = a; h_a \neq 0$

	a)	b)	c)	d)	e)	f)
A	42,5 cm²	52,7 dm²	91,76 m²	15,04 cm²	39,37 m²	69,58 m²
a	17 cm	8,5 dm	7,4 m	3,2 cm	3,1 m	7,1 m
h_a	2,5 cm	6,2 dm	12,4 m	4,7 cm	12,7 m	9,8 m

Bei Umformungen behandelt man die Variablen wie Zahlen und ersetzt sie durch die gegebenen Werte.

Ein Vergleich der Einheiten lohnt sich als Probe. Beispiel: cm²/cm lässt sich kürzen, sodass cm im Ergebnis bleibt.

Verständnis

- Ein Sprichwort sagt: „Mathematik ist die Sprache der Naturwissenschaften." Was ist damit gemeint? Erkläre.
- Ein Quadervolumen berechnet sich nach $V = a \cdot b \cdot c$. Wenn man die Formel nach einer Seitenkante auflöst, sehen die Ergebnisse alle fast gleich aus. Erkäre.

Kapitel 6

1 1 $A = s^2$ 2 $u = 2a + 2b$ 3 $u = a + b + c + d$ 4 $\alpha + \beta + \gamma + \delta = 360°$
   5 $V = a^2 \cdot h$ 6 $A = \frac{1}{2}(a + c) \cdot h$ 7 $A = \frac{g \cdot h}{2}$ 8 $V = a^3$

a) Was kann durch die Formel beschrieben werden?
b) Stelle die Formeln nach jeder vorkommenden Variablen um.

2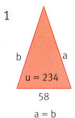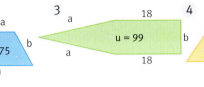

Alle Maßangaben in mm

a) Gib eine Formel für die Umfangslänge an.
b) Stelle die Formel nach der Seitenlänge a um. Wie lang ist a?

3 Welcher Sachverhalt, welche Skizze und welche Formel gehören zusammen? Ordne zu und löse die Sachaufgabe.

A Ein Holzbalken hat ein Volumen von 0,54 m³. Er ist 18 m lang und 20 cm breit. Wie hoch ist der Balken?	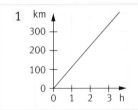	$v = \frac{s}{t}$
B Herr Tauer legt mit seinem Auto 280 km bei einer Durchschnittsgeschwindigkeit von 112 km/h zurück. Wie lange ist er gefahren?	2	$k = 4 \cdot (a + b + c)$
C Ein trapezförmiger Acker ist auf den parallelen Seiten 150 m und 80 m lang. Er hat eine Fläche von 69 a. Wie breit ist der Acker?	3	$V = a \cdot b \cdot c$
D Für das Kantenmodell eines Quaders mit 12 cm Länge und 8 cm Breite benötigt man 136 cm Draht. Wie hoch ist der Quader?	4	$A = \frac{1}{2}(a + c) \cdot h$

4 Aus der Prozentrechnung kennst du den Zusammenhang $P = G \cdot \frac{p}{100}$. Stelle die Formel nach G und p um. Erkläre die Bedeutungen.

5 Auch in der Physik werden Formeln verwendet.

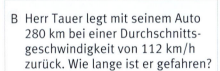
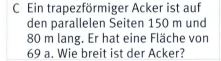 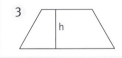
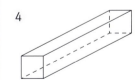

a) Stelle die Formel jeweils nach den einzelnen Größen um.
b) Finde weitere Formeln aus den Naturwissenschaften und präsentiere sie. Was bedeuten die Variablen? Löse dazu die Formeln nach jeder Variablen auf.

6.7 Vermischte Aufgaben

Stell dir vor, du baust die Türme auf einem Tisch auf. Als sichtbar gelten alle von außen erkennbaren Flächen.

1

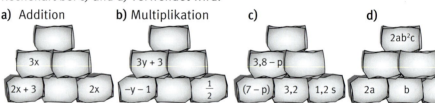

a) Übertrage in dein Heft und setze um mindestens zwei Schritte weiter fort.
b) Bestimme jeweils für jeden Schritt, wie viele Flächen der Würfel sichtbar sind (verdeckt sind). Stelle einen Term auf und beschreibe in Worten.
c) Bestimme die Anzahl der sichtbaren (verdeckten) Flächen nach 8 (10, 12) Schritten.

2 ① $12y \cdot 2{,}5 + 6x + 3y$ ② $4 \cdot (5{,}2y - x) + 2x$ ③ $0{,}8y + 23x - \frac{1}{5} + 5x - 3\frac{2}{5}y$

Lösungen zu 2b: −213,84; 1,2; 44,12

a) Vereinfache die Terme so weit wie möglich.
b) Berechne den Wert der Terme für $x = -7{,}5$ und $y = 1{,}4$.

Findest du mehrere Möglichkeiten?

3 Übertrage in dein Heft und ergänze die Lücken.

a) $3p + 2 - \square : 3 = 8p + 2$
b) $1{,}8y + \square = -1{,}9y$
c) $\square \cdot \frac{15}{24}x + 0{,}25 = 5x + \square$
d) $(q + 5) : \square = \square q - 1$
e) $27r + 126s = \square \cdot (3r + \square s)$
f) $\square \cdot \left(\square + \frac{2}{3}y\right) = \square + \frac{4}{9}y$

4 Übertrage die Mauern in dein Heft und vervollständige sie. Finde heraus, welche Rechenart bei c) und d) verwendet wird.

a) Addition   b) Multiplikation   c)   d)

a) oben $3x$; unten $2x+3$, $\ $, $2x$
b) oben $3y+3$; unten $-y-1$, $\ $, $\frac{1}{2}$
c) oben $3{,}8-p$; unten $(7-p)$, $3{,}2$, $1{,}2\,s$
d) oben $2ab^2c$; unten $2a$, b, c

5 Vereinfache so weit wie möglich.

a) $\frac{1}{2}x^2 - 5x^2 + 1{,}5x^2 - x$
b) $x^2 + x \cdot (3x + 5{,}2 - 1{,}8x)$
c) $128r - \frac{123}{126} + 127rs : 2 + \frac{1}{63}$
d) $\frac{4}{5}a^3 \cdot \frac{1}{2}a^2 \cdot \left(-\frac{2}{5}\right) \cdot a$
e) $\frac{3}{9}b : 2 + \frac{3}{8} + \frac{1}{3}b$
f) $ax^2 + 2{,}8 + x^5$

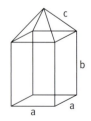

Bei der Dachfläche hilft dir Pythagoras weiter.

6 Laura baut einen Modellturm aus Draht.

a) Gib die Gesamtlänge des Drahtes für das Modell durch einen Term an.
b) Berechne den Drahtverbrauch für $a = 3$ cm, $b = 5$ cm und $c = 4$ cm.
c) Laura möchte den Turm mit Papier bekleben, um ihn hinterher anzumalen. Berechne die Größe der Oberfläche mit den Werten aus b).

7 a) Finde fünf aufeinander folgende natürliche Zahlen, die addiert folgenden Summenwert ergeben.

a) 425   b) 12 345   c) 17 500   d) 524 765

b) Henriette meint: Wenn n die vorgegebene Zahl ist, dann erhält man die kleinste der fünf Zahlen durch $\frac{1}{5}n - 2$. Hat sie Recht? Überprüfe.
c) Erkläre mit der Formel aus b), dass sich solche fünf Zahlen nur dann finden lassen, falls n durch 5 teilbar ist.

Kapitel 6

8 Multipliziere die Klammern aus. Nutze die binomischen Formeln.
a) $(y - 1{,}2)^2$
b) $(2x - 6)^2$
c) $(2{,}5x + y) \cdot (2{,}5x - y)$
d) $(4 - x)(4 + x) \cdot \frac{2}{5}$
e) $4 \cdot \left(\frac{1}{2}x + 6y\right)^2$
f) $\left(\frac{1}{4}a - 4b\right)^2$
g) $\frac{7}{2} \cdot \left(\frac{1}{8} - \frac{3}{2}x\right) \cdot \left(\frac{3}{2}x + \frac{1}{8}\right)$
h) $(ax - by)^2$
i) $(x - \sqrt{15}) \cdot (\sqrt{15} + x)$

9 Zerlege so weit wie möglich in Faktoren. Nutze die binomischen Formeln, wenn möglich.
a) $a^2 - 100$
b) $4 - 4x^2$
c) $9 + 4s + s^2 + 2s$
d) $-225b^2 + b$
e) $\frac{9}{16}q^2 - \frac{3pq}{2} + p^2$
f) $\frac{81}{400} - 0{,}04y^2$
g) $3x + 1{,}5x^2 + 0{,}5x^4$
h) $\frac{1}{4}x^2 - 2{,}5xy + \frac{9}{16}q^2$
i) $4x^2 + 28x + 49$

10 Wie heißt die gesuchte rationale Zahl?
a) Wenn ich die Differenz aus einer Zahl und 8 quadriere, erhalte ich 144.
b) Wenn ich die Summe aus einer Zahl und 20 quadriere, erhalte ich 441.
c) Wenn ich das Produkt aus der Summe der Zahl und 2 mit der Differenz der Zahl und 2 bilde, erhalte ich 221.

11 Löse die Gleichung ($\mathbb{D} = \mathbb{Q}$).
a) $(2x - 5)^2 = 4x^2$
b) $(3y - 1)^2 = 9y^2 + 7$
c) $16x^2 = (4x - 6)^2$
d) $(3y + 4)^2 = 9y^2 + 28$
e) $4x^2 = (2x + 5)^2 + 15$
f) $(2x - 2)^2 = (2x + 2)(2x - 2)$
g) $2 \cdot (-2x - 2)^2 = 8x^2 - 40$
h) $4(2 - 2x)^2 = 16x^2 + 32$
i) $(5 - y)^2 = y^2 - 15$
j) $(1 - 2x)^2 = 4x^2 - 7$
k) $(3 - 3y)^2 = 9y^2 - 45$
l) $25x^2 + 39 = (5x + 3)^2$

Lösungen zu 11:
$-3; -2; -1; -\frac{1}{2}; \frac{1}{2}; \frac{3}{4}; 1; 1;$
$1\frac{1}{4}; 2; 3; 4$

12 Bestimme die Lösungsmenge.
a) $3x - \frac{2}{3} \cdot \left(\frac{3}{2}x + 4{,}8\right) = x + 5{,}8; \mathbb{D} = \mathbb{N}$
b) $z + 11{,}8 = 2{,}4z - 1{,}3 \cdot (z + 3); \mathbb{D} = \mathbb{Q}$
c) $7x - 5 + x^2 = 5 - x \cdot (-x + 5); \mathbb{D} = \mathbb{N}$
d) $(2p + 0{,}4) : \frac{4}{5} = 6{,}5 + p; \mathbb{D} = \mathbb{Z}$
e) $46 - 8p = 5 \cdot (3 - p) + 112; \mathbb{D} = \mathbb{Z}$
f) $4r^2 + 8r + 2 = (2r + 2)^2 - 2; \mathbb{D} = \mathbb{N}$

13 Vier gleichschenklige Dreiecke mit einer Basis von jeweils 12 cm ergeben zusammen ein Parallelogramm mit einem Umfang von 86 cm. Legt man sie anders zusammen, erhält man wieder ein gleichschenkliges Dreieck. Wie lang ist der Umfang des großen Dreiecks?

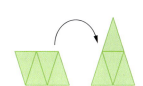

14 Bestimme die Lösungsmenge. Es gilt $\mathbb{D} = \mathbb{Q}$.
a) $5 + \frac{a}{7} = \frac{5 + a}{7}$
b) $\frac{3 + 2x}{5} - 4 = \frac{x + 4}{3}$
c) $\frac{2 + 3y}{4} - \frac{2y + 5}{2} = 1$
c) $\frac{z + 2}{8} + \frac{2z}{16} + \frac{3 - z}{2} = z$
e) $\frac{3p}{5} + 2 = \frac{4p}{5} + 2$
f) $4\frac{2}{9}q = \frac{3 + 3q}{27}$

15 Bestimme $\mathbb{D}$ im Bereich der rationalen Zahlen. Gib die Lösungsmenge an.
a) $\frac{4}{x} = 12$
b) $\frac{6}{x} = -8$
c) $\frac{1}{x} + \frac{2}{3x} = \frac{1}{8}$
d) $\frac{1}{4x} - \frac{2}{x} = \frac{2}{3}$
e) $\frac{x}{x - 3} = 2$
f) $\frac{x - 4}{2x - 2} = 1$
g) $\frac{9}{1 - x} = \frac{5}{1 + x}$
h) $\frac{x - 2}{x} = \frac{1}{x} + \frac{x - 3}{x - 6}$
i) $\frac{2}{x - 2} + \frac{1}{x + 2} = \frac{2x + 4}{x^2 - 4}$
j) $\frac{5x - 1}{4x + 4} - \frac{1}{3} = \frac{3x - 2}{6x + 6}$

16 Löse die Formel nach jeder Variablen auf. Welche Formel kann es sein?
a) $K \cdot \frac{p}{100} = Z$
b) $a^2 + b^2 = c^2$
c) $u = a + 2b + c$
d) $V = s^2 \cdot h$

6.8 Themenseite: Rätselkönig

Alles im Gleichgewicht
Wie viele Erdbeeren muss man auf Waage ❹ auflegen, damit auch diese im Gleichgewicht ist? Ist die Lösung eindeutig?

Gedankenlesen

Ich kann Gedanken lesen:
Denke dir eine Zahl. Multipliziere diese Zahl mit 6 und ziehe das Ergebnis vom Achtfachen der gedachten Zahl ab. Sage mir dein Ergebnis, dann sage ich dir, welche Zahl du dir gedacht hast. Versuche mithilfe einer Gleichung dem Trick auf die Spur zu kommen. Erfinde selbst ähnliche Rätsel.

Regelmäßigkeiten
Ein regelmäßiges n-Eck hat n Ecken, n gleich lange Seiten und n gleich große Innenwinkel. Übertrage die Tabelle in dein Heft und vervollständige sie. Finde jeweils einen Term, der die Größe in Abhängigkeit von der Eckenzahl n angibt.

	△ s	□ s	⬠ s	⬡ s	◯ s
Anzahl der Ecken	3	4	5	…	n
Innenwinkelsumme	180°	360°	☐	…	☐
Umfang	☐	☐	☐	…	☐
Anzahl der Diagonalen	0	2	☐	…	☐

Kapitel 6

Geheimcode
Mit dem Computer kann man Gleichungen auch als Geheimcode schreiben, beispielsweise mit der Schrift „WINGDINGS". Setze Ziffern so ein, dass die Gleichungen stimmen.

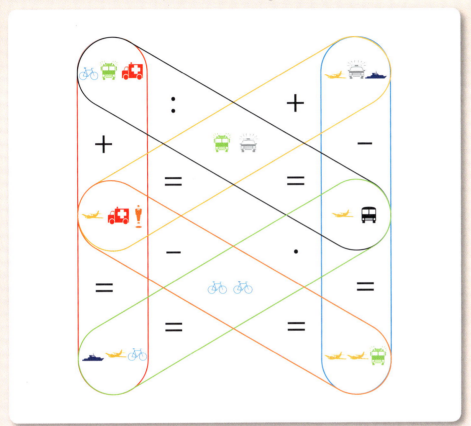

Multiplikation mal anders
Neben dem hierzulande üblichen Multiplikationsverfahren gibt es auch noch andere, beispielsweise ein Verfahren aus der „Vedischen Mathematik". Wir stellen es am Beispiel 995 · 888 vor.

Differenzen zu 1000:
1000 − 995 = 5   1000 − 888 = 112
Differenz aus 888 und 5:   Produkt aus 5 und 112:
      883   560

Ergebnis: 883 560

a) Beschreibe das Vorgehen in Worten.
b) Berechne auf ähnliche Weise 97 · 89 und 998 · 889.
c) Versuche, das Vorgehen zu begründen.
d) Recherchiere weitere solcher Rechenverfahren und stelle sie deiner Klasse vor.

Zahlenspielereien
Betrachte die Zahlen von 10 bis 200 000.
a) Welche Ziffer steht am häufigsten ganz links (ganz rechts)?
b) Wie sehen die Ergebnisse aus a) aus, wenn du den Zahlenraum von 10 bis 300 000 betrachtest?

Bruch-ABC
Finde heraus, welcher der Terme
$\frac{a}{b}$, $\frac{a+1}{b}$, $\frac{a-1}{b}$, $\frac{10a+1}{10b}$ oder $\frac{10a-1}{10b}$ den kleinsten Wert hat, wenn a und b natürliche Zahlen sind.

a) Probiere mit einem Tabellenkalkulationsprogramm aus.
b) Versuche eine Begründung zu finden zu deiner Auswahl.

6.9 Das kann ich!

Überprüfe deine Fähigkeiten und Kenntnisse. Bearbeite dazu die folgenden Aufgaben und bewerte anschließend deine Lösungen mit einem Smiley.

☺	😐	☹
Das kann ich!	Das kann ich fast!	Das kann ich noch nicht!

Hinweise zum Nacharbeiten findest du auf der folgenden Seite. Die Lösungen stehen im Anhang.

Aufgaben zur Einzelarbeit

1 Die abgebildeten Würfelschlangen liegen auf einem Tisch.

      …
1   2   3

a) Wie viele Flächen der Würfelschlangen sind von außen sichtbar? Setze die Reihe um drei weitere Schritte fort.
b) Stelle einen Term auf, mit dem du die Anzahl der sichtbaren Flächen für jeden Schritt angeben kannst.

2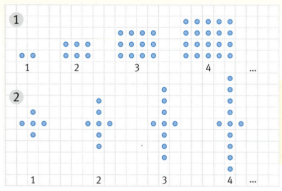

a) Erstelle eine Tabelle für die Anzahl der Punkte der ersten acht Schritte.
b) Beschreibe die Anzahl der Punkte für den n-ten Schritt mit einem Term.

3 Vereinfache so weit wie möglich.
a) $3x + 2{,}8y - 4 + 5{,}4y$
b) $2{,}5x + 12y - x^2 - 3y$
c) $\frac{2}{5} \cdot (x + 3y)$
d) $(1{,}2y - 4{,}5x) : 1{,}5$
e) $(-4) \cdot \left(-\frac{2}{3}y - 3{,}5 + \frac{1}{2}x\right)$
f) $(7ab - 3b) \cdot 2{,}5$
g) $(x - 6y + 1) \cdot (2x - 3)$
h) $(2x + 4) \cdot (4x + 2)$

4 Ergänze so, dass die Rechnung stimmt.
a) $2x + \Box = 2\frac{1}{2}x$
b) $\Box + 1 - \frac{1}{3}s = 1 + 3s$
c) $2 \cdot \left(\Box + \frac{2}{7}v\right) = \frac{2}{9}u + \Box v$
d) $(28 + 5t) : \Box = \Box - 1{,}25t$

5 Berechne das Produkt und vereinfache. Du kannst auch eine Verknüpfungstabelle nutzen.
a) $(x - 3) \cdot (x + 1)$
b) $(a - b) \cdot (a - 2)$
c) $(-3x + 2) \cdot (x - 4)$
d) $(2{,}5y + 7) \cdot (x - y)$
e) $(1{,}2s - 0{,}5) \cdot (1{,}2s - t)$
f) $(-0{,}9a + b) \cdot (a - 6)$

6 Wie lautet ein gemeinsamer Faktor? Klammere ihn aus und vereinfache.
a) $7x^2 + 21x$
b) $12ab - 36a^2 + 18ab^2$
c) $15x^3 + 12x^2y$
d) $0{,}4klm + 2k^2lm - 1{,}6kl$
e) $0{,}8x^2 + 0{,}4ax - 0{,}2x$
f) $-t^4 - 1{,}2t^2 - 4{,}8t^3s$

7 Multipliziere die Klammern aus. Nutze die binomischen Formeln.
a) $(x - 1{,}5)^2$
b) $(8x + 2y)(8x - 2y)$
c) $3 \cdot (3 + h)^2$
d) $(2x + 6)^2$
e) $-(9y - 5x)^2$
f) $\frac{3}{4} \cdot (0{,}5a - 0{,}25b)^2$

8 Schreibe mit Klammern.
a) $a^2 - 4ab + 4b^2$
b) $9 + 16z^2 + 24z$
c) $6{,}25 - 4y^2$
d) $-1 - 4r - 4r^2$
e) $1{,}44x^2 - 0{,}64a^2$
f) $289y^2 - 4$

9 Wenn du ein Quadrat an allen Seiten um jeweils 5 cm verkürzt, entsteht ein neues Quadrat mit der Gesamtfläche 56,25 cm². Welche Seitenlänge hatte das ursprüngliche Quadrat?

10 Gib jeweils die Lösungsmenge an.
a) $12x - 1 = 2 \cdot (5x + 8)$ $\mathbb{D} = \mathbb{N}$
b) $-2{,}5 + 4x = 4 - (x - 2{,}5 + 4x)$ $\mathbb{D} = \mathbb{Z}$
c) $-z \cdot (2 - z) = (2 - z)^2$ $\mathbb{D} = \mathbb{Q}$
d) $(2x + 3)^2 = 4x \cdot (x + 6)$ $\mathbb{D} = \mathbb{Q}$

11 Ein Dreieck hat einen Umfang von 19 cm. Die längste Seite ist 2 cm länger als die mittlere, die 1 cm länger ist als die kürzeste. Zeichne das Dreieck.

12 Löse die Gleichung in $\mathbb{D} = \mathbb{Q}$.
a) $\frac{2}{3}x = \frac{4}{5} + 2x$
b) $5(r - 2) = \frac{r + 7}{2}$
c) $\frac{y + 3}{3} = \frac{2 + y}{4}$
d) $\frac{q - 2}{5} = 5q - 2$

KAPITEL 6

13 Bestimme die Definitionsmenge im Bereich der rationalen Zahlen. Gib die Lösungsmenge an.
a) $\frac{13}{x-2} = 5$ b) $\frac{3}{2} = \frac{6}{x-2}$
c) $\frac{16}{x} = 12$ d) $\frac{6}{4x} + \frac{7}{4x} - \frac{5}{4x} = 4$
e) $\frac{1}{2x} + \frac{2}{3x} + \frac{3}{2x} = 4$ f) $4 - \frac{8}{x} + \frac{5}{x} = 1$
g) $\frac{1}{x} = \frac{2}{x-4}$ h) $\frac{5}{x} = \frac{10}{x-1}$
i) $\frac{2}{x+3} = \frac{1}{x-5}$ j) $\frac{3}{2x-4} = \frac{10}{5x}$
k) $\frac{8}{x+1} - \frac{5}{x-1} = 0$ l) $\frac{8}{3x-6} = \frac{5}{4x-8}$

14 Welche Gleichung passt zum Text?

> Der Zähler eines Bruchs ist um 5 kleiner als der Nenner. Wird der Nenner vervierfacht, erhält man 1.

1 $\frac{x+1}{4x} = 1$ 2 $\frac{x-5}{4x} = 1$ 3 $\frac{-5}{4x} = 1$

15 In der Elektrizitätslehre ist die Spannung U (in Volt, V) als Produkt aus Stromstärke I (in Ampère, A) und elektrischem Widerstand R (in Ohm, Ω) definiert: $U = R \cdot I$.
Stelle zunächst die Formel nach der gesuchten Größe um und berechne dann …
a) die Spannung für einen Widerstand von 12 Ω und eine Stromstärke von 20 A.
b) den Widerstand für eine Spannung von 220 V und eine Stromstärke von 25 A.
c) die Stromstärke für eine Spannung von 220 V und einen Widerstand von 8 Ω.

16 Gegeben ist die Formel $O = 2ab + 2ac + 2bc$.
a) Um welche Formel kann es sich handeln?
b) Löse die Formel durch Ausklammern nach allen Variablen auf.

Aufgaben für Lernpartner

Arbeitsschritte
1 Bearbeite die folgenden Aufgaben alleine.
2 Suche dir einen Partner und erkläre ihm deine Lösungen. Höre aufmerksam und gewissenhaft zu, wenn dein Partner dir seine Lösungen erklärt.
3 Korrigiere gegebenenfalls deine Antworten und benutze dazu eine andere Farbe.

Sind folgende Behauptungen **richtig** oder **falsch**? Begründe schriftlich.

17 Mithilfe von Termen und Variablen lassen sich mathematische Zusammenhänge beschreiben.

18 Wenn in einer Summe ein Faktor ausgeklammert wird, muss er in mindestens einem Summanden der Summe vorkommen.

19 Ausklammern und Vereinfachen sind entgegengesetzte Operationen.

20 $(x + y)^2 = x^2 + y^2$

21 Bei einer Äquivalenzumformung darf sich die Lösungsmenge einer Gleichung nur ein bisschen ändern.

22 Bei Bruchgleichungen müssen diejenigen Zahlen ausgeschlossen werden, bei denen der Nenner null wird.

23 Eine Formel umzustellen bedeutet, einfach zwei Variablen miteinander zu vertauschen.

24 In der Definitionsmenge einer Gleichung werden all die Zahlen aufgeführt, die man grundsätzlich in eine Gleichung einsetzen kann.

25 Bei einer Bruchgleichung gehört stets diejenige Zahl zur Lösungsmenge, bei der der Nenner null wird.

26 $(a + b) \cdot (a - b) = a^2 + b^2$

27 Es ist oftmals günstig, Terme zuerst zu vereinfachen, bevor man mit ihnen weiterrechnet.

Aufgabe	Ich kann …	Hilfe
1, 2, 17	Terme aufstellen und beschreiben.	S. 128
3, 4, 5, 6, 18, 19, 27	Terme vereinfachen, ausmultiplizieren und gemeinsame Faktoren ausklammern.	S. 130
7, 8, 20, 26	mit binomischen Formeln arbeiten.	S. 134
9, 10, 11, 12, 21, 24	Gleichungen aufstellen und auch durch Äquivalenzumformungen lösen.	S. 138
13, 14, 22, 25	Bruchgleichungen lösen und die Definitionsmenge bestimmen.	S. 142
15, 16, 23	Formeln nach einer Variablen umstellen und Berechnungen durchführen.	S. 146

6.10 Auf einen Blick

S. 128

Zusammenfassung gleichartiger Summanden:
$2x - 3y - 6x + 3y = (2 - 6)x + (-3 + 3)y = -4x$

Mathematische Zusammenhänge lassen sich mithilfe von **Termen** und Variablen beschreiben. Terme lassen sich anhand der bekannten Rechenregeln **vereinfachen**. Dadurch entstehen zueinander **äquivalente** Terme.

S. 130

$(3x + 7) \cdot (4x - 5)$
$= 12x^2 + \underline{28x - 15x} - 35$
$= 12x^2 \quad + 13x \quad - 35$

Umformen von Termen
- **Ausmultiplizieren** mit einem Faktor: Jeder Summand wird mit dem Faktor multipliziert.
- **Ausmultiplizieren** zweier Summen: Jeder Summand der ersten Summe wird mit jedem Summand der zweiten Summe multipliziert.
- **Ausklammern**: Ein gemeinsamer Faktor in jedem Summanden wird ausgeklammert.

S. 134

Ausmultiplizieren mit binomischen Formeln
$(3 + a)^2 = 9 + 6a + a^2$
$(5x - 2)(5x + 2) = 25x^2 - 4$

Zusammenfassen mit binomischen Formeln
$y^2 - 4y + 4 = (y - 2)^2$

Binomische Formeln
1. $(a + b)^2 = a^2 + 2ab + b^2$
2. $(a - b)^2 = a^2 - 2ab + b^2$
3. $(a + b) \cdot (a - b) = a^2 - b^2$

S. 138

$63 - 50b + 12 = -5b; \mathbb{D} = \mathbb{Q}$ | 1 vereinfachen
$75 - 50b = -5b$ | 2 $+ 50b$
$75 = 45b$ | 3 $: 45$
$b = \frac{75}{45} = \frac{5}{3} = 1\frac{2}{3}$
4 $1\frac{2}{3} \in \mathbb{Q}; \mathbb{L} = \{1\frac{2}{3}\}$

Probe:
l. S.: $63 - 50 \cdot 1\frac{2}{3} + 12 = -8\frac{1}{3}$
r. S.: $-5 \cdot 1\frac{2}{3} = -8\frac{1}{3}$

Gleichungen lassen sich durch **Äquivalenzumformungen** lösen. Dabei ändert sich die **Lösungsmenge** nicht.

1. Terme auf jeder Seite vereinfachen.
2. Durch Addition und Subtraktion alle Terme mit Variablen auf eine Seite der Gleichung bringen, alle Zahlen ohne Variable auf die andere. Beide Seiten vereinfachen.
3. Durch Multiplikation und Division den Faktor vor der Variablen zur 1 machen und die Lösung bestimmen.
4. Die Lösungsmenge angeben und zur Probe die Lösung in die Ausgangsgleichung einsetzen.

S. 142

$\frac{3}{(x - 2)} = \frac{2}{(x + 4)}; \quad \mathbb{D} = \mathbb{Q} \setminus \{-4; 2\}$

$\frac{3}{(x - 2)} = \frac{2}{(x + 4)}$ | $\cdot (x - 2)(x + 4)$

$3 \cdot (x + 4) = 2 \cdot (x - 2)$
...

In Termen und Gleichungen können **Variablen** auch im **Nenner eines Bruches** stehen. Dabei dürfen keine Zahlen in den Term eingesetzt werden, bei denen der **Nenner null** wird. Diese Zahlen werden aus der **Definitionsmenge ausgeschlossen**. Zur Lösung multipliziert man die **Gleichung mit einem gemeinsamen Nenner aller vorkommenden Brüche**, sodass ohne Brüche weitergerechnet werden kann.

S. 146

Löse die Formel für das Volumen eines Quaders nach der Breite b auf.
$V = a \cdot b \cdot c \quad | : (a \cdot c)$
$b = \frac{V}{a \cdot c}$

Eine **Formel** ist eine Gleichung, die einen Zusammenhang zwischen Variablen, Größen und Zahlen beschreibt. Meistens ist eine der **Variablen zu berechnen**. Die Formel wird dann so umgestellt, dass **diese Variable alleine auf einer Seite steht**.

Kreuz und quer

Wurzeln

1 Berechne im Kopf. Begründe bei den Teilaufgaben a), e) und i) dein Vorgehen.

a) $\sqrt{2} \cdot \sqrt{8}$ b) $\sqrt{3} \cdot \sqrt{27}$

c) $\sqrt{5} \cdot \sqrt{20}$ d) $\sqrt{2} \cdot \sqrt{3} \cdot \sqrt{6}$

e) $\dfrac{\sqrt{12}}{\sqrt{3}}$ f) $\dfrac{\sqrt{27}}{\sqrt{3}}$

g) $\dfrac{\sqrt{14{,}4}}{\sqrt{10}}$ h) $\dfrac{\sqrt{8}}{\sqrt{50}}$

i) $\dfrac{\sqrt{3}}{\sqrt{5}} \cdot \sqrt{15}$ j) $\sqrt{6} \cdot \dfrac{\sqrt{3}}{\sqrt{8}}$

2 An welchen Stellen wurden in den Aufgaben Fehler gemacht? Korrigiere die Rechnungen dann im Heft.

a) $\sqrt{50} \cdot \sqrt{20} = \sqrt{50 \cdot 20} = \sqrt{1000} = 100$

b) $\sqrt{10} + \sqrt{6} = \sqrt{10+6} = \sqrt{16} = 4$

c) $\dfrac{\sqrt{81}}{\sqrt{10}} = \sqrt{\dfrac{81}{10}} = \sqrt{0{,}81} = 0{,}9$

3 Welche Aufgaben gehören zu welchen Ergebnissen? Ordne zu.

A $\sqrt{2} \cdot \sqrt{2}$ B $\dfrac{\sqrt{3}}{\sqrt{12}}$ C $\dfrac{\sqrt{32}}{\sqrt{2}}$

D $\sqrt{12} \cdot \sqrt{3}$

1) 6   2) 4   3) 2   4) 0,5

4 Setze das Gespräch fort.

Es gilt: $\sqrt{a} + \sqrt{b} = \sqrt{a+b}$

Wie kommst du denn darauf?

Na wenn ich für $a = 0$ und $b = 1$ einsetze, sieht man das doch.

Zinsrechnung

5 Berechne die fehlenden Werte.

	a)	b)	c)	d)
K	230,50 €		256,00 €	1170 €
p %	30 %	45 %		
Z		12,60 €	204,80 €	29,25 €

6 Peter hat sich einen neuen Laptop gekauft. Bezahlt er das Gerät innerhalb von 2 Wochen, gewährt ihm der Verkäufer 2 % Skonto.

850,78 €

Berechne den reduzierten Preis.

7 Berechne den Preis des Autos bei einer Finanzierung.

Kostet das Auto immer 21 500 €?

Nein, bei Finanzierung kommt noch eine Bearbeitungsgebühr von 4,20 % des Verkaufspreises hinzu.

8 Familie Müller legt 5000 € bei einer Bank für 4 Jahre an. Der Zinssatz beträgt 2,5 %, die Zinsen werden mitverzinst.

a) Erstelle eine Tabelle, die das Guthaben von Familie Müller am Beginn jedes Jahres darstellt.

b) Stelle die Entwicklung des Guthabens in einem Diagramm dar. Handelt es sich um eine lineare Zuordnung?

Darstellung von Körpern

9 Ordne jedem Körper sein Netz zu.

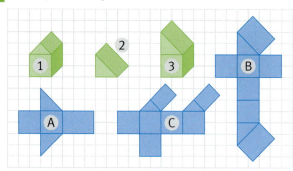

10 Zeichne ein Zweitafelbild des Körpers. (alle Maßangaben in cm).

a)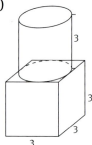
b)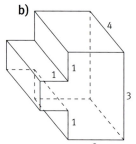

11 Welches Zweitafelbild gehört zu dem Körper?

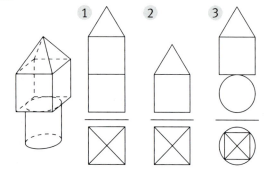

12 Zeichne ein Schrägbild des Körpers. Findest du mehrere Möglichkeiten?
  a) Quader mit den Kantenlängen a = 2 cm, b = 5 cm, c = 8 cm
  b) quadratische Pyramide mit Grundkantenlänge a = 4 cm und Höhe h = 3 cm
  c) Zylinder mit d = 2 cm und h = 6 cm

Flächeninhalt von Vielecken

13 Bestimme den Flächeninhalt der Figuren. Übertrage sie zunächst und miss die nötigen Längen.

a) b) c)
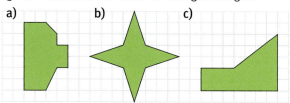

14 Eva, Lars und Lisa wollten den Flächeninhalt der Figur auf unterschiedliche Arten bestimmt. Leider sind dabei Fehler passiert. Wessen Lösung ist richtig? Was haben die anderen falsch gemacht?

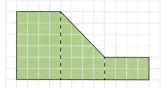

Eva: $2\,cm \cdot 3\,cm + \dfrac{3\,cm + 1\,cm}{2} \cdot 2\,cm + 2\,cm \cdot 1\,cm = 12\,cm^2$

Lars: $2\,cm \cdot 3\,cm + \dfrac{2\,cm \cdot 3\,cm}{2} + 2\,cm \cdot 1\,cm = 11\,cm^2$

Lisa: 24 Kästchen + 16 Kästchen + 8 Kästchen = 48 Kästchen = 24 cm^2

15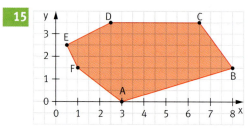

a) Übertrage das Sechseck in dein Heft und bestimme seinen Flächeninhalt.
b) Henriette meint: „Ich zerlege das Sechseck in das Dreieck ABF und das Trapez FBCD. Das Dreieck EFD ist rechtwinklig, also braucht man nur das Produkt der Kathetenlängen halbieren." Begründe, warum dieses Verfahren geschickt ist, und wende es an.
c) Ergänze das Sechseck zu einem Rechteck und zeige so, dass A = 17,5 cm^2.

7 Volumen und Oberfläche

Einstieg

- Welche Form hat dieses Aquarium?
- Schätze, wie viel Wasser sich im Aquarium befindet.
- Wie kann man die Füllmenge für das Aquarium ausrechnen?
- Wie viel Quadratmeter Glas müssen bei einer Reinigung geputzt werden?
- Unterscheidet sich der Größe der Glasfläche innen und außen?

Ausblick

Am Ende dieses Kapitels hast du gelernt, ...
- wie man die Oberfläche von Prismen, Zylindern, Kegeln, Pyramiden und Kugeln bestimmt.
- wie man das Volumen dieser Körper bestimmt.
- wie man die Oberfläche und das Volumen von zusammengesetzten Körpern bestimmt.

7.1 Umfang eines Kreises

Besorge dir verschiedene kreisrunde Gegenstände.

	A	B	C	D
1	Gegenstand	d in cm	u in cm	u : d
2	Tischplatte	111	350	3,153153
3	Dose	6,3	19,8	=C3/B3
4	Geldmünze			

- Miss den Durchmesser und den Umfang dieser Gegenstände. Für den Umfang kannst du ein Maßband verwenden, für den Durchmesser evtl. eine Schieblehre oder einen Messschieber.
- Notiere beide Werte in einer Tabelle.
- Bilde den Quotienten der Maßzahlen von Umfang und Durchmesser und stelle deine Ergebnisse in einem Diagramm dar.
- Findest du einen Zusammenhang zwischen Durchmesser und Umfang?

Du kannst für diese Aufgabe auch ein Tabellenkalkulationsprogramm nutzen.

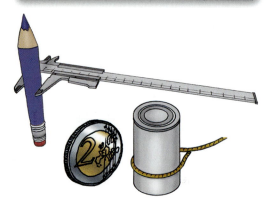

MERKWISSEN

Bei jedem Kreis ist der **Umfang u proportional** zu seinem **Durchmesser d**. Es gilt:

$u = \pi \cdot d = 2 \cdot \pi \cdot r$

Der Proportionalitätsfaktor ist die **Kreiszahl** π (sprich: Pi). π hat ungefähr den Wert 3,14 und ist eine irrationale Zahl.

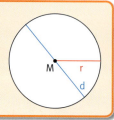

Auf dem Taschenrechner findest du die Taste π für die Kreiszahl π. Der Taschenrechner nimmt einen recht genauen Wert für Pi. Man kann aber auch näherungsweise mit $\pi \approx 3{,}14$ rechnen.

BEISPIELE

I Ein Sport-Gymnastikreifen hat einen Durchmesser von 50 cm. Wie groß ist der Umfang eines solchen Reifens?

Lösung:
$u = \pi \cdot d$
$u \approx 3{,}14 \cdot 50 = 157$
Der Umfang des Reifens beträgt 157 cm.

Bei gleichen Grundeinheiten kann die Rechnung ohne Einheiten erfolgen. In der Antwort musst du die passende Einheit angeben.

Bei Rechnungen in diesem Buch verwenden wir üblicherweise den gerundeten Wert von $\pi \approx 3{,}14$.

II Einer der größten Bäume der Welt befindet sich im Sequoia-Nationalpark in den USA. In Schulterhöhe hat der Baum 24,5 m Umfang. Berechne den Durchmesser.

Lösung:
$u = \pi \cdot d \qquad |:\pi$
$d = \frac{u}{\pi}$
$d \approx \frac{24{,}5}{3{,}14} \approx 7{,}80$
Der Baum hat einen Durchmesser von ungefähr 7,80 m.

VERSTÄNDNIS

- Wie verändert sich der Umfang eines Kreises, wenn man den Durchmesser verdoppelt (verdreifacht, halbiert)?
- Ein Messrad wird zum Messen von Entfernungen genutzt. Erkläre, warum man für das Laufrad oft einen Radius von 15,9 cm wählt.

Kapitel 7

Aufgaben

1. Berechne den Kreisumfang bei gegebenem Durchmesser bzw. Radius.
   a) d = 2,5 m   b) d = 0,40 dm   c) r = 48 mm   d) r = 7,7 cm

2. Berechne den Durchmesser und den Radius der Kreise.
   a) u = 28,7 m   b) u = 25 cm   c) u = 2,8 dm   d) u = 31,42 mm

3. Berechne die fehlenden Kreisgrößen. Runde geeignet.

	a)	b)	c)	d)	e)	f)
r		2,54 cm	9,15 m			
d	25,76 mm			575 m		
u					1,45 km	78,5 mm

Gib das Ergebnis gerundet an.

Lösung zu 3:
287,5; 12,88; 80,89;
57,46; 18,3; 12,5; 1805,5;
5,08; 15,95; 0,23; 0,46; 25
Rundung auf Hundertstel,
die Einheiten sind nicht
angegeben.

4. Um den Durchmesser von Bäumen zu messen, verwenden Förster ein spezielles Forstmaßband, auf dem man direkt den Durchmesser des Baumes ablesen kann. Welchen Durchmesser hat dieser Baum? Erkläre, wie ein solches Maßband funktioniert. Welchen Umfang hat der Baum?

5. Die „Neue Landschaft Ronneburg" wurde mithilfe riesiger Muldenkipper gestaltet. Das Rad eines solchen Kippers hat einen Durchmesser von 3,90 m. Wie viele Umdrehungen macht es auf einer Strecke der Länge 1 km?

Geschichte

Die Kreiszahl π in der Geschichte der Menschheit

Die Berechnung der Kreiszahl π beschäftigt die Menschheit schon seit Jahrtausenden. Schon in der Bibel (1 Könige 7, 23) gibt es eine Geschichte, in der ein rundes Becken umspannt werden soll:
„[Das Becken] wurde aus Bronze gegossen und maß 10 Ellen von einem Rand zum andern; es war völlig rund und 5 Ellen hoch. Eine Schnur von 30 Ellen konnte es rings umspannen."

- Mit welchem Wert für Pi wurde demnach in der Bibel gerechnet?

Heute weiß man, dass π ein unendlicher, nichtperiodischer Dezimalbruch ist, also eine Dezimalzahl mit unendlich vielen Nachkommastellen, deren Ziffernfolge sich nicht wiederholt. Man sagt, π ist eine irrationale Zahl.

Zeit	Personen(kreis)	Näherungswert
2000 v. Chr.	Ägypter	$\left(\frac{16}{9}\right)^2$
220 v. Chr.	Archimedes (Griechenland)	$3\frac{10}{120} < \pi < 3\frac{1}{7}$
500 n. Chr.	Zu Chongchi (China)	$3\frac{16}{113}$
600 n. Chr.	Brahmagupta (Indien)	$\sqrt{10}$
1611 n. Chr.	Vieta (Italien)	$1,8 + \sqrt{1,8}$

Archimedes

- Berechne, welcher der angegebenen Werte π am genauesten angibt. Verwende als Vergleichsgröße den Taschenrechner-Wert von π.
- Recherchiere, mit welcher Methode Archimedes den Umfang eines Kreises ermittelt hat.
- Die ersten 150 Nachkommastellen von π lauten:
  3,14159 26535 89793 23846 26433 83279 50288 41971 69399 37510 58209 74944 59230 78164 06286 20899 86280 34825 34211 70679 82148 08651 32823 06647 09384 46095 50582 23172 53594 08128…
  Auf wie viele Stellen nach dem Komma ist π derzeit bekannt? Forsche im Internet.

7.2 Flächeninhalt eines Kreises

Peters Idee:
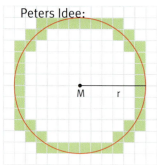

Pauls Idee:
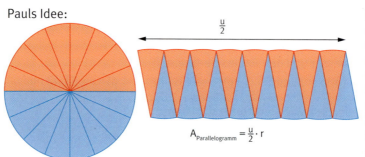

$A_{Parallelogramm} = \frac{u}{2} \cdot r$

Peter und Paul sollen den Flächeninhalt eines Kreises mit dem Radius 3 cm experimentell ermitteln. Peter sagt: „Ich zeichne den Kreis auf kariertes Papier und zähle die Kästchen, die innerhalb des Kreises liegen, ganz, und die auf dem Rand nur halb."

Paul überlegt: „Ich zerschneide den Kreis in 16 Tortenstücke. Dann setze ich die Stücke so zusammen, dass sich näherungsweise ein Parallelogramm ergibt."

- Probiere beide Verfahren aus. Wessen Lösungsidee gefällt dir besser?
- Welche Ergebnisse erhalten Peter und Paul jeweils für den Flächeninhalt?
- Kannst du das Ergebnis auch in Abhängigkeit des Radius angeben?

Merkwissen

Für den **Flächeninhalt A** eines **Kreises** mit Radius r bzw. Durchmesser d gilt:

$A = \pi \cdot r^2$ oder $A = \pi \cdot \left(\frac{d}{2}\right)^2$

Der Flächeninhalt eines Kreises ist somit direkt proportional zum Quadrat des Radius.

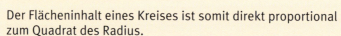

Beispiele

Achte auf passende Genauigkeiten.

I Vor Fußballspielen im UEFA Cup wird exakt im Mittelkreis des Fußballplatzes das Banner mit dem Logo des Wettbewerbs ausgebreitet. Berechne die Größe der Bannerfläche, wenn der Mittelkreis einen Radius von 9,15 m hat.

Lösung:
$A = \pi \cdot r^2$
$A \approx 3{,}14 \cdot 9{,}15^2 \approx 262{,}9$
Die Bannerfläche ist etwa 263 m² groß.

II Der Flächeninhalt eines Kreises ist 628 m² groß. Wie groß sind Radius und Durchmesser dieses Kreises?

Lösung:
$A = \pi \cdot r^2$ $| : \pi$
$r^2 = \frac{A}{\pi}$ $| \sqrt{}$

$r = \sqrt{\frac{628}{\pi}} \approx \sqrt{200} \approx 14{,}1$ $\Rightarrow$ $d = 28{,}2$

Der Kreis hat einen Durchmesser von ungefähr 28,2 m.

Verständnis

- Wie verändert sich der Flächeninhalt eines Kreises, wenn man seinen Radius verdoppelt (verdreifacht, halbiert)?
- Begründe warum gilt: $A = \pi \cdot r^2 = \frac{\pi}{4} \cdot d^2 = \frac{u}{2} \cdot r$.

Kapitel 7

Aufgaben

1 Berechne den Flächeninhalt der Kreise.
   a) r = 17,4 cm   b) r = 28,5 m   c) d = 0,48 dm   d) d = 1,2 km

2 Berechne Radius und Durchmesser der Kreise.
   a) A = 10 m²   b) A = 3,14 cm²   c) A = 845,4 mm²   d) A = 27 ha

3 Berechne die fehlenden Größen. Runde geeignet.

	a)	b)	c)	d)	e)	f)
r	27 cm					
d		48 m			1 km	
A				750 m²		4,56 ha
u			73,5 m			

Lösungen zu 3
0,785; 97,0; 169,56;
24; 3,14; 150,7; 23,41;
11,70; 54; 429,8; 15,45;
30,9; 0,5; 2289,1; 120,5;
1808,6; 241,0; 756,7

4 Pizzabäcker Bruno bietet seiner Kundschaft Pizzen in zwei Größen an. Die kleine Pizza hat einen Durchmesser von 24 cm und kostet 3,80 €, die große Pizza mit einem Durchmesser von 36 cm kostet 7,60 €. Bernd und Susanne überlegen, ob sie zwei kleine Pizzen kaufen oder sich lieber eine große Pizza teilen sollten.

5 Beim Bogenschießen werden über die 90-m-Distanz Zielscheiben mit einem Durchmesser von 1,22 m verwendet. Auf den Scheiben aus Papier sind konzentrische Kreise aufgedruckt. Der innere gelbe Kreis hat einen Durchmesser von 12,2 cm. Die Kreisringe sind jeweils gleich „dick".
   a) Berechne den Flächeninhalt der Zielscheibe.
   b) Berechne die Flächeninhalte der einzelnen Ringe.

Konzentrische Kreise haben einen gemeinsamen Mittelpunkt, aber verschiedene Radien.

6 Eine der Hauptursachen für einen hohen CO_2-Ausstoß und damit die Erderwärmung ist der Verkehr. Nach einer Studie dürften, um die Erderwärmung auf 2 °C zu begrenzen, auf jeden Menschen nur 2000 kg CO_2-Ausstoß pro Jahr kommen. Die Grafik vergleicht diese Größe mit dem Ausstoß von CO_2 beim Autofahren bzw. einem Flug.
   a) Berechne die Flächeninhalte der einzelnen Kreise. Bestimme dazu den Durchmesser mit dem Lineal.
   b) Überprüfe, welche Größen des Kreises proportional zu den angegebenen Emissionen sind.
   c) Welcher Eindruck entsteht bei der Darstellung? Zeichne drei verschiedene Kreise so, dass die Flächeninhalte den Sachverhalt wiedergeben.

7.3 Netze von Zylinder und Kegel

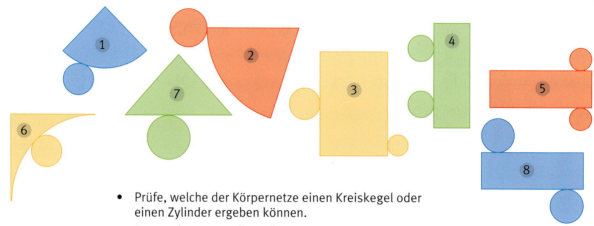

- Prüfe, welche der Körpernetze einen Kreiskegel oder einen Zylinder ergeben können.
- Begründe, warum die anderen Netze keinen Kegel bzw. keinen Zylinder ergeben.

MERKWISSEN

Für **Zylinder** und **(Kreis-)kegel** lassen sich zugehörige **Netze** angeben.

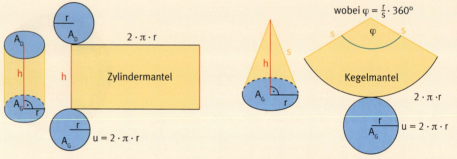

wobei $\varphi = \frac{r}{s} \cdot 360°$

h: Höhe des Körpers; A_G: Grundfläche; A_D: Deckfläche; r: Radius der Grundfläche; s: Mantellinie

Das **Netz eines Zylinders** besteht aus einem Rechteck und zwei anliegenden Kreisflächen. Die Länge des Rechtecks entspricht dem Umfang der Kreisflächen.

Das **Netz eines Kreiskegels** besteht aus einer Kreisfläche und dem entsprechenden Kreissektor. Die Länge des Kreisbogens entspricht dem Umfang der Grundfläche.

Bonbon-, Zucker- und Eistüten sind meist offene Kreiskegel. Sie haben nur einen Mantel.

BEISPIELE

I Ein Zylinder hat einen Durchmesser und eine Höhe von 2 cm.
  a) Wie hoch und wie lang ist der Zylindermantel?
  b) Zeichne ein Netz dieses Zylinders.

Lösung:
a) Die Länge des Zylindermantels entspricht dem Umfang der Grundfläche.
$u = \pi \cdot d$
$u = \pi \cdot 2 \approx 3{,}14 \cdot 2 \approx 6{,}3$
Der Zylindermantel ist 2 cm hoch und 6,3 cm lang.

b)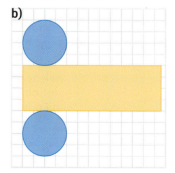

KAPITEL 7

VERSTÄNDNIS

- Tom behauptet: „Die Mantelfläche eines Zylinders ist ein Quadrat, wenn Umfang der Grundfläche und Höhe des Zylinders übereinstimmen." Stimmt das?
- Gerda behauptet: „Es ist vollkommen egal, wie lang die Mantellinie s eines Kreiskegels ist, Hauptsache Umfang und Länge des Kreisbogens vom Kegelmantel stimmen überein." Hat sie Recht?

AUFGABEN

1 Welcher Kreis als Grundfläche gehört zu welchem Zylindermantel?

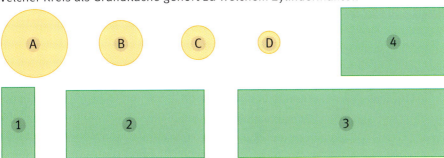

2 Welcher Kreis als Grundfläche gehört zu welchem Kegelmantel?

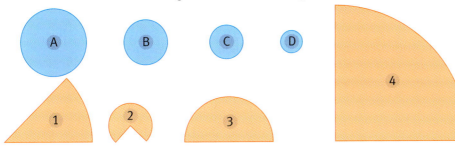

3 Stelle verschiedene Zylinder mit folgenden Eigenschaften her.
  a) Das Mantelrechteck ist 7 cm hoch und 12 cm breit.
  b) Das Mantelrechteck ist quadratisch.
  c) Die Flächeninhalte von Mantelviereck und Grundfläche sind je 85 cm² groß.

4 Stelle verschiedene Kreiskegel her. Die Grundfläche des Kreiskegels soll jeweils 4 cm Durchmesser haben.
  a) Die Fläche des Kegelmantels hat die Form eines Halbkreises und die Mantellinie ist 4 cm lang.
  b) Die Fläche des Kegelmantels hat die Form eines Viertelkreises und die Mantellinie ist 8 cm lang.
  c) Die Mantelfläche hat die Form eines Dreiviertelkreises. Wie lang ist die Mantellinie?
  d) Die Mantellinie soll doppelt so lang sein wie der Durchmesser der Grundfläche.

Sollen Körper gebastelt werden, dann darfst du die Klebefalze nicht vergessen.

7.4 Oberfläche von Prisma und Zylinder

Verpackungen haben oft die Form von Prismen oder Zylindern.

- Findest du Gemeinsamkeiten bei den Netzen dieser Verpackungen?
- Gibt es bei den Verpackungen Flächen, die kongruent zueinander sind?
- Welche Größen musst du bestimmen, um die Oberfläche eines Prismas oder Zylinders zu berechnen?

MERKWISSEN

Die Mantelfläche eines dreiseitigen Prismas besteht aus drei Rechtecksflächen; die eines vierseitigen Prismas aus vier Rechtecksflächen, usw.

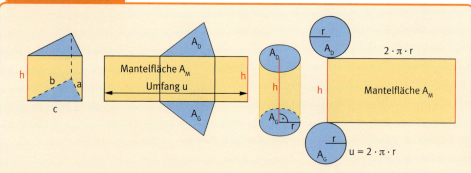

Für die Berechnung der **Oberfläche A_O** eines **Prismas** oder **Zylinders** mit der **Grundfläche A_G** und der **Mantelfläche A_M** gilt: $A_O = 2 \cdot A_G + A_M$.

Beim Prisma gilt speziell:
$A_{O\,Prisma} = 2 \cdot A_G + u \cdot h$

Beim Zylinder gilt speziell:
$A_{O\,Zylinder} = 2 \cdot \pi \cdot r^2 + 2 \cdot \pi \cdot r \cdot h = 2\pi r\,(r + h)$

BEISPIELE

I Eine handelsübliche 425-ml-Konservendose hat einen Durchmesser von 7,4 cm und eine Höhe von 11 cm. Berechne, wie viel Blech mindestens dafür benötigt wird.

Lösung:
$A_{O\,Zylinder} = 2 \cdot A_G + A_M$
$A_{O\,Zylinder} = 2 \cdot \pi \cdot r^2 + 2 \cdot \pi \cdot r \cdot h$ mit: r = 7,4 cm : 2 = 3,7 cm
$A_{O\,Zylinder} = 2 \cdot \pi \cdot 3,7^2 + 2 \cdot \pi \cdot 3,7 \cdot 11$
$A_{O\,Zylinder} \approx 86,0 + 255,6 = 341,6$
Man benötigt mindestens 342 cm² Blech.

Wenn du die gleichen Einheiten verwendest, kannst du sie bei der Rechnung weglassen. Bei der Antwort musst du jedoch die passende Einheit angeben.

II Berechne die Oberfläche dieser Süßigkeitenverpackung. Die Grundfläche des Prismas ist ein gleichseitiges Dreieck.

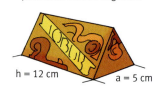

h = 12 cm, a = 5 cm

Lösung:
$h_a^2 = a^2 - \left(\dfrac{a}{2}\right)^2$

$h_a = \sqrt{a^2 - \left(\dfrac{a}{2}\right)^2}$

$h_a = \sqrt{5^2 - \left(\dfrac{5}{2}\right)^2} \approx 4,3$

$A_{O\,Prisma} = 2 \cdot A_G + A_M$
$A_{O\,Prisma} = 2 \cdot \dfrac{1}{2} \cdot a \cdot h_a + u \cdot h$
$A_{O\,Prisma} = 2 \cdot \dfrac{1}{2} \cdot 5 \cdot 4,3 + (5 + 5 + 5) \cdot 12$
$A_{O\,Prisma} = 21,5 + 180 = 201,5$

Die Oberfläche des Prismas beträgt etwa 202 cm².

KAPITEL 7

VERSTÄNDNIS

- Sophie behauptet: „Die Mantelflächen eines gleichseitigen Prismas sind immer Quadrate." Hat sie Recht?
- Wie verändert sich die Mantelfläche eines Zylinders, wenn man nur den Radius (nur die Höhe) verdoppelt?

AUFGABEN

1 Berechne die Oberflächeninhalte A_O der Prismen (Maße in mm).

a) 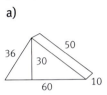   b) 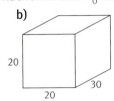   c) d)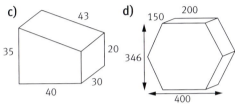

2 Berechne die fehlenden Größen eines Prismas.

	a)	b)	c)	d)	e)
Grundflächenumfang u	15 cm	52,2 m	10,8 cm	3,4 m	6 dm
Körperhöhe h	8 cm	8 m		2,5 m	
Grundflächeninhalt A_G	14 cm²		25 cm²	7,2 m²	18 m²
Mantelflächeninhalt A_M			54 cm²		24 m²
Oberflächeninhalt $A_{O\,Prisma}$		900,6 m²			

Lösungen zu 2:
417,6; 5; 104; 8,5; 4;
241,5; 120; 148; 22,9; 60

3   **1** u = 15,7 cm; h = 3,5 cm   **2** r = 3 cm; h = 2 cm   **3** d = h = 4 cm

a) Berechne die Oberfläche der Zylinder.
b) Zeichne jeweils ein Netz der Zylinder.

4 Berechne die fehlenden Stücke eines Zylinders.

	a)	b)	c)	d)	e)
Radius r	6 cm			0,7 m	
Zylinderhöhe h	8 cm	6 cm			
Grundflächeninhalt A_G		113,1 cm²	28,3 cm²		
Mantelflächeninhalt A_M			56,5 cm²		376,8 m²
Oberflächeninhalt $A_{O\,Zylinder}$				15,2 m²	533,8 m²

Lösungen zu 4:
113,0; 6,0; 3,0; 3,0; 113,1;
226,1; 301,4; 527,4;
452,3; 5,12; 1,54; 12,12;
2,76; 78,5

5 Der Durchmesser einer Litfaßsäule beträgt 1,40 m. Welche Fläche kann beklebt werden, wenn die Säule 2,75 m hoch ist?

6 Gegeben sind die Grundflächen von drei Prismen.

 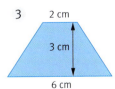

a) Vervollständige die Netze der Prismen, wenn jedes Prisma 4 cm hoch ist.
b) Berechne die Oberfläche der Prismen.

7.5 Oberfläche von Pyramide und Kegel

1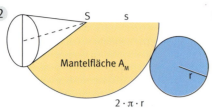
2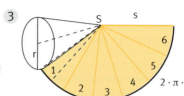
3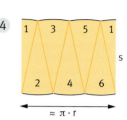
4

5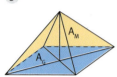

Bild ① zeigt einen Kreiskegel mit Grundfläche A_G und Mantelfläche A_M. Beschreibe die Bilder ②, ③ und ④.

- Erzeuge die Mantelfläche eines Kegels durch Abrollen. Zerschneide die Mantelfläche des Kegels in „Tortenstücke" und lege Bild ④ nach.
- Wie kannst du die Größe der Mantelfläche des Kreiskegels berechnen?
- Aus welchen Teilflächen besteht die Mantelfläche einer Pyramide (Bild ⑤)?
- Erkläre, wie du die Mantelfläche einer Pyramide berechnen würdest.

$h_a = \sqrt{h^2 + \left(\frac{a}{2}\right)^2}$

$h_a = \sqrt{s^2 - \left(\frac{a}{2}\right)^2}$

$s = \sqrt{h_a^2 + \left(\frac{a}{2}\right)^2}$

Die Mantelfläche einer dreieckigen Pyramide besteht aus drei gleichschenkligen Dreiecken, die Mantelfläche einer viereckigen Pyramide besteht aus vier gleichschenkligen Dreiecken, ...

MERKWISSEN

Für die Berechnung der **Oberfläche A_O** einer **Pyramide** oder eines **Kreiskegels** mit der **Grundfläche A_G** und der **Mantelfläche A_M** gilt: $A_O = A_G + A_M$.

Für die n-eckige Pyramide gilt speziell:
$A_{O\,Pyramide} = A_G + n \cdot A_{Dreieck}$

Für den Kegel gilt speziell:
$A_{O\,Kegel} = \pi \cdot r^2 + \pi \cdot r \cdot s = \pi r \cdot (r + s)$

BEISPIELE

I Viele Biogasanlagen haben kegelförmige Dächer. Berechne den Flächeninhalt eines solchen Daches. Der Durchmesser beträgt 10 m, die Länge der Mantellinie 5,4 m.

Lösung:
$A_M = \pi \cdot r \cdot s$
$A_M \approx 3{,}14 \cdot 5 \cdot 5{,}4 \approx 84{,}8$
Das Dach hat einen Flächeninhalt von etwa 85 m².

II Manche Zelte haben (annähernd) die Form einer quadratischen Pyramide. Berechne die Fläche der benötigten Zeltplane für Boden und Seitenflächen.

$s = 2{,}4$ m
$a = 2{,}1$ m

Lösung:
$h_a^2 = s^2 - \left(\frac{a}{2}\right)^2$

$h_a = \sqrt{s^2 - \left(\frac{a}{2}\right)^2}$

$h_a = \sqrt{2{,}4^2 - \left(\frac{2{,}1}{2}\right)^2} \approx 2{,}16$

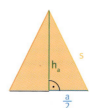

$A_G = 2{,}1^2 = 4{,}41$
$A_M = 4 \cdot A_{Dreieck} = 4 \cdot \frac{1}{2} \cdot a \cdot h_a$
$A_M = 2 \cdot 2{,}1 \cdot 2{,}16 \approx 9{,}07$
$A_{O\,Pyramide} = 4{,}41 + 9{,}07 = 13{,}48$
Man benötigt etwa 13,5 m² Zeltplane.

KAPITEL 7

VERSTÄNDNIS

- Die Seitenflächen einer Pyramide sind gleichseitige Dreiecke. Stimmt das?
- Die Anzahl der Seitenflächen einer Pyramide stimmt mit der Anzahl ihrer Ecken überein. Ist das richtig? Begründe.
- Wenn man die Höhe eines Kegels oder einer Pyramide verdoppelt, dann verdoppelt sich auch die Größe der Mantelfläche. Ist das korrekt?

Lösungen zu 1:
5,45; 6,5; 25; 60; 85; 7,3;
7,6; 16; 58,4; 74,4; 8; 5;
6,4; 80; 144; 12; 11,7;
144; 240; 384; 6; 9,5; 10;
10,4; 120; 4,53; 4,77; 9;
28,62; 37,62

AUFGABEN

1

	1	2	3	4	5	6
a	5 cm	4 cm	3 cm			
h		7 cm		3 cm	8 cm	
h_a	6 cm				10 cm	
s			5 cm			
A_G				64 cm²		36 cm²
A_M						
A_O						156 cm²

a) Berechne die fehlenden Größen der quadratischen Pyramide.
b) Stelle die Pyramide im Schrägbild dar und zeichne ein Netz.

Fertige stets eine Planfigur an und kennzeichne die gegebenen Stücke farbig.

2 Berechne die fehlenden Größen des Kreiskegels.

	a)	b)	c)	d)	e)	f)
r	2,5 cm	8 dm				
h	6 cm		40 mm	12 cm		
s		17 dm	50 mm		55 mm	
A_G				78,5 cm²		
A_M					2590,5 mm²	7 m²
A_O						12,3 m²

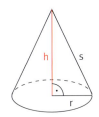

Lösungen zu 2:
6,5; 19,6; 51,0; 70,6; 15;
201; 427; 628; 30; 2826;
4710; 7536; 5; 13; 204,1;
282,6; 15; 52,9; 706,5;
3297; 1,3; 1,1; 1,7; 5,3

3 Die Mantelfläche einer regelmäßigen Sechseckpyramide beträgt 714 cm². Die Höhe h_a der Seitenfläche ist 17 cm lang.

a) Berechne die Oberfläche dieser Pyramide.
b) Dieser Pyramide wird ein Kegel umschrieben. Wie groß ist dessen Oberfläche?
c) Um wie viel Prozent ist die Kegeloberfläche größer als die Pyramidenoberfläche?

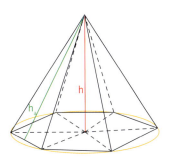

4 Ein Kegeldach mit sogenannten Biberschwänzen zu decken ist für Dachdecker eine anspruchsvolle Aufgabe. Schätze die Anzahl an Biberschwänzen ab, die für man das große Kegeldach (im Hintergrund) braucht. Ein Biberschwanz hat die Maße 18 cm × 38 cm. Das Kegeldach hat einen Durchmesser von 11 m, die Mantellinie ist 6,5 m lang. Damit das Dach dicht ist, braucht man eine Doppeldeckung, außerdem rechnet man für Verschnitt mit ca. 30 % mehr Ziegeln.

7.6 Volumen von Prisma und Zylinder

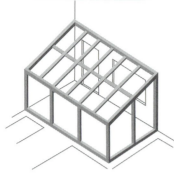

Wolfgang möchte für seinen Wintergarten ein Klimagerät kaufen. In der Betriebsanleitung steht:
„Die Leistung des Klimageräts muss so gewählt werden, dass die Luft im Inneren des Raumes pro Stunde mindestens 20-mal ausgetauscht wird."

- Durch welchen geometrischen Körper kann man den Wintergarten mathematisch beschreiben?
- Wie würdest du das Volumen dieses Körpers bestimmen?
- Welche Maße des Wintergartens musst du dafür messen?

Jede Grundfläche eines vielseitigen Prismas kann in rechtwinklige Dreiecke, Rechtecke, Trapeze usw. zerlegt werden. Somit kann man jede Grundfläche berechnen.
$A_G = A_1 + A_2 + A_3 + ...$

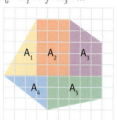

Merkwissen

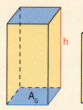 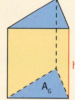 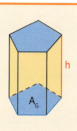 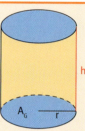

Für die Berechnung des **Volumens V** eines **Prismas** oder eines **Zylinders** mit der **Grundfläche A_G** und der **Höhe h** gilt: $V = A_G \cdot h$.

Beim Zylinder gilt speziell: $V_{Zylinder} = \pi \cdot r^2 \cdot h$

Beispiele

I Könntest du diesen Eichenstamm tragen, wenn 1 cm³ Eichenholz 0,67 g wiegt?

Lösung:
$V_{Zylinder} = \pi \cdot r^2 \cdot h$
$V_{Zylinder} \approx 3{,}14 \cdot 13^2 \cdot 80 \approx 42\,453$
$m = 42\,453 \cdot 0{,}67 \approx 28\,444$
$m = 28\,444 \text{ g} \approx 28 \text{ kg}$
Der Stamm wiegt gut 28 kg und kann bestimmt getragen werden.

II Wie viele 50-l-Säcke Blumenerde benötigt man, um den Blumenkübel randvoll zu füllen?

Zeichnung nicht maßstabsgetreu

Lösung:
$V_{Prisma} = A_{Trapez} \cdot h \qquad V_{Prisma} = \left(\frac{a+c}{2}\right) \cdot h_{Trapez} \cdot h$

$V_{Prisma} = \left(\frac{40+51}{2}\right) \cdot 35 \cdot 94 = 149\,695$

$V_{Prisma} = 149\,695 \text{ cm}^3 \approx 150 \text{ l}$

Man benötigt drei 50-l-Säcke Blumenerde, um den Kübel zu füllen.

Verständnis

- Mit welcher Flächenformel musst du rechnen, wenn die Grundfläche A_G eines Prismas ein Trapez (Parallelogramm, Drachenviereck) ist?
- Wie ändert sich das Volumen eines Zylinders, wenn du nur die Höhe h (die Grundfläche A_G, den Radius r) verdoppelst?

KAPITEL 7

AUFGABEN

1. Berechne das Volumen des Zylinders. Runde sinnvoll.
   a) r = 7,5 cm; h = 17 cm   b) d = 8,4 m; h = 55,4 m   c) A_G = 75 cm²; h = 2 dm

2. Berechne das Volumen des Prismas.
   a) A_G = 36 cm²; h = 7,5 cm   b) A_G = 5,6 m²; h = 42 dm   c) A_G = $16\frac{1}{3}$ m²; h = 150 cm

Lösungen zu 1 und 2:
3003; 3069; 1500; 270;
23 520; 24,5
Die Einheiten sind nicht angegeben.

3. Berechne das Volumen des Prismas (Maße in mm).

   a) 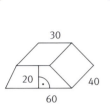   b) 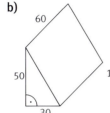   c) 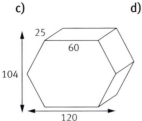   d)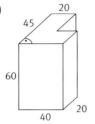

Zeichnungen nicht maßstabsgetreu

4. Berechne die fehlenden Größen des Zylinders.

	a)	b)	c)	d)
Radius r	6 cm			0,70 m
Umfang u			18,84 cm	
Grundflächeninhalt A_G		113,0 cm²		
Zylinderhöhe h	8 cm		5,6 cm	
Volumen $V_{Zylinder}$		1356 cm³		77 m³

Lösungen zu 4:
37,7; 113,0; 904,3; 3,0;
37,7; 28,3; 158,5; 6,0;
12,0; 4,40; 50,00; 1,54

5. Wie viele Kubikmeter Bauschutt passen in diese Mulde, wenn sie randvoll gefüllt ist? Versuche zuerst die Grundfläche aus den Maßangaben zu skizzieren.

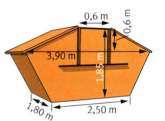

6. Fertige eine Schrägbildskizze an und berechne das Volumen folgender Prismen:
   a) dreieckige Grundfläche mit b = 5,6 cm; h_b = 4,2 cm; h = 7 cm
   b) Grundfläche Trapez mit a ∥ c; a = 72 mm; c = 48 mm; h_T = 25 mm; h = 60 mm

WISSEN

Volumenformel – gut erklärt

Warum gilt bei allen Prismen die Volumenformel V = A_G · h?

1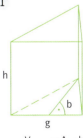
$V_{Prisma} = A_G · h$

2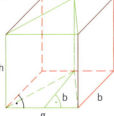
$2 · V_{Prisma} = V_{Quader} = g · b · h$
$V_{Prisma} = \frac{1}{2} · g · b · h$
$V_{Prisma} = \underbrace{A_G ·}\ h$

3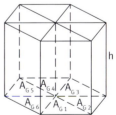
$V_{Prisma} = V_{Prisma\,1} + V_{Prisma\,2} + ... + V_{Prisma\,n}$
$= A_{G\,1} · h + A_{G\,2} · h + ... + A_{G\,n} · h$
$= (A_{G\,1} + A_{G\,2} + ... + A_{G\,n}) · h$
$= A_G · h$

- Zeige: Durch geschickte Wahl der Schnitte kann jedes n-seitige Prisma in n Dreiecksprismen zerlegt werden, sodass gilt: V = A_G · h.

7.7 Volumen von Pyramide und Kegel

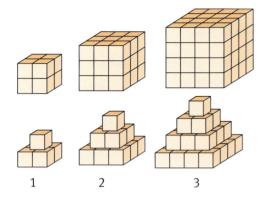

Die abgebildeten Würfel-Pyramiden-Paare haben alle die gleiche Grundfläche und die gleiche Höhe, bestehen aber aus einer unterschiedlichen Anzahl kleinerer Würfel.

- Aus wie vielen kleinen Würfeln besteht der 1. (2., 3.) Würfel und die 1. (2., 3.) Pyramide?
- Aus wie vielen kleinen Würfeln würde das 4. und 5. Würfel-Pyramiden-Paar jeweils bestehen? Stelle zunächst einen Term auf.
- Nutze ein Tabellenkalkulationsprogramm für große Zahlen (bis Grundkantenlänge 250). Wie oft passt die Pyramide jeweils in den Würfel?

	A	B	C	D	E
1		Zahl kleiner Würfel			
2		Nr.	Grundkantenlänge	Würfel	Pyramide	Quotient
3	1	2	8	5	1,60
4	2	3	27	14	1,93
5	3	4	64	=B5*B5+D4	2,13
6	4	5	125	55	2,27
7	5	6	216	91	2,37

MERKWISSEN

Der Satz des Pythagoras ist für Berechnungen an Körpern sehr wichtig. Fertige immer eine Planfigur an und zeichne darin die benötigten rechtwinkligen Dreiecke ein.

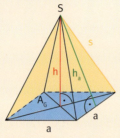

Für das **Volumen V** einer **Pyramide** bzw. eines **Kegels** mit der **Grundfläche** A_G und der **Höhe h** gilt: $V = \frac{1}{3} \cdot A_G \cdot h$.

Beim Kegel gilt speziell: $V_{Kegel} = \frac{1}{3} \cdot \pi \cdot r^2 \cdot h$

BEISPIELE

I Berechne das Volumen der Pyramide mit rechteckiger Grundfläche.

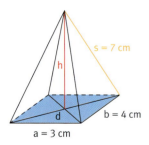

Lösung:

$d^2 = a^2 + b^2$

$d^2 = (3^2 + 4^2) = 25 \quad | \sqrt{}$

$d = 5$

$h^2 = s^2 - \left(\frac{d}{2}\right)^2 \quad | \sqrt{}$

$h = \sqrt{s^2 - \left(\frac{d}{2}\right)^2}$

$h = \sqrt{7^2 - \left(\frac{5}{2}\right)^2}$

$h \approx 6{,}54$

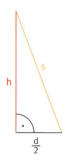

$V_{Pyramide} = \frac{1}{3} \cdot A_G \cdot h = \frac{1}{3} \cdot a \cdot b \cdot h$

$V_{Pyramide} = \frac{1}{3} \cdot 3 \cdot 4 \cdot 6{,}54 = 26{,}16$

Die Pyramide hat ein Volumen von ungefähr 26 cm³.

II Ein Kegel der Höhe 6,0 cm hat ein Volumen von 56,5 cm³. Wie groß ist sein Radius?

Lösung:

$V_{Kegel} = \frac{1}{3} \cdot \pi \cdot r^2 \cdot h \quad$ umformen: $\quad r^2 = \frac{3 V_{Kegel}}{\pi \cdot h}$, also: $r = \sqrt{\frac{3 V_{Kegel}}{\pi \cdot h}} \quad r \approx \sqrt{\frac{3 \cdot 56{,}5}{3{,}14 \cdot 6}} \approx 3{,}0$

Der Kegel hat einen Radius von etwa 3 cm.

Kapitel 7

Verständnis

- Wie ändert sich das Volumen eines Kegels, wenn die Höhe (der Radius) verdoppelt wird?
- Wie ändert sich das Volumen eines Kegels, wenn Höhe und Radius verdoppelt (halbiert) werden?

Aufgaben

1 Berechne die gesuchten Größen. Gehe ähnlich wie in Beispiel I vor.

a) quadratische Pyramide, 5 cm, 4 cm, 4 cm; $V_{Pyramide} = ?$

b) rechteckige Pyramide, 6 dm, 4 dm, 9 dm; $V_{Pyramide} = ?$

c) dreieckige Pyramide, $V_{Pyramide} = 36\ cm^2$, 6 cm, 4 cm; $h = ?$

d) quadratische Pyramide, 5 m, 5 m, 5 m; $h = ?$ $V_{Pyramide} = ?$

2 Berechne die fehlenden Größen des Kegels.

	a)	b)	c)	d)	e)	f)
r	3,5 cm					
d		12 cm				
A_G			79 cm²		4 m²	1,5 dm²
h	8 cm		11 cm	4 cm		
s		15 cm		5 cm		
V_{Kegel}					4 m³	
$A_{O\ Kegel}$						5 dm²

Lösungen zu 2:
5,0; 10,0; 12,1; 287,8; 269,0; 3; 6; 28,3; 37,7; 75,4; 7; 38,5; 8,7; 102,6; 134,1; 6,0; 113,0; 13,7; 516; 395,6; 0,69; 1,38; 1,47; 1,62; 0,73; 1,13; 2,26; 3,00; 3,17; 15,25

3 Der Sand einer Eieruhr rinnt in exakt fünf Minuten von oben nach unten.
a) Wie viele Kubikmillimeter Sand befinden sich in der Eieruhr?
b) Wie viel Sand rinnt in einer Minute in den unteren Zylinder?
c) In welcher Höhe von der Engstelle entfernt muss der Strich für 4 min (3 min, 2 min, 1 min) angebracht werden?

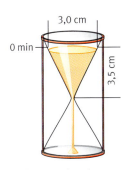

Fertige zunächst eine Planfigur an.

4 Berechne das Volumen der Pyramide, wenn folgende Stücke gegeben sind.
a) quadratische Pyramide mit a = 6 cm; h_a = 10 cm
b) rechteckige Pyramide mit a = 8 cm; b = 6 cm; s = 12 cm
c) dreieckige Pyramide mit g = 8 cm; h_g = 5 cm; h = 9 cm

Versuch

Experimente zum Volumen von Kegel und Pyramide
Begründet die Volumenformeln für Pyramiden und Kegel experimentell durch …
- Umschütten: Wie oft passt das Pyramidenvolumen in ein Prisma gleicher Grundfläche und Höhe?
- Verdrängungsmessungen: Vergleicht dabei den unterschiedlichen Anstieg im Messbecher.

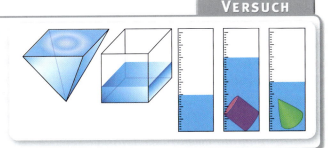

7.8 Volumen einer Kugel

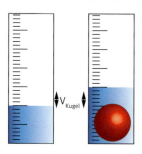

Schreibe $\frac{4}{3}$ als Dezimalbruch.

Besorge dir Kugeln unterschiedlicher Größe.
- Miss den Durchmesser und ermittle so den Radius dieser Kugeln.
- Ermittle experimentell das Volumen dieser Kugeln.
- Eva überlegt sich, dass in der Volumenformel einer Kugel r^3 und π enthalten sein müssen. Erkläre Evas Überlegung.
- Ergänze die Tabelle. Stelle das Volumen V in Abhängigkeit von $\pi \cdot r^3$ grafisch dar.
- Welcher proportionale Zusammenhang ergibt sich?

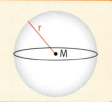

	A	B	C	D	E
1	d	r	V	$\pi \cdot r^3$	$V : (\pi \cdot r^3)$
2	3,00	1,50	14,00	10,60	1,32
3	4,00	2,00	34,00	25,13	1,35

MERKWISSEN

Für das **Volumen V einer Kugel** mit dem **Radius r** gilt:

$V_{Kugel} = \frac{4}{3} \cdot \pi \cdot r^3$

BEISPIELE

I Ein Fußball der Größe 5 hat einen Radius von 11 cm. Wie groß ist das Volumen eines solchen Fußballs?

Lösung:
$V_{Kugel} = \frac{4}{3} \cdot \pi \cdot r^3$
$V_{Kugel} \approx \frac{4}{3} \cdot 3{,}14 \cdot 11^3 \approx 5572$ $V_{Kugel} = 5572 \text{ cm}^3 \approx 5{,}6 \text{ l}$

Der Fußball hat ein Volumen von ungefähr 5,6 l.

II In Schleiz gibt es einen Brunnen, in dessen Mitte sich eine Granitkugel dreht. Auf dieser Granitkugel ist die Erde maßstäblich eingraviert. Der Kugelumfang beträgt 204,2 cm. Wie schwer ist diese Kugel, wenn 1 dm³ Granit 2,8 kg wiegt?

Den Umfang einer Kugel berechnet man wie den Umfang eines Kreises, dessen Mittelpunkt der Kugelmittelpunkt ist.

Lösung:
$u = 2\pi \cdot r$ umformen: $r = \frac{u}{2 \cdot \pi}$ $r \approx \frac{204{,}2}{2 \cdot 3{,}14} \approx 32{,}5$
$V_{Kugel} = \frac{4}{3} \cdot \pi \cdot r^3$ $V_{Kugel} \approx \frac{4}{3} \cdot 3{,}14 \cdot 32{,}5^3 \approx 143\,720$ $V_{Kugel} = 143\,720 \text{ cm}^3 \approx 144 \text{ dm}^3$
1 dm³ ≙ 2,8 kg
144 dm² ≙ 144 · 2,8 kg = 403,2 kg
Die Kugel wiegt ungefähr 400 kg.

VERSTÄNDNIS

- Franziska sagt: „Verdoppelt man den Radius einer Kugel, so verachtfacht sich das Volumen." Stimmt das?
- Du weißt schon, dass $r = \frac{d}{2}$. Gib die Formel zur Berechnung des Kugelvolumens mit dem Durchmesser an.
- Näherungsweise kann man das Volumen einer Kugel als $4r^3$ angeben. Was sagst du dazu?

Kapitel 7

Aufgaben

1 Berechne das Volumen der Kugel.
a) r = 25 mm   b) d = 60 cm   c) r = 1 m   d) d = 1 cm
e) r = $\frac{2}{5}$ cm   f) d = 12,7 dm   g) r = $\sqrt[3]{8}$ m   h) r = $\sqrt[3]{100}$ mm
i) r = $\sqrt[3]{12}$ m   j) d = 2 · $\sqrt[3]{7}$ m   k) r = 2 · $\sqrt[3]{10}$ cm   l) d = 4 · $\sqrt[3]{12}$ dm

Lösungen zu 1:
65,42; 4,19; 267,9; 1072;
29,3; 50,24; 335; 402;
418,7; 33,5; 113,04; 0,523
Die Einheiten sind nicht angegeben.

2 Berechne den Radius und den Durchmesser der Kugel.
a) V = 14 100 cm³   b) V = 3054 mm³   c) V = 82,5 m³   d) V = 50 l
e) V = 5000 m³   f) V = 12 000 dm³   g) V = 135 hl   h) V = 12 450 l

Lösungen zu 2:
(nur Radius):
2,3; 14,8; 14,2; 2,7; 15,0;
14,4; 9,0; 10,6

3 Gasometer werden häufig kugelförmig gebaut. Die abgebildeten Gasometer haben einen Durchmesser von 40 m. Berechne das Volumen von zehn solcher Gasometer.

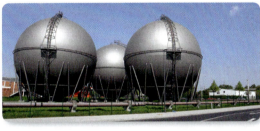

4 Der kleinste Planet in unserem Sonnensystem ist der Merkur, der größte der Jupiter. Wie oft würde der Merkur – gemessen am Volumen – in den Jupiter passen?

Suche die fehlenden Angaben in einem Buch, Internet, ….

5 In eine halbkugelförmige Schüssel passen 1,5 l Wasser, wenn man sie bis zum Rand füllt. Berechne den Innendurchmesser dieser Schüssel.

Wissen

Zylinder – Kugel – Kegel

Archimedes von Syrakus (* um 287 v. Chr. auf Sizilien; † 212 v. Chr.) fand heraus, dass sich das Volumen von Kegel, Kugel und Zylinder bei gleicher Höhe und Durchmesser verhält wie 1 : 2 : 3, also:

$V_{Kegel} : V_{Kugel} : V_{Zylinder} = 1 : 2 : 3$

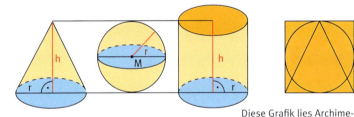

Diese Grafik ließ Archimedes auf seinen Grabstein meiseln, weil er so stolz auf seine Entdeckung war.

- Zeige den Zusammenhang rechnerisch.

Führe folgenden Eintauchversuch durch. Tauche eine Kugel in einen Zylinder mit gleichem Durchmesser und einer Höhe h = 2 · r ein.

- Welcher Anteil des Wassers läuft über?
- Welcher Anteil des Wassers verbleibt im Zylinder, wenn man die Kugel wieder herausnimmt?
- Führe den gleichen Versuch mit einem Kegel durch, der den gleichen Radius und die gleiche Höhe hat.

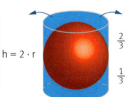

7.9 Oberfläche einer Kugel

Paul soll die Größe der Oberfläche einer Kugel bestimmen. Er sagt: „Den Flächeninhalt eines Kreises kann ich berechnen. Wenn ich eine (annähernd runde) Apfelsine halbiere, kenne ich den Durchmesser dieser Apfelsine. Ich zeichne Kreise mit dem Radius der Kugel.

Dann schäle ich die Apfelsine und überprüfe, wie viele solcher Kreise ich mit der Schale komplett belegen kann."

- Beschreibe in eigenen Worten den Versuch von Paul.
- Wie viele solcher Kreise kannst du mit dieser Schale belegen?
- Findest du eine Formel für die Oberfläche einer Kugel?

MERKWISSEN

Für die **Oberfläche A_O einer Kugel** mit dem **Radius r** gilt:

$$A_{O\ Kugel} = 4 \cdot \pi \cdot r^2$$

oder

$$A_{O\ Kugel} = \pi \cdot d^2$$

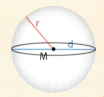

BEISPIELE

I Der Radius eines Heißluftballons beträgt 13 m. Wie groß ist die Oberfläche dieses Ballons, wenn man annimmt, dass er exakt kugelförmig ist?

Lösung:
$A_{O\ Kugel} = 4 \cdot \pi \cdot r^2$
$A_{O\ Kugel} \approx 4 \cdot 3{,}14 \cdot 13^2 \approx 2123$ Der Ballon hat etwa eine Oberfläche von 2123 m².

II Die Oberfläche eines kleinen Modellheißluftballons beträgt 707 dm². Berechne das Volumen dieses Modellheißluftballons in Litern.

Lösung:
$A_{O\ Kugel} = 4 \cdot \pi \cdot r^2 \qquad |:4\pi \quad |\sqrt{}$

$r = \sqrt{\dfrac{A_O}{4 \cdot \pi}}$

$r \approx \sqrt{\dfrac{707}{4 \cdot 3{,}14}} \approx 7{,}5$

$V_{Kugel} = \dfrac{4}{3} \cdot \pi \cdot r^3 \approx \dfrac{4}{3} \cdot 3{,}14 \cdot 7{,}5^3 \approx 1766$

$V_{Kugel} = 1766$ dm³ $= 1766$ l
Der Modellheißluftballon hat ein Volumen von etwa 1770 l.

VERSTÄNDNIS

- Wie verändert sich die Oberfläche einer Kugel, wenn du den Radius halbierst (verdoppelst, verdreifachst)?
- Die Oberfläche einer Kugel ist genauso groß wie die Mantelfläche eines Zylinders, der die Kugel exakt umschließt. Stimmt das?
- Begründe die Gleichheit der Oberflächenformel der Kugel: $4 \cdot \pi \cdot r^2 = \pi \cdot d^2$.

Kapitel 7

Aufgaben

1 Berechne die Oberfläche der Kugel.
  a) r = 7 mm
  b) d = 1 cm
  c) r = 2,7 dm
  d) d = 56 mm
  e) r = $\sqrt{3}$ m
  f) r = $\frac{2}{3}$ dm
  g) d = $\sqrt{18}$ cm
  h) d = 17,5 mm

Lösungen zu 1:
91,6; 5,58; 37,7; 226;
3,14; 615; 962; 9847
Die Einheiten sind nicht
angegeben.

2 Berechne die fehlenden Größen der Kugel.

	a)	b)	c)	d)	e)	f)	g)
r		9 mm			2,7 dm		0,7 m
$A_{O\,Kugel}$	79 dm²		4800 mm²			78,5 cm²	
V_{Kugel}				268,08 m³			

3 Eine riesige Kugel steht im „Epcot-Center" in Florida. Ihre silbrig glänzende Hülle besteht aus Alucobond-Kacheln.
Berechne die Oberfläche dieser Kugel, wenn der Durchmesser 180 ft groß ist. Gib dein Ergebnis in Quadratmetern an.

In den USA werden Längen in ft (foot, also Fuß) angegeben. Es gilt:
1 ft = 30,48 cm

4 Die Lunge eines erwachsenen Menschen besteht aus etwa 400 Millionen kleinen Lungenbläschen. Jedes Lungenbläschen hat einen Durchmesser von 0,2 mm.
  a) Wie groß ist die Oberfläche eines solchen Lungenbläschens?
  b) Die Biologielehrerin behauptet, dass die Fläche aller Lungenbläschen ausreichen würde, um den Boden eines Klassenraums zu bedecken.

5 Tischtennis ist eine der schnellsten Ballsportarten der Welt. Um den Sport für die Zuschauer attraktiver zu gestalten, wurden im Jahr 2001 einige Regeln geändert. So vergrößerte sich der Durchmesser der Tischtennisbälle von 38 mm auf 40 mm. Um wie viel Prozent vergrößerte sich ...
  a) die Oberfläche der Bälle?
  b) das Volumen der Bälle?

7 Mario kauft einen Würfel Knetmasse mit einer Kantenlänge von 5 cm. Aus diesem Würfel formt er eine Kugel. Vergleiche die ...
  a) Volumen von Würfel und Kugel.
  b) Oberflächen von Würfel und Kugel.

Basteln

Kugeloberfläche

Die Oberfläche einer Kugel kannst du näherungsweise bestimmen, indem du sie mit der Fläche eines Kreises vergleichst. Du benötigst eine Kugel, einen Pappkreis (mit doppeltem Kugeldurchmesser) und eine dickere Schnur.

- Wickle die Schnur spiralförmig auf der Kreisfläche auf. Beginne damit in der Mitte. Wickle so lange, bis die Kreisfläche vollständig bedeckt ist. Die Länge der Schnur ist nun ein Maß für den Flächeninhalt des Kreises.
- Wickle diese Schnur auf die Kugel auf. Bedeckt die Schnur die gesamte Kugeloberfläche? Überprüfe experimentell.
  Tipp: Die Schnur hält gut an der Kugel, wenn du diese mit Klebstoff bestreichst.

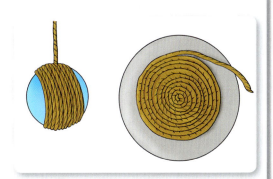

7.10 Zusammengesetzte Körper

Oberhalb von Hohenschwangau bei Füssen baute König Ludwig II von Bayern das Schloss Neuschwanstein. Der Architekt verwendete für den Bau des Schlosses viele Formen, die mathematischen Körpern entsprechen.

- Welche mathematischen Körper erkennst du?
- Celine behauptet, dass man das Gesamtvolumen als Summe der Teilvolumina aller Teilkörper erhält.
- Sandra meint, dass dies nicht nur für das Volumen gilt, sondern auch für die Oberfläche. Was meinst du?

Merkwissen

Besteht ein Körper aus **mindestens zwei Teilkörpern**, so spricht man von einem **zusammengesetzten Körper**.

Das **Volumen** eines **zusammengesetzten** (**ausgehöhlten**) **Körpers** berechnet man als **Summe** (**Differenz**) der entsprechenden **Teilkörper**.

Beispiel:

$$V_{Gesamt} = V_{Zylinder} + V_{Kegel} \qquad V_{Gesamt} = V_{Würfel} - V_{Zylinder}$$

Die **Oberfläche zusammengesetzter** oder **ausgehöhlter Körper** setzt sich aus der **Summe aller sichtbaren Einzelflächen** zusammen.

Beispiel:
$$A_{O\ Gesamt} = A_{O\ Kegel} + A_{O\ Zylinder} - 2 \cdot A_{Kreis} \qquad A_O = A_{O\ Würfel} - 2 \cdot A_{Kreis} + A_{M\ Zylinder}$$

Beispiele

Nicht immer kann man einem realen Gegenstand einen exakten mathematischen Körper zuordnen. Man wählt dann einen solchen Körper, der am ehesten dem Gegenstand entspricht.

I a) Aus welchen Körpern besteht der Fliegenpilz?
b) Berechne näherungsweise Volumen und Oberfläche des Körpers.

Lösung:

a) Der Pilz besteht aus einer Halbkugel (Hut) und einem Zylinder (Stiel).

b) $V_{Pilz} = V_{Halbkugel} + V_{Zylinder}$

$V_{Pilz} = \frac{1}{2} \cdot \frac{4}{3} \cdot \pi \cdot r^3 + \pi \cdot r^2 \cdot h$

$V_{Pilz} \approx \frac{1}{2} \cdot \frac{4}{3} \cdot 3{,}14 \cdot 4^3 + 3{,}14 \cdot 1^2 \cdot 6$

$V_{Pilz} \approx 134 + 19 = 153$

Der Fliegenpilz besitzt ein Volumen von etwa 153 cm³.

$A_{O\ Pilz} = A_{O\ Halbkugel}$	$+ A_{Kreis\ (Hut)}$	$+ A_{M\ Zylinder}$	$- A_{Kreis\ (Stiel)}$	r_1: Radius Hut
$A_{O\ Pilz} = \frac{1}{2} \cdot 4 \cdot \pi \cdot r_1^2$	$+ \pi \cdot r_1^2$	$+ 2\pi r_2 \cdot h$	$- \pi \cdot r_2^2$	r_2: Radius Stiel
$A_{O\ Pilz} \approx \frac{1}{2} \cdot 4 \cdot 3{,}14 \cdot 4^2$	$+ \pi \cdot 4^2$	$+ 2 \cdot 3{,}14 \cdot 1 \cdot 6$	$- 3{,}14 \cdot 1^2$	
$A_{O\ Pilz} \approx 100$	$+ 50$	$+ 38$	$- 3 = 185$	

Die Oberfläche des Pilzes beträgt rund 185 cm² (solange er noch im Boden ist).

KAPITEL 7

II Aus einem Zylinder werden zwei Kegel ausgefräst. Berechne das Volumen und die Oberfläche dieser „umgekehrten Sanduhr" und vergleiche mit einer Kugel, die denselben Radius wie der Zylinder hat.

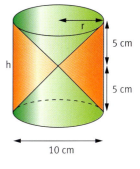

Lösung:
$V_{Sanduhr} = V_{Zylinder} - 2 \cdot V_{Kegel}$
$= \pi \cdot r^2 \cdot h - 2 \cdot \frac{1}{3} \cdot \pi r^2 \cdot \frac{1}{2}h$

$V_{Sanduhr} \approx 3{,}14 \cdot 5^2 \cdot 10 - 2 \cdot \frac{1}{3} \cdot 3{,}14 \cdot 5^2 \cdot 5$
$V_{Sanduhr} \approx 785 - 262 = 523$

$V_{Kugel} = \frac{4}{3}\pi r^3$
$V_{Kugel} \approx \frac{4}{3} \cdot 3{,}14 \cdot 5^3 \approx 523$

Das Volumen von Kugel und „Sanduhr" stimmen überein.

$A_{O\,Sanduhr} = A_{M\,Zylinder} + 2 \cdot A_{M\,Kegel}$
$= 2\pi r \cdot h + 2\pi r \cdot s$

$A_{O\,Kugel} = 4\pi r^2$
$A_{O\,Kugel} = 4 \cdot 3{,}14 \cdot 5^2 = 314$

Mit Pythagoras bestimmt man: $s = \sqrt{2} \cdot 5$
$A_{O\,Sanduhr} \approx 2 \cdot 3{,}14 \cdot 5 \cdot 10 + 2 \cdot 3{,}14 \cdot 5 \cdot \sqrt{2} \cdot 5$
$\approx 314 + 222 = 536$

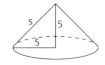

Die Oberfläche der Kugel ist nur so groß wie der Mantel der „Sanduhr".

- Seval behauptet: „Haben Köper Hohlräume, so muss man die Volumina subtrahieren, aber die Oberflächen addieren." Stimmt das?

AUFGABEN

1 Berechne Volumen und Oberfläche der Werkstücke (Maße in mm).

a) b) c) d)

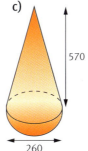
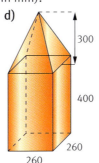

2 Für einen Springbrunnen wurde eine Betonschale (Maßangaben in m) gegossen.
  a) Wie viele Liter Wasser passen in die Schale?
  b) Die Betonschale wird komplett mit einem Schutzanstrich versehen. Wie viele Quadratmeter müssen bestrichen werden?
  c) Welche Masse hat die Betonschale?

1 m³ Beton wiegt ungefähr 2,4 t.

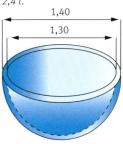

3 Berechne Volumen und Oberfläche der Körper (Maße in cm).

a) b) c)

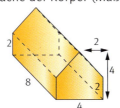
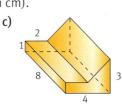

7.10 Zusammengesetzte Körper

4 Berechne Volumen und Oberfläche der dargestellten Körper.

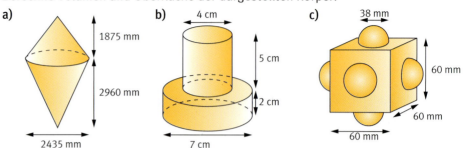

5 Die Gesamthöhe und der Durchmesser der abgebildeten (Doppel-)Kegel betragen jeweils 2 m. Xenia behauptet, dass alle (Doppel-)Kegel das gleiche Volumen und die gleiche Oberfläche haben. Überprüfe Xenias Behauptung.

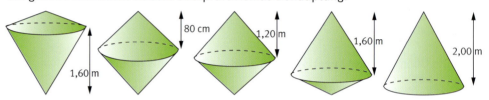

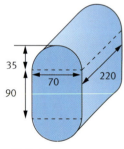

Maße in cm

1 dm³ Aluminium hat eine Masse von 2,7 kg.

6 a) Wie viel Liter fasst der abgebildete Öltank, wenn er zu 90 % gefüllt wird?

b) Für ein Mehrfamilienhaus werden fünf solcher Tanks aufgestellt und vorher mit einer farbigen Schutzschicht versehen. Wie viel kostet der Farbanstrich, wenn eine Dose Farbe für 7,5 m² reicht und 12,99 € kostet?

7 Berechne Masse und Oberfläche der Aluminiumkörper (Maße in cm).

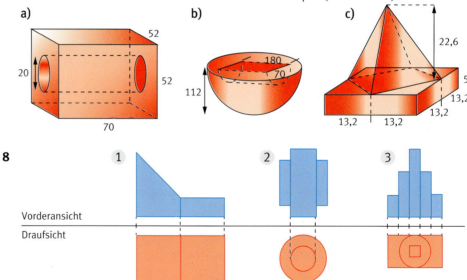

8

a) Bei einigen Körpern sind Fehler im Zweitafelbild unterlaufen. Finde und beschreibe sie. Wie sehen die Körper wohl aus?

b) Berechne Volumen und Oberfläche der zusammengesetzten Körper. Entnimm die Maße der Zeichnung.

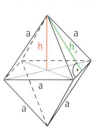

9 Ein Oktaeder ist eine quadratische Doppelpyramide, bei der alle Kanten gleich lang sind. Das Oktaeder besitzt eine Kantenlänge von 5 cm.
  a) Berechne die Oberfläche des Oktaeders.
  b) Berechne das Volumen dieses Oktaeders.
  c) Vergleiche Oberfläche und Volumen dieses Oktaeders mit dem eines Würfels gleicher Kantenlänge.

10 Im WRT-Unterricht sollen Trichter aus Blech mit einem Radius von 8 cm angefertigt werden. Der Trichter muss 1 l fassen. Zwei Formen für den Trichter stehen zur Auswahl. Wie viel Blech wird für den Bau des Trichters benötigt, wenn Volumen und Material für den zylinderförmigen Auslaufstutzen vernachlässigt werden?

11 Ein Doppel-Getreidesilo hat die abgebildete Form mit Dach. Die beiden zylinderförmigen Silos haben einen Radius von 4,2 m und eine Höhe von 18 m. Die Gesamthöhe des Gebäudes beträgt 22 m.
  a) Berechne das Fassungsvermögen der beiden zylinderförmigen Silos.
  b) Berechne die Fläche des Daches.
  c) Berechne das Volumen des Dachraums.

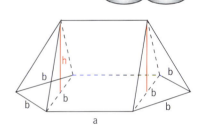

 12 Ein Zelt, dessen Mittelteil einen rechteckigen Grundriss hat, ist an den Breitseiten pyramidenförmig vergrößert. Es hat die Maße a = 185 cm, b = 146 cm und h = 160 cm.
  a) Berechne den Rauminhalt des Zeltes.
  b) Berechne, wie viel Zeltstoff für die beiden mittleren Zeltwände benötigt wird.

WISSEN

Das Prinzip von Cavalieri

Bonaventura Francesco Cavalieri (* 1598 Mailand; † 1647 in Bologna) war ein italienischer Mathematiker. Sein Spezialgebiet waren Oberflächen und Volumen. Das nach ihm benannte Prinzip lässt sich so formulieren:

Haben zwei Körper dieselbe Höhe, so haben sie auch das gleiche Volumen, wenn ihre Schnittflächen in Ebenen parallel zur Grundfläche stets den gleichen Flächeninhalt haben.

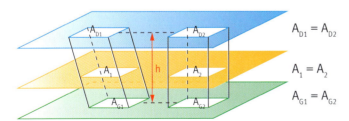

$A_{D1} = A_{D2}$

$A_1 = A_2$

$A_{G1} = A_{G2}$

- Erkläre, warum die beiden Türme in der Zeichnung dasselbe Volumen haben.
- Warum hat die Backsteinskulptur das gleiche Volumen wie ein Prisma gleicher Höhe und gleicher Grundfläche?
- Stelle selbst mit gleichartigen Münzen oder Bierdeckeln unterschiedliche Prismen und Körper her, die aber dasselbe Volumen haben.

7.11 Vermischte Aufgaben

1 Berechne Flächeninhalt und Umfang (innen und außen) der farbigen Figuren.

a)  4 cm

b)

c) 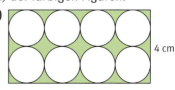 4 cm

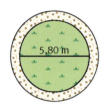

2 Um eine kreisförmige Rasenfläche mit einem Durchmesser von 5,80 m soll ein Streifen von 70 cm Breite mit Blumen bepflanzt werden. Berechne die Größe der zu bepflanzenden Fläche.

3 a) Berechne die Größe der Kreisringfläche, die Inkreis und Umkreis eines gleichseitigen Dreiecks mit a = 5 cm bilden.

b) Zeige, dass der Umfang der zwei kleinen Kreise so groß ist wie der Umfang des Kreises, dem sie einbeschrieben sind.

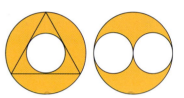

4 a) Berechne die fehlenden der Größen A_G, A_M, A_O und V eines regelmäßigen …
  ① dreiseitigen Prismas mit h = 8 cm und A_M = 96 cm².
  ② sechsseitigen Prismas mit h = 6 cm und V = 140,4 cm².

b) Berechne bei einem Zylinder die fehlenden der Größen r, h, A_M, A_O und V.
  ① r = 20 cm; A_M = 240 cm² ② h = 12 cm; A_M = 96 cm²
  ③ h = 6,8 cm; V = 458,4 cm³

Mache zunächst eine Skizze zu den jeweiligen Körpern.

c) Berechne bei einer quadratischen Pyramide die fehlenden der Größen a, h, s, A_O und V.
  ① a = 6,4 cm; s = 12,8 cm ② a = 4,8 cm; A_O = 153,8 cm²
  ③ h = 11,2 cm; s = 14,0 cm

d) Bestimme die nicht angegebenen Größen r, h, s, A_M, A_O und V eines Kreiskegels.
  ① r = 4,5 cm; h = 8,5 cm ② r = 20 cm; s = 30 cm
  ③ s = 15,2 cm; A_M = 372,5 cm²

e) Berechne den Inhalt der Oberfläche und das Volumen einer Kugel mit …
  ① r = 2,8 cm. ② d = 9,6 cm. ③ r = 14,3 cm. ④ r = 0,4 cm. ⑤ d = 17,8 dm.

5 Auf dem Dach einer Schule wurde eine Astrokuppel errichtet. Die Halbkugel hat einen Durchmesser von 6 m.
  a) Berechne die Oberfläche dieser Halbkugel.
  b) Berechne den Rauminhalt der Kuppel.
  c) Eine ähnliche Kuppel befindet sich auf dem Mauna Kea auf Hawaii. Diese hat einen Durchmesser von 18 m. Vergleiche Oberfläche und Rauminhalt beider Kuppeln.

6 Eine Tennishalle hat die Gestalt eines liegenden Halbzylinders. Sie ist 42 m lang und 32 m breit. Das gewölbte Dach besteht aus Stahltrapezblech, Vorder- und Rückwand bestehen aus Holz.
  a) Wie viele Quadratmeter Stahltrapezblech werden benötigt?
  b) Eine Malerfirma streicht die Außenseite der Vorder- und Rückwand. Wie hoch sind die Kosten, wenn die Firma pro m² mit 8,40 € ohne Mehrwertsteuer rechnet?

7 Mithilfe eines Förderbandes werden 800 m³ Kalisalz kegelförmig aufgeschüttet.
  a) Welche Fläche bedeckt der Haufen bei einer Höhe von 8 m?
  b) Zeichne den Aufriss des Kegels im Maßstab 1 : 100 und bestimme den Schüttwinkel, also den Winkel in der Kegelspitze.

8 Ein Satellit umkreist die Erde in 36 000 km Höhe und braucht für eine Umrundung der Erde genau einen Tag.
  a) Berechne die Entfernung des Satelliten vom Erdmittelpunkt.
  b) Berechne die Länge der Umlaufbahn des Satelliten.
  c) Mit welcher Geschwindigkeit umkreist der Satellit die Erde?

9 Am Ortseingang der Porzellanstadt Selb befindet sich das Modell einer kugelförmigen Teekanne mit einem Umfang von 8,40 m.
  a) Wie viel Liter Tee würden in diese Kanne passen? Schätze zunächst.
  b) Die Kannenwand hat eine Dicke von 15 cm. Wie schwer ist die Kanne, wenn 1 dm³ Porzellan 2,3 kg wiegt?
  c) Auf der Oberfläche der Kanne ist die Erde abgebildet. Etwa 70 % der Erdoberfläche sind mit Wasser bedeckt. Wie viele Quadratmeter der Teekanne sind demnach blau gefärbt?
  d) In welchem Maßstab zur Erde wurde diese Teekanne hergestellt?

10 Ein runder, 42 m hoher Turm mit einem Umfang von 44 m hat ein Dach in der Form eines Kegels, der in der Spitze rechtwinklig ist.
  a) Zeichne den Aufriss im Maßstab 1 : 100. Bestimme die fehlenden Angaben.
  b) Wie groß ist das Gesamtvolumen des Turms einschließlich des Dachraumes?
  c) Das Dach des Turmes soll neu gedeckt werden. Wie hoch sind die entstehenden Kosten, wenn ein Quadratmeter 68,80 € zuzüglich der gesetzlichen Mehrwertsteuer kostet?

11 Bei Verbrennungsmotoren bewegen sich Kolben in zylinderförmigen Verbrennungskammern auf und ab. Die Bewegungshöhe der Zylinder nennt man Hub. Das Gesamtvolumen dieser Verbrennungskammern ist der Hubraum.
Berechne den Hubraum eines Pkw-Motors mit vier Zylindern, wenn der Kolbendurchmesser d = 80 mm und der Kolbenhub h = 145 mm beträgt.

12 Ein zylindrisches Gefäß mit einem Innendurchmesser von 6 cm ist 8 cm hoch mit Wasser gefüllt. In das Gefäß werden vier Eisenkugeln mit einem Durchmesser von 2 cm geworfen. Die Kugeln tauchen vollständig unter. Um wie viele Zentimeter steigt der Wasserspiegel?

7.11 Vermischte Aufgaben

1 dm³ Stahl hat eine Masse von 7,85 kg.

13 Das „Schleizer Dreieck" ist die älteste Naturrennstrecke der Welt. Die Stadtväter von Schleiz stellten für Werbezwecke eine 5,10 m hohe Pyramide auf, die diese Rennstrecke symbolisieren soll.
   a) Welchen Raum nimmt diese Pyramide mit quadratischer Grundfläche ein? Die Kanten der Grundfläche sind 6,40 m lang.
   b) Die Mantelfläche der Pyramide besteht aus 4 mm dicken Stahlplatten. Berechne die Masse der Mantelfläche.

14 Vom Dach einer Hütte wird Regenwasser gesammelt und in einem großen, zylinderförmigen Tank gespeichert. Vorderansicht und Draufsicht der Hütte sind im Zweitafelbild im Maßstab 1 : 400 dargestellt. Entnimm die notwendigen Maße der Zeichnung.
   a) In der Nacht regnete es 15 l pro m². Um wie viele Zentimeter ist der Wasserspiegel im Tank dadurch angestiegen, wenn der zylinderförmige Tank einen Durchmesser von 2,4 m hat?
   b) Im Jahr 2012 wurde das Dach der Hütte neu gedeckt. Berechne die Kosten, die entstehen, wenn pro Quadratmeter 74,25 € veranschlagt werden.

15 Ein Quarzkristall besteht aus einem regelmäßigen sechsseitigen Prisma mit einer Grundkantenlänge von 1,6 cm und einer Höhe von 4,2 cm. Auf den Grundflächen sind sechsseitige Pyramiden mit Seitenlänge s = 2,2 cm aufgesetzt.
   a) Fertige eine Skizze an.
   b) Wie schwer ist dieser Kristall, wenn 1 cm³ Quarz 2,2 g wiegt?

16 Ein als kugelförmig angenommener Heißluftballon hat ein Volumen von 8000 m³.
   a) Wie viele m² Stoff benötigt man zur Herstellung der Hülle, wenn man mit einem Verschnitt von 4 % rechnet?
   b) 1 m² Ballonseide wiegt 60 g. Wie schwer ist der Ballon? Schätze zuerst und berechne dann.
   c) Welche Masse kann man an den Ballon hängen, wenn man mit einem m³ heißer Luft 100 g Tragfähigkeit erreicht?

17 Ein Gewächshaus aus Glas soll die Form eines Quaders mit aufgesetzter Pyramide haben. Der quaderförmige Teil des Hauses ist 6 m lang, 4 m breit und 2,20 m hoch. Die Dachspitze befindet sich 3,30 m über dem Boden.
   a) Fertige eine Planfigur an.
   b) Wie viel Quadratmeter Glas werden für das Gewächshaus benötigt?
   c) Berechne das Volumen des Gewächshauses.

KAPITEL 7

18 Das Eiscafe „Kugeltraum" hat einen neuen, 1,50 m hohen Werbeaufsteller. Es ist das Modell einer Eistüte mit einer Kugel Eis.
  a) Berechne das Volumen dieses Aufstellers.
  b) Wie groß ist die gesamte Oberfläche des Aufstellers?
  c) Die Eissorten werden an der Eisbar in zwölf quaderförmige Behälter (a = 25 cm, b = 15 cm, c = 12 cm) gefüllt. Wie viele Liter Eis passen dort hinein?
  d) Zum Abmessen der Portionen werden halbkugelförmige Kellen mit 4,8 cm Durchmesser benutzt. Eisverkäufer Jan macht damit perfekte Kugeln. Wie viele Portionen Eis können im Idealfall insgesamt verkauft werden?
  e) Mit einer anderen halbkugelförmigen Kelle können 1500 Kugeln verkauft werden. Welchen Durchmesser hat diese Kelle? Schätze zuerst.

19 zu a) 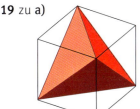 zu b) 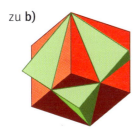 zu c)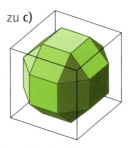

  a) Ein Tetraeder wird passgenau in einen Würfel mit 20 cm Kantenlänge geschoben. Welchen Anteil des Würfelvolumens besitzt das Tetraeder?
  b) Bestimme das Volumen dieses Würfelzwillings. Überlege dabei, welcher Würfel für dich der Grundkörper ist (s = 10 cm).
  c) Bestimmen das Volumen des grünen sogenannten Rhomben-Kuboktaeders. Die Kantenlänge beträgt 5 cm. Bestimme auch die Kantenlänge des umbeschriebenen Würfels.

Zerlege den Würfel geschickt.

20 Das Jagdschloss Granitz auf der Insel Rügen wird jedes Jahr von vielen Touristen besucht. Der Einfachheit halber wird das Schloss wie in der Skizze zusammengesetzt betrachtet.
Berechne den ungefähren Rauminhalt des Jagdschlosses.

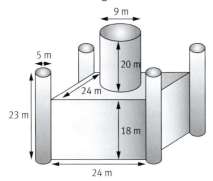 

21 Der Schraubverschluss einer Flasche Badezusatz hat die Form eines Hohlzylinders mit aufgesetzter hohler Halbkugel (Maße in mm). Er soll zum Dosieren benutzt werden.
Die Flasche enthält 1 l Badezusatz. Wie viele Bäder kann man damit nehmen, wenn man pro Bad jeweils die Füllung einer Verschlusskappe verwenden soll? Schätze zuerst und überprüfe dann rechnerisch.

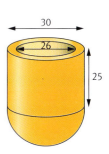

7.12 Themenseite: Viva Las Vegas

Viva Las Vegas

… sangen schon Elvis Presley oder ZZ-Top. Die Stadt Las Vegas in den USA ist eine der aufregendsten Städte der Welt, sie wird jedes Jahr von mehr als 85 Millionen Touristen besucht.
Neben dem Glücksspiel, das rund um die Uhr angeboten wird, ist Las Vegas vor allem wegen seiner vielen Themenhotels bekannt.
Suche in Büchern oder im Internet Wissenswertes über Las Vegas und stelle es deiner Klasse vor.

Hotel „Ceasars Palace" – mit Colosseum

Das Colosseum beherbergt ein Theater mit Platz für 4300 Zuschauer. Es hat eine Höhe von 36 m und einen Durchmesser von 78,5 m.

a) Berechne den Umfang und den Rauminhalt des zylinderförmigen Colosseums.
b) Die Bühne des Colosseums nimmt etwa 51 % der Grundfläche ein. Welche Maße hat die Bühne, wenn diese annähernd quadratisch ist?

Hotel „Luxor" – die Pyramide

Das Hauptgebäude dieses Hotels ist eine 107 m hohe quadratische Pyramide, die der Cheopspyramide in Ägypten nachempfunden ist. Die Seitenflächen des „Luxor" bestehen aus dunklem Glas.

a) Berechne die Glasfläche des „Luxor", wenn die Grundkanten der Pyramide eine Länge von 175 m haben.
b) Welches Volumen besitzt diese Pyramide?

Hotel „Paris" – noch ein Eiffelturm

Der „Eiffelturm" vor dem Hotel „Paris" ist eine exakte Nachbildung des Originals im Maßstab 1 : 2.

a) Welche Höhe besitzt dieser Turm, wenn das Original einschließlich Antenne 328 m hoch ist?
b) Schätze mithilfe von a) den Durchmesser der Werbekugel rechts auf dem Bild ab und berechne deren Oberflächeninhalt und Volumen.

Der Pool dieses Hotels hat einen Durchmesser von 48 m. Er hat die Form eines Zylinders mit einem nach unten angesetzten Kegel. Der Zylinder hat eine Höhe von 50 cm, der Kegel von 1,10 m.

c) Wie viel Liter Wasser passen etwa in diesen Pool?

Die Hoover-Talsperre

Der riesige Energiebedarf von Las Vegas wird zu einem Großteil von der zwischen 1931 und 1935 erbauten Hoover-Talsperre gedeckt. Diese staut den Colorado-River zum größten Stausee der USA.

Die Talsperre im Querschnitt
Der Querschnitt der Talsperre ist ein Trapez mit einer Höhe von 221 m. An der Sohle ist der Damm 201 m dick, auf der Dammkrone nur noch 14 m.

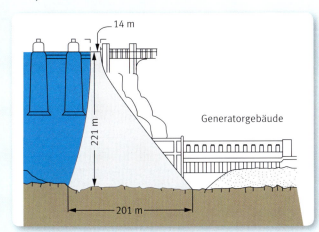

a) Berechne die Querschnittsfläche.
b) Die Dammkrone ist 379,2 m lang. Ermittle damit das Volumen des Hoover-Damms.
c) In der Literatur wird das Volumen mit 2,6 Millionen Kubikmetern angegeben.
Findest du Gründe für die Abweichung?

Der Bau der Talsperre
Der Beton für die Talsperre wurde in einer Anlage gemischt und dann in einem Kübel mittels Kran auf den Staudamm gebracht. Der Kübel war 2,5 m hoch und hatte 1,80 m Durchmesser.

a) Wie viele Kubikmeter Beton passten in diesen Kübel?

Die Talsperre konnte nicht komplett gegossen werden, da es sonst 100 Jahre gedauert hätte, bis der letzte Beton ausgehärtet wäre. Man setzte deshalb den Damm aus einzelnen, 1,50 m hohen trapezförmigen Prismen zusammen. Die parallelen Seiten des Trapezes hatten einen Abstand von rund 30 m und waren etwa 25 m und 20 m lang.

b) Berechne das Volumen eines solchen Prismas.
c) Wie viele Kübel benötigte man für den Bau eines solchen Prismas?

Der Lake Meade
Der mit dem Hoover-Damm aufgestaute Lake Meade hat bei Vollstau eine Fläche von 69 000 ha und eine durchschnittliche Tiefe von 51 m.

a) Wie viel Kubikmeter Wasser fasst der Lake Meade?
b) Durch heiße Sommer in Nevada und Arizona verdunsten jährlich 3 % der Wassermenge des Lake Meade. Um wie viele Meter sinkt der Wasserspiegel dabei im Durchschnitt?
c) Vergleiche die Verdunstungsmenge mit dem Jahreswasserverbrauch von Berlin. (Erfurt, deiner Stadt).

7.13 Das kann ich!

Überprüfe deine Fähigkeiten und Kenntnisse. Bearbeite dazu die folgenden Aufgaben und bewerte anschließend deine Lösungen mit einem Smiley.

☺	😐	☹
Das kann ich!	Das kann ich fast!	Das kann ich noch nicht!

Hinweise zum Nacharbeiten findest du auf der folgenden Seite. Die Lösungen stehen im Anhang.

Aufgaben zur Einzelarbeit

1 Berechne Umfang und Flächeninhalt der Kreise.
a) r = 5,7 cm   b) r = 2,5 cm   c) r = 18 mm
d) r = 0,15 km   e) d = 6,2 cm   f) d = 1,91 km

2 Berechne den Radius und den Flächeninhalt der Kreise.
a) u = 165 m   b) u = 2 km   c) u = 9 m
d) u = 7,4 dm   e) u = 40 000 km   f) u = 6,28 m

3 Berechne den Radius und den Umfang der Kreise.
a) A = 548 cm²   b) A = 2 m²   c) A = 19,625 a
d) A = 7,7 km²   e) A = 47 ha   f) A = 3,14 km²

4 Welchen Durchmesser und welche Querschnittsfläche hat ein Baumstamm von 94 cm (20,5 dm; 3,78 m) Umfang?

5 Berechne den Durchmesser eines Leitungsdrahtes mit einer Querschnittsfläche von 1 cm² (80 mm²; 34 mm²).

6 Die Radien eines Kreisrings betragen r_a = 7,5 cm und r_i = 5,8 cm.
Berechne den Flächeninhalt des Kreisrings.

7 Berechne die fehlenden Größen einer Kugel.

	a)	b)	c)	d)	e)
r	6 cm	2,88 m			
A_O			1,5 m²	19,63 mm²	
V					33,51 m³

8 Von den drei Größen Radius r, Volumen V und Oberflächeninhalt A_O einer Kugel ist jeweils eine Größe gegeben. Berechne die anderen.
a) r = 85 mm   b) r = 3,7 cm   c) V = 580 cm³
d) V = 9 m³   e) A_O = 77 cm²   f) A_O = 390 dm²

9 Ein Handball hat einen Umfang von 58 cm. Wie viel Quadratzentimeter Leder werden verarbeitet, wenn 15 % Verschnitt eingeplant werden?

10 Eine Glaskugel hat einen Durchmesser von 12 cm. 1 dm³ Glas wiegt 2,4 kg. Wie schwer ist die Kugel?

11 Berechne das Volumen und die Oberfläche eines geraden Prismas mit 5,6 cm Körperhöhe. Die Grundfläche des Prismas ist ein …
a) rechtwinkliges Dreieck mit a = 3,6 cm, b = 2,4 cm und γ = 90°.
b) Parallelogramm mit a = 8,4 cm, b = 6,2 cm und h_a = 5,0 cm.
c) gleichschenkliges Trapez mit a = 7,0 cm, c = 4,0 cm und h_a = 2,8 cm.

12 Ein Prisma ist 8 cm hoch und hat ein gleichseitiges Dreieck mit 12 cm Seitenlänge als Grundfläche. Berechne Volumen und Oberfläche.

13 Der Nord-Ostsee-Kanal ist 98 km lang und durchschnittlich 9 m tief. Seine Querschnittsfläche ist ein symmetrisches Trapez. An der Wasseroberfläche ist der Kanal 72 m und auf der Kanalsohle 25 m breit.
a) Fertige eine beschriftete Skizze an.
b) Tom behauptet, dass in diesem Kanal mehr als 1 km³ Wasser ist. Hat er Recht?

14 Berechne die fehlenden Größen eines Zylinders.

	a)	b)	c)	d)	e)
r	3,6 cm	25 mm	6,8 cm		
A_G					2,4 m²
h	7,8 cm	7,3 cm		12 dm	
A_M					
V			3249 cm³	360 l	750 l

15 Ein zylindrischer Gasbehälter hat einen Durchmesser von 20 m. Er fasst 7200 m³ Gas. Wie hoch ist dieser Behälter?

16 Ein 8 m tiefer zylinderförmiger Brunnen hat einen äußeren Durchmesser von 1,80 m. Die Wandstärke beträgt 20 cm. Wie viel Wasser kann der Brunnen maximal fassen?

17 Eine Pyramide mit rechteckiger Grundfläche (a = 45 mm; b = 60 mm) ist 85 mm hoch. Berechne das Volumen und die Oberfläche dieser Pyramide.

18 Berechne das Volumen und die Oberfläche der quadratischen Pyramide.
a) a = 8,2 cm; h = 17,0 cm
b) a = 3,5 cm; h_a = 10,0 cm
c) h = 6 cm; h_a = 7,5 cm
d) h_a = 13 cm; s = 15 cm

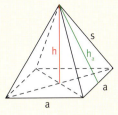

19 Berechne Volumen und Oberfläche eines regelmäßigen Tetraeders mit einer Kantenlänge von 150 mm. Das Tetraeder ist 122,5 mm hoch.

20 Berechne Volumen und Oberflächeninhalt des Kreiskegels.
a) r = 4 cm; h = 8,5 cm b) h = 45 mm; s = 60 mm
c) u = 9,0 m; h = 4,8 m d) d = 2,8 cm; s = 3,4 cm

21 Berechne die fehlenden Größen eines Kreiskegels.
a) V = 600 cm³; h = 12 cm
b) A_M = 390 cm²; s = 17 cm
c) u = 8,0 m; A_O = 100 m²

22 Berechne Volumen und Oberfläche der Körper (Maße in mm).

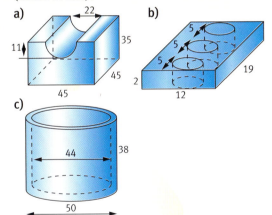

Aufgaben für Lernpartner

Arbeitsschritte
1 Bearbeite die folgenden Aufgaben alleine.
2 Suche dir einen Partner und erkläre ihm deine Lösungen. Höre aufmerksam und gewissenhaft zu, wenn dein Partner dir seine Lösungen erklärt.
3 Korrigiere gegebenenfalls deine Antworten und benutze dazu eine andere Farbe.

Sind folgende Behauptungen **richtig** oder **falsch**? Begründe schriftlich.

23 Durchmesser (Radius) und Umfang eines Kreises sind zueinander proportional.

24 Radius und Flächeninhalt eines Kreises sind zueinander proportional.

25 Die Mantelfläche eines Kegels ist immer gleich groß wie seine Grundfläche.

26 Das Volumen hat bei gleichen Grundeinheiten stets eine größere Maßzahl als die Oberfläche.

27 Verdoppelt man den Radius einer Kugel, dann verdoppelt sich auch ihr Volumen.

28 Das Volumen eines Kegels ist das Produkt aus Grundfläche und Höhe des Kegels.

29 Verdoppelt man die Höhe einer quadratischen Pyramide, dann verdoppelt sich auch ihr Volumen.

30 Die Seitenflächen einer Pyramide sind immer gleichschenklige Dreiecke.

31 Die Oberfläche eines Kreiskegels besteht aus zwei Kreisflächen.

32 Bei jedem Prisma ergibt sich das Volumen aus dem Produkt des Flächeninhalts der Mantelfläche und der Höhe des Prismas.

33 Verdoppelt man den Durchmesser einer Kugel, so vervierfacht sich ihre Oberfläche.

Aufgabe	Ich kann ...	Hilfe
1, 3, 23	Berechnungen zu Umfang und Radius am Kreis durchführen.	S. 158
2, 4, 5, 6, 24	Berechnungen zu Flächeninhalt und Radius am Kreis durchführen.	S. 160
7, 8, 9, 10, 27, 33	Berechnungen an der Kugel durchführen.	S. 172, 174
11, 12, 13, 32	Berechnungen am Prisma durchführen.	S. 164, 168
14, 15, 16	Berechnungen am Zylinder durchführen.	S. 164, 168
17, 18, 19, 29, 30	Berechnungen an der Pyramide durchführen.	S. 166, 170
20, 21, 25, 28, 31	Berechnungen am Kegel durchführen.	S. 166, 168
22, 26	Berechnungen an zusammengesetzten Körpern durchführen.	S. 176

7.14 Auf einen Blick

S. 158
S. 160

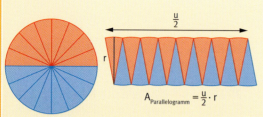

Bei jedem Kreis ist der **Umfang u proportional** zu seinem **Durchmesser d**. Der Proportionalitätsfaktor ist die **Kreiszahl** π (sprich: Pi). Es gilt:
u = $\pi \cdot$ d = 2 $\cdot \pi \cdot$ r   mit $\pi \approx 3{,}14$

Für den **Flächeninhalt A** eines **Kreises** gilt:
A = $\pi \cdot r^2 = \frac{\pi}{4} \cdot d^2$

S. 164

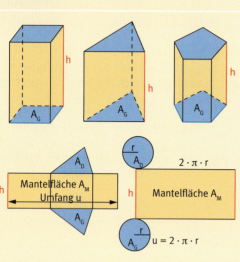

Für das **Volumen V** eines **Prismas** oder **Zylinders** gilt:
V = $A_G \cdot$ h

Für die **Oberfläche A_O** eines **Prismas** oder **Zylinders** mit der Grundfläche A_G und der Mantelfläche A_M gilt:
$A_O = 2 \cdot A_G + A_M$

$A_{O\ Prisma} = 2 \cdot A_G + u \cdot h$
$A_{O\ Zylinder} = 2 \cdot \pi \cdot r^2 + 2 \cdot \pi \cdot r \cdot h$

S. 166

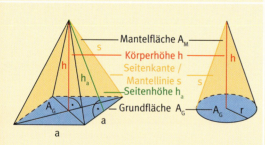

Für das **Volumen V** einer **Pyramide** oder eines **Kreiskegels** gilt:
V = $\frac{1}{3} \cdot A_G \cdot$ h

$V_{Pyramide} = \frac{1}{3} \cdot A_{Vieleck} \cdot h$

$V_{Kegel} = \frac{1}{3} \cdot \pi \cdot r^2 \cdot h$

Für die **Oberfläche A_O** einer **Pyramide** und eines **Kreiskegels** mit der Grundfläche A_G und der Mantelfläche A_M gilt:
$A_O = A_G + A_M$

$A_{O\ Pyramide} = A_G + A_{Dreieck\ 1} + A_{Dreieck\ 2} + \ldots$
$A_{O\ Kegel} = \pi \cdot r^2 + \pi \cdot r \cdot s$

S. 172
S. 174

Für das **Volumen V** einer **Kugel** mit dem Radius r gilt:
$V_{Kugel} = \frac{4}{3} \cdot \pi \cdot r^2$

Für die **Oberfläche A_O** einer **Kugel** mit dem Radius r gilt:
$A_{O\ Kugel} = 4 \cdot \pi \cdot r^2 = \pi \cdot d^2$

Zinsrechnung im Alltag

1 Vergleiche die Kosten nach einem Jahr für einen Kredit von 6000 € bei den gegebenen Angeboten:

Angebot 1: 5,5 % Zinsen
            150 € Bearbeitungsgebühr

Angebot 2: 4,9 % Zinsen
            4 % Bearbeitungsgebühr

Angebot 3: 5,8 % Zinsen
            150 € Bearbeitungsgebühr

2 Herr Vollmer hat ein Girokonto, auf dem Guthaben nicht verzinst wird, für einen Überziehungsbetrag jedoch 14,5 % Jahreszinsen bezahlt werden müssen. Sein Kontoauszug zeigt vom 10. September bis zum 30. September folgende Kontobewegungen:

Auszug vom 30.09.12	Letzter Auszug: 10.09.12	
	Kontostand	+651,20 €
Datum	Transaktion	Betrag
15.09.12	Überweisung Reisebüro Schnell	−1120,00 €
22.09.12	Barauszahlung	−150,00 €
30.09.12	Gehalt 09/12	+2120,44 €
	Kontostand	

Logo-Bank

a) Wie viel Überziehungszinsen muss Herr Vollmer für diesen Zeitraum bezahlen?
b) Wie lautet der Kontostand am 30.09.12, wenn die Zinsen noch abgezogen werden?

3

Kein Problem. Wir finanzieren Ihren Einkauf mit 1,8 %. Bei einem Gesamtpreis von 10 078,20 € können Sie das in genau 9 Monaten zahlen.

a) Berechne den Preis der Ware bei Barzahlung.
b) Berechne die Höhe einer monatlichen Rate.

Wahrscheinlichkeitsrechnung

4 Aus den abgebildeten Behältern wird zufällig jeweils eine Kugel entnommen.

1   2   3

a) Tarek meint: „Die Wahrscheinlichkeit, dabei die rote Kugel zu erwischen, ist jeweils gleich groß, denn in jedem Behälter ist eine Kugel rot." Hat Tarek Recht? Begründe.

b) Gib für jeden Behälter die Wahrscheinlichkeit für folgende Ereignisse an:
A: „Eine blaue Kugel wird gezogen."
B: „Eine blaue oder gelbe Kugel wird gezogen."
C: „Die gezogene Kugel ist nicht rot."

5 Jaron will ein Glücksrad bauen, das mit einer Wahrscheinlichkeit von 30 % Rot zeigt. Welches Glücksrad ist möglich?

6 Ein Spielwürfel wird zweimal geworfen. Berechne die Wahrscheinlichkeiten folgender Ereignisse.
a) A: „Die Augensumme ist 5."
b) B: „Es werden eine 1 und eine 2 geworfen."
c) C: „Es wird ein Pasch (zwei gleiche Zahlen) geworfen."

7 Beim „Mensch-ärgere-Dich-nicht"-Spiel ist Marius dran. Bestimme die Wahrscheinlichkeit folgender Ereignisse, wenn bei „6" nicht nochmal gewürfelt wird.

a) A: „Marius wirft eine grüne Figur."
b) B: „Marius wirft eine gelbe Figur."
c) C: „Marius setzt eine Figur ins Haus."

Satz des Pythagoras

8 Berechne die Längen der grünen Strecken.

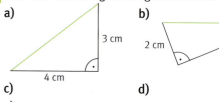

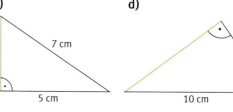

9 Übertrage die Tabelle in dein Heft und berechne die fehlenden Werte.

Länge von ...	a)	b)	c)	d)
Kathete 1	12 cm	7 m	8 dm	
Kathete 2	9 cm	24 cm		240 dm
Hypothenuse			17 dm	26 m

10 Bestimme rechnerisch die Breite des Sees an der angegebenen Stelle.

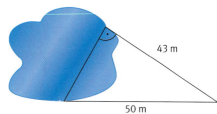

11 Bei welchem Dreieck gilt die Gleichung $k^2 = l^2 + m^2$? Begründe.

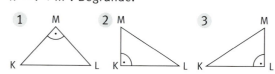

12 Sarah soll die Länge der roten Strecke bestimmen. Finde und beschreibe all ihre Fehler. Berechne anschließend die Streckenlänge richtig.

$c^2 = a^2 + b^2$ $|\sqrt{}$

$c = a + b$

$c = 7\,cm + 4\,cm$

$c = 11\,cm$

Binomische Formeln

13 Löse die Klammern auf.

a) $(x + 2)^2$ b) $\left(\frac{1}{2}d + 4\right)^2$

c) $(a - 5)^2$ d) $\left(\frac{1}{3}l - 1{,}5\right)^2$

e) $(z + 3)(z - 3)$ f) $(2{,}5v + 1)(2{,}5v - 1)$

g) $\left(\frac{3}{4} - z\right)^2$ h) $(h - 3{,}5)(3{,}5 + h)$

14 Schreibe als Produkt mit Klammer. Verwende die binomischen Formeln.

a) $p^2 - 6p + 9$ b) $4b^2 + 6b + 2{,}25$

c) $m^2 + 2m + 1$ d) $0{,}25f^2 - f + 1$

e) $j^2 - 16$ f) $81 - 0{,}81c^2$

g) $\frac{9}{25}z^2 - \frac{6}{5}z + 1$ h) $h - 1$

15 Ordne die Terme richtig zu.

① $(x + 2y)^2$ ② $4 \cdot \left(\frac{1}{2}x + \frac{1}{2}y\right)^2$

③ $2 \cdot (x + y)^2$ ④ $(2x + y)^2$

Ⓐ $x^2 + 2xy + y^2$ Ⓑ $x^2 + 4xy + 4y^2$

Ⓒ $4x^2 + 4xy + y^2$ Ⓓ $2x^2 + 4xy + 2y^2$

16 Welche binomische Formel kann man mithilfe dieser Abbildung anschaulich erklären? Erkläre sie deinen Mitschülern.

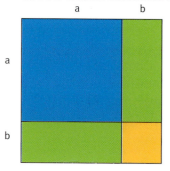

17 Emil soll die erste binomische Formel nennen. Er antwortet:

$(e + f)^2 = e^2 + f^2$, denn

$(4 + 0)^2 = 16$ und $4^2 + 0^2 = 16$

Was ist falsch an seiner Argumentation?

Grundwissen

$\frac{1}{12} + \frac{4}{9} = \frac{3}{36} + \frac{16}{36} = \frac{3+16}{36} = \frac{19}{36}$

Hauptnenner: 36, denn
$V_{12} = \{12; 24; 36; 48; ...\}$
$V_9 = \{9; 18; 27; 36; 45; ...\}$

	Ungleichnamige **Brüche** werden vor dem **Addieren** (**Subtrahieren**) erst auf denselben (**Haupt-**)**Nenner** erweitert bzw. gekürzt. Anschließend wird der Zähler addiert (subtrahiert), der gemeinsame Nenner bleibt erhalten. Unter dem Hauptnenner versteht man das kleinste gemeinsame Vielfache der Nenner.

$\frac{4}{7} \cdot \frac{2}{9} = \frac{4 \cdot 2}{7 \cdot 9} = \frac{8}{63}$

Zwei **Brüche** werden **multipliziert**, indem man **Zähler mit Zähler** und **Nenner mit Nenner** multipliziert.

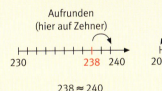

$\frac{3}{4} : \frac{2}{3} = \frac{3}{4} \cdot \frac{3}{2} = \frac{3 \cdot 3}{4 \cdot 2} = \frac{9}{8}$

Man **dividiert** eine Zahl durch einen **Bruch**, indem man mit seinem **Kehrbruch multipliziert**.

Beim Kehrbruch werden **Zähler und Nenner** des Bruchs **vertauscht**.

Aufrunden (hier auf Zehner)

230   238   240

$238 \approx 240$

Abrunden (hier auf Hunderter)

200   238   250   300

$238 \approx 200$

Große Zahlen werden oftmals **gerundet**. Beim Runden auf einen Stellenwert betrachtet man den **benachbarten kleineren Stellenwert** genauer.
Bei den Ziffern **0, 1, 2, 3, 4** wird **abgerundet**, bei den Ziffern **5, 6, 7, 8, 9** wird **aufgerundet**.

Primzahlen bis 100:
2, 3, 5, 7, 11, 13, 17, 19, 23, 29, 31, 37, 41, 43, 47, 53, 59, 61, 67, 71, 79, 83, 89, 97

Eine Zahl, die genau zwei (verschiedene) Teiler hat, nämlich sich selbst und die 1, heißt **Primzahl**.

1 km = 1000 m
1 m = 10 dm
1 dm = 10 cm
1 cm = 10 mm

Die **Länge** einer Strecke wird in der Regel durch die Maßeinheiten Kilometer (km), Meter (m), Dezimeter (dm), Zentimeter (cm) oder Millimeter (mm) angegeben.

1 t = 1000 kg
1 kg = 1000 g
1 g = 1000 mg

Für die **Masse** eines Gegenstands sind die Maßeinheiten Tonne (t), Kilogramm (kg), Gramm (g) oder Milligramm (mg) üblich.

Grundwissen

Anzahl Personen → Eintrittspreis in €
Mögliche Sprechweisen:
- Der Anzahl von Personen wird ein Eintrittspreis zugeordnet.
- Der Eintrittspreis hängt von der Anzahl der Personen ab.

Bei einer **Zuordnung** werden Größen oder Zahlen zueinander in Beziehung gesetzt. Jede **Ausgangsgröße** wird dabei mit einer **zugeordneten Größe** verbunden.
Zuordnungen können in **Tabellen**, **Diagrammen** oder durch **Terme** dargestellt werden.

Vorgehen zum Zeichnen von Graphen:
1. Länge der Einheit festlegen
2. Achsen zeichnen und beschriften
3. Punkte eintragen
4. Punkte verbinden, wenn es sinnvoll ist

Eine Zuordnung nennt man **eindeutig**, wenn jede Ausgangsgröße mit genau einer zugeordneten Größe verbunden ist. Eindeutige Zuordnungen lassen sich als **Graph zeichnen**.
Um den Graphen zu zeichnen, werden in einem **Koordinatensystem** die Wertepaare eingetragen. Je nachdem, ob Zwischenwerte vorkommen können, kann man die Punkte miteinander verbinden.

Terme mit Variablen (Platzhaltern):
$2 \cdot a + 7 \qquad b + 17 - 3 \cdot b \qquad (c + 44) : 4$

Zahlterme:
$3 \cdot \frac{1}{2} - 4 \qquad 3 + 8 \cdot 7 \qquad 5 \cdot (9 - 3)$

Eine **Variable** ist ein Platzhalter für eine Zahl in einem Term.
Ein **Term** verbindet mithilfe von Rechenzeichen Zahlen und/oder Variablen miteinander.
Terme ohne Variable nennt man Zahlterme.

Beispiel zu ① :
$a + a + a + a + a = 5 \cdot a$

Beispiel zu ② :
$a + b + a + a + b = a + a + a + b + b = 3 \cdot a + 2 \cdot b$

Beispiel zu ③ :
$6 \cdot a - 4 \cdot a = (6 - 4) \cdot a = 2 \cdot a$
$-5 \cdot b - 8 \cdot b = (-5 - 8) \cdot b = -13 \cdot b$

Beim Vereinfachen von Termen gelten die **bekannten Rechenregeln**:
1. Eine Summe aus lauter gleichen Summanden lässt sich als **Produkt** schreiben.
2. Mithilfe des Kommutativgesetzes lassen sich **Summanden ordnen**.
3. Aufgrund des Distributivgesetzes lassen sich **gleichartige Variablen zusammenfassen**.

Durch das Vereinfachen entstehen zueinander **äquivalente Terme**.

$4 + (y - 2) = 4 + y - 2 = 2 + y$
$4 - (y - 2) = 4 - y + 2 = 6 - y$

$(x - 1) \cdot 3 = x \cdot 3 - 1 \cdot 3 = 3x - 3$
$(x - 3) : 2 = x : 2 - 3 : 2 = \frac{1}{2}x - \frac{3}{2} = \frac{1}{2}x - 1\frac{1}{2}$

Bei der **Addition** einer Summe (Differenz) **ändern** sich die **Vorzeichen nicht** beim Entfernen der Klammer, während sie sich bei der **Subtraktion umkehren**.
Bei **Multiplikation** mit einer Zahl (**Division** durch eine Zahl) gilt das **Distributivgesetz**.

Menge der natürlichen Zahlen: $\mathbb{N} = \{0; 1; 2; 3; 4; ...\}$
Menge der ganzen Zahlen: $\mathbb{Z} = \{...; -2; -1; 0; 1; 2; ...\}$
Menge der rationalen Zahlen: $\mathbb{Q}$

Möglichkeiten für die Lösungsmenge:
- Es gibt keine Lösung in $\mathbb{D}$: $\mathbb{L} = \{ \}$.
- Es gibt Lösungen in $\mathbb{D}$, z. B.: $\mathbb{L} = \{-3; 2\}$.
- Alle Zahlen aus $\mathbb{D}$ sind Lösung: $\mathbb{L} = \mathbb{D}$.

Beim Lösen von Gleichungen ist es möglich, dass nur bestimmte Zahlen zulässig sind. Als **Definitionsmenge** $\mathbb{D}$ fasst man diejenigen Zahlen zusammen, aus der alle **Ergebnisse** einer Gleichung **stammen dürfen**.

Alle **Zahlen aus der Definitionsmenge**, die eine Gleichung lösen, bezeichnet man als **Lösungsmenge** $\mathbb{L}$. Man zählt alle Lösungen in der Lösungsmenge auf.

$d = 2 \cdot r$

Alle Punkte auf der Kreislinie haben vom **Kreismittelpunkt M** den gleichen Abstand. Diesen Abstand nennt man **Radius r**. Der **Durchmesser d** eines Kreises ist der doppelte Radius.

Scheitelpunkt S — 2. Schenkel — „gegen den Uhrzeigersinn" — 1. Schenkel

Ein **Winkel** wird von zwei Strahlen, den **Schenkeln**, begrenzt. Diese haben einen gemeinsamen Anfangspunkt, den **Scheitelpunkt S**.

spitzer Winkel	rechter Winkel	stumpfer Winkel
zwischen 0° und 90°	genau 90°	zwischen 90° und 180°
gestreckter Winkel	**überstumpfer Winkel**	**Vollwinkel**
genau 180°	zwischen 180° und 360°	genau 360°

Um die **Größe von Winkeln** anzugeben, wird der Vollwinkel (eine Umdrehung) in 360 gleich große Teile geteilt.
Die so entstandene Einheit heißt **1 Grad (1°)**.

$\alpha = 40°$ — Maßzahl — Maßeinheit (Grad)

Winkel werden ihrer Größe nach unterschieden.

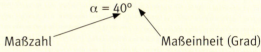

Zum **Messen** und **Zeichnen von Winkeln** mit dem Geodreieck gibt es ausgehend von einem Schenkel und dem Scheitel S zwei Möglichkeiten:

1. Das Geodreieck am ersten Schenkel anlegen mit dem Nullpunkt am Scheitel. Anschließend das Geodreieck gegen den Uhrzeigersinn um die entsprechende Gradzahl drehen, die man am ersten Schenkel abliest.
2. Das Geodreieck am ersten Schenkel anlegen mit dem Nullpunkt am Scheitel. Anschließend an der Skala die Gradzahl ablesen bzw. markieren.

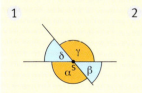

$\alpha = \gamma \quad \beta = \delta$
$\alpha + \beta = \ldots = 180°$

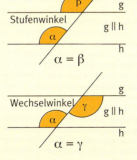

1. Schneiden sich zwei Geraden, so heißen gegenüberliegende Winkel **Scheitelwinkel**, die jeweils gleich groß sind. Nebeneinanderliegende Winkel heißen **Nebenwinkel** und ergeben zusammen immer 180°.
2. Schneidet eine Gerade zwei Parallelen, erhält man **Stufenwinkel** jeweils auf der gleichen Seite von Schnittgerade und Parallelen sowie **Wechselwinkel** auf den entgegengesetzten Seiten. Stufen- und Wechselwinkel sind **gleich groß**.

$\alpha + \beta + \gamma = 180°$

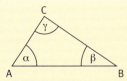

Die Summe aller Innenwinkel im Dreieck beträgt 180°.

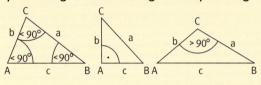

Man kann Dreiecke nach Winkeln unterscheiden:
- **spitzwinkliges Dreieck**: Alle Winkel sind kleiner 90°.
- **rechtwinkliges Dreieck**: Ein Winkel ist 90°.
- **stumpfwinkliges Dreieck**: Ein Winkel ist größer 90° und kleiner 180°.

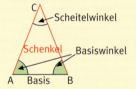

Man kann Dreiecke nach Seitenverhältnissen unterscheiden:
- **gleichschenkliges Dreieck**: Zwei Seiten (die Schenkel) sind gleich lang.
- **gleichseitiges Dreieck**: Alle drei Seiten sind gleich lang.

Figuren sind zueinander **kongruent**, wenn sie in Form und Größe übereinstimmen. Achsenspiegelung, Punktspiegelung, Drehung und Verschiebung sind Kongruenzabbildungen, d. h. Original- und Bildfigur sind zueinander kongruent (**deckungsgleich**).

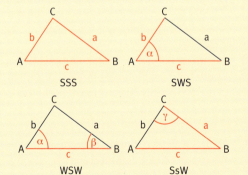

Kongruenzsätze für Dreiecke
Dreiecke sind genau dann kongruent zueinander, wenn sie …
- in der Länge ihrer drei Seiten übereinstimmen (**SSS**).
- in der Länge zweier Seiten und der Größe des eingeschlossenen Winkels übereinstimmen (**SWS**).
- in der Länge einer Seite und der Größe beider anliegenden Winkel übereinstimmen (**WSW**).
- in der Länge zweier Seiten übereinstimmen sowie der Größe des Winkels, der der längeren Seite gegenüberliegt (**SsW**).

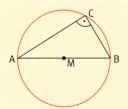

Satz des Thales
Ein **Dreieck**, von dem zwei Eckpunkte den Durchmesser eines Kreises („**Thaleskreis**") begrenzen und dessen dritter Punkt auf der Kreislinie liegt, ist stets **rechtwinklig**.
Der rechte Winkel liegt am „dritten" Punkt auf der Kreislinie an.

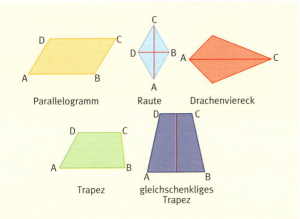

- Ein **Parallelogramm** ist ein Viereck mit zwei Paar gegenüberliegenden, parallelen und gleich langen Seiten.
- Eine **Raute** ist ein Viereck mit vier gleich langen Seiten.
- Ein **Drachenviereck** ist ein Viereck, bei dem eine Diagonale Symmetrieachse ist.
- Ein **Trapez** ist ein Viereck mit zwei parallelen Seiten.
  Ein gleichschenkliges Trapez ist achsensymmetrisch.

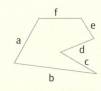

$u = a + b + c + d + e + f$

Der **Umfang u** einer geometrischen Figur ist die **Länge** ihrer **Randlinie**.

Bei einer beliebigen Figur werden für den Umfang die einzelnen Seitenlängen addiert.

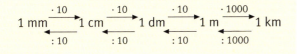

Zum Messen von **Längen** verwendet man die Einheiten 1 mm, 1 cm, 1 dm, 1 m und 1 km.

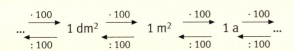

Zum Messen von **Flächeninhalten** vergleicht man die Fläche mit Quadraten, deren Seitenlängen jeweils 1 mm, 1 cm, 1 dm, 1 m, 10 m, 100 m oder 1 km betragen.
Die **Umwandlungszahl** zwischen benachbarten Flächeneinheiten ist 100.

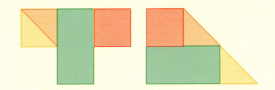

Vielecke, die sich in **kongruente Teilfiguren** zerlegen lassen, heißen **zerlegungsgleich** und besitzen den **gleichen Flächeninhalt**.

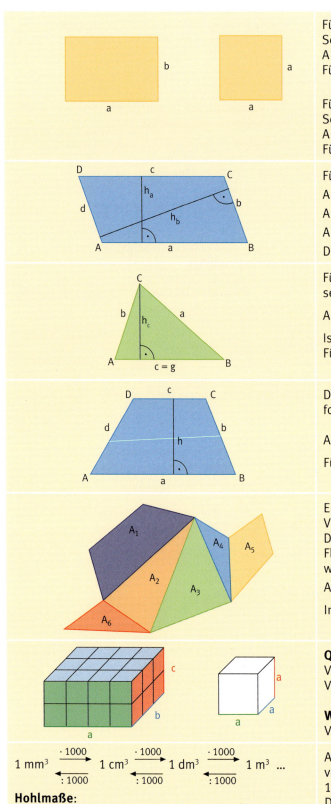

Für den **Flächeninhalt** A eines **Rechtecks** mit den Seitenlängen a (Länge) und b (Breite) gilt:
$A = a \cdot b$
Für den **Umfang** gilt $u = 2 \cdot (a + b)$.

Für den Flächeninhalt A eines **Quadrats** mit der Seitenlänge a gilt:
$A = a \cdot a = a^2$
Für den **Umfang** gilt $u = 4 \cdot a$.

Für den **Flächeninhalt** eines **Parallelogramms** gilt:
A = Grundseite · zugehörige Höhe
$A = g \cdot h_g$ oder
$A = a \cdot h_a$ oder $A = b \cdot h_b$
Der **Umfang** beträgt $u = 2 \cdot (a + b)$.

Für den **Flächeninhalt eines Dreiecks** mit der Grundseite g und der dazugehörigen Höhe h gilt:
$A = \frac{1}{2} \cdot g \cdot h_g$
Ist c die Grundseite, dann gilt: $A = \frac{1}{2} c \cdot h_c$.
Für den **Umfang** gilt $u = a + b + c$.

Der **Flächeninhalt eines Trapezes** lässt sich mit folgender Formel berechnen:
$A = \frac{a + c}{2} \cdot h = \frac{1}{2} \cdot (a + c) \cdot h$
Für den **Umfang** gilt $u = a + b + c + d$.

Ein **Vieleck** lässt sich immer in Dreiecke und spezielle Vierecke zerlegen.
Der Flächeninhalt des Vielecks ist die Summe aus den Flächeninhalten der Figuren, in die das Vieleck zerlegt wurde.
$A_{Vieleck} = A_1 + A_2 + A_3 + ... + A_n$
In unserem Beispiel ist n = 6.

Quader:
V = Länge · Breite · Höhe
$V = a \cdot b \cdot c$

Würfel:
$V = a \cdot a \cdot a = a^3$

Als Maßeinheit für das **Volumen** (Rauminhalt) verwendet man Einheitswürfel mit der Kantenlänge 1 mm, 1 cm, 1 dm, 1 m oder 1 km.
Die **Umwandlungszahl** zwischen benachbarten Volumeneinheiten ist 1000.

Hohlmaße:
$1 l = 1 dm^3$ $1 ml = 1 cm^3$ $1 hl = 100 l$

Lösungen zu „Das kann ich!"

Lösungen zu „1.6 Das kann ich!" – Seite 26

1 a)

x	3,5	7	8,5	35
y	28	56	68	280

b)

x	10,5	23,5	28,8	30,4
y	52,5	117,5	144	152

c)

x	2,1	3,6	4,8	9,3
y	0,7	1,2	1,6	3,1

d)

x	6,8	9,2	12,2	17,9
y	10,2	13,8	18,3	26,85

2 a)

x	2	7	8	10
y	56	16	14	11,2

b)

x	$\frac{1}{5}$	$\frac{3}{8}$	$\frac{5}{6}$	$\frac{7}{10}$
y	$17\frac{1}{2}$	$9\frac{1}{3}$	$4\frac{1}{5}$	5

c)

x	0,3	0,4	0,6	1,5
y	3,6	2,7	1,8	0,72

d)

x	3,5	7,5	10,5	15,0
y	$551\frac{1}{4}$	$257\frac{1}{4}$	$183\frac{3}{4}$	$128\frac{5}{8}$

3 a) Die Zuordnung ist proportional, weil (ohne Rabatte) zur doppelten, dreifachen, ... Anzahl an Übernachtungen der doppelte, dreifache, ... Preis gehört.
Beispiel:
1 Übernachtung → 35 €   3 Übernachtungen → 105 €
5 Übernachtungen → 175 €

b) Die Zuordnung ist proportional, weil zur doppelten, dreifachen, ... Menge an Wandfarbe auch die doppelte, dreifache, ... Größe der überstrichenen Fläche gehört.
Beispiel:
10 l → 70 m²   5 l → 35 m²   25 l → 175 m²

c) Die Zuordnung ist umgekehrt proportional, weil zur doppelten, dreifachen, ... Anzahl an Teilnehmern (TN) die Hälfte, ein Drittel, ... des Preises pro Teilnehmer gehört. Dabei geht man davon aus, dass keine zusätzlichen Kosten durch mehr Teilnehmer anfallen.
Beispiel:
10 TN → 250 € pro TN   2 TN → 1250 € pro TN
50 TN → 50 € pro TN

d) Die Zuordnung ist in der Regel weder proportional noch umgekehrt proportional, da man üblicherweise für Stadtbustickets einen festen Preis innerhalb einer Tarifzone bezahlt, unabhängig von der Streckenlänge.

e) Die Zuordnung ist proportional, weil (ohne Rabatte) zur doppelten, dreifachen, ... Anzahl an Eiskugeln der doppelte, dreifache, ... Preis gehört.
Beispiel: 3 Eiskugeln → 1,65 €   6 Eiskugeln → 3,30 €
5 Eiskugeln → 2,75 €

f) Die Zuordnung ist umgekehrt proportional, weil zur doppelten, dreifachen, ... Anzahl an Gewinnern die Hälfte, ein Drittel, ... des Geldes pro Gewinner gehört.
Beispiel: 2 Gewinner → 5000 € pro Gewinner
4 Gewinner → 2500 € pro Gewinner
10 Gewinner → 1000 € pro Gewinner

4 Das Lied wird ebenfalls etwa drei Minuten dauern, weil die Länge eines Liedes nicht von der Anzahl der Sänger abhängt.

5 a) 100 g → 0,25 €   b) 125 g → 0,3125 €
c) 40 g → 0,10 €   d) 5 g → 0,0125 €

6 a) m = 0,60 € pro Kugel   y = 0,60 €/Kugel · x Kugeln
x: Anzahl der Kugeln; y: Gesamtpreis

b) m = 5 g pro Blatt   y = 5 g/Blatt · x Blätter
x: Anzahl der Blätter; y: Gesamtmasse

c) m = 198 mm pro Reifen   y = 198 mm/Reifen · x Reifen
x: Anzahl der Reifen; y: Gesamthöhe

7 a) Die Zuordnung ist linear, weil sie sich aus einer proportionalen Zuordnung des Preises in Abhängigkeit von den gefahrenen Kilometern und einer Grundgebühr zusammensetzt.

b) Es liegt eine lineare Zuordnung vor, denn die proportionale Zuordnung ist ein Sonderfall der linearen Zuordnung (Grundgebühr 0 €).

c) Es liegt keine lineare, sondern eine umgekehrt proportionale Zuordnung vor.

8 A – 3 : Der Gesamtlohn steigt proportional zur Arbeitszeit.

B – 2 : Der Graph beginnt bei der Grundgebühr. Die Freistunde bedeutet, dass während dieser Zeit der Preis in Höhe der Grundgebührt liegt. Anschließend steigt der Preis in Abhängigkeit von der Nutzungszeit.

C – 1 : Der Graph beginnt bei der Grundgebühr und steigt anschließend linear in Abhängigkeit von der Arbeitszeit an.

Seite 27

9 x: Menge Wasser in m³; y: Gesamtpreis

a) y = 0,5 $\frac{€}{m^3}$ · x + 30 €

b) y = 0,5 $\frac{€}{m^3}$ · x + 15 €

10 a)

b)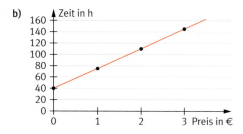
c)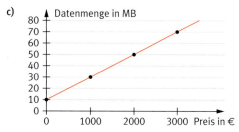
d)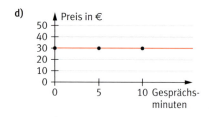
e)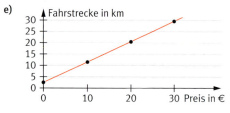

11 a) x: Datenmenge in MB; y: Preis in €
FUN: y = 0,50 €/MB · x + 19,99 €
SUN: y = 0,80 €/MB · x + 9,99 €

b)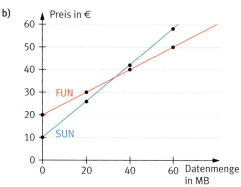

c) Der Tarif SUN ist günstiger, wenn man weniger als etwa 35 MB pro Monat benötigt (genau: 33,33 MB). Anschließend ist der Tarif FUN günstiger.

12 Die Aussage ist falsch. Die proportionale Zuordnung ist ein Sonderfall der linearen.

13 Die Aussage ist richtig.

14 Die Aussage ist falsch. Sie gilt für eine umgekehrt proportionale Zuordnung. Bei einer proportionalen Zuordnung wird die zugeordnete Größe verfünffacht, wenn die Ausgangsgröße verfünffacht wird.

15 Die Aussage ist falsch. Umgekehrt stimmt sie, wie man bei Aufgabe 12 erkennt.

16 Die Aussage ist falsch. Der Graph der Zuordnung schneidet die y-Achse bei y = 4.

17 Die Aussage ist im Allgemeinen falsch. Sie gilt nur für den Sonderfall einer proportionalen Zuordnung.

18 Die Aussage ist richtig.

19 Die Aussage ist richtig.

Lösungen zu „2.7 Das kann ich!" – Seite 46

1

	quadrierte Zahl	ausführliche Schreibweise	Ergebnis
a)	3^2	3 · 3	9
b)	5^2	5 · 5	25
c)	7^2	7 · 7	49
d)	9^2	9 · 9	81
e)	1^2	1 · 1	1
f)	50^2	50 · 50	2500
g)	$\left(\frac{1}{2}\right)^2$	$\frac{1}{2} \cdot \frac{1}{2}$	$\frac{1}{4}$
h)	$\left(\frac{4}{5}\right)^2$	$\frac{4}{5} \cdot \frac{4}{5}$	$\frac{16}{25}$
i)	$\left(\frac{2}{7}\right)^2$	$\frac{2}{7} \cdot \frac{2}{7}$	$\frac{4}{49}$

2 a)

1	2	3	4	5	6	7	8	9	10
11	12	13	14	15	16	17	18	19	20
21	22	23	24	25	26	27	28	29	30
31	32	33	34	35	36	37	38	39	40
41	42	43	44	45	46	47	48	49	50
51	52	53	54	55	56	57	58	59	60
61	62	63	64	65	66	67	68	69	70
71	72	73	74	75	76	77	78	79	80
81	82	83	84	85	86	87	88	89	90
91	92	93	94	95	96	97	98	99	100

b) Lösungsmöglichkeiten:
   1 Die Abstände werden stets größer.
   2 Zwischen den Quadratzahlen liegen zuerst 2 Zahlen, dann 4, dann 6, 8, 10, ...
   3 Von der 1. Quadratzahl muss man 3 Schritte bis zur 2. Quadratzahl gehen, zur nächsten 5 Schritte, dann 7, 9, 11, 13, ...
   Ursache: Wie man auf S. 32 im Einstieg erkennen konnte, entspricht die Zunahme bei 3 den zusätzlichen Plättchen bei einer quadratischen Anordnung.
c) 385

3 Kubikzahlen in Klammern.
  a) 4 (8)   b) 36 (216)   c) 100 (1000)
  d) 144 (1728)   e) 324 (5832)   f) 625 (15 625)
  g) 1600 (64 000) h) 3025 (166 375) i) 40 000 (8 000 000)
  j) 62 500 (15 625 000)

4 3. Potenz in Klammern
  a) 1 1; 100; 10 000   2 4; 400; 40 000
        (1; 1000; 1 000 000)   (8; 8000; 8 000 000)
     3 144; 1,44; 0,0144   4 25; 0,25; 0,0025
        (1728; 1,728; 0,001728) (125; 0,125; 0,000125)
  b) Für jede Stelle, die das Komma einer Zahl nach rechts (links) verschoben wird, wird das Komma der quadrierten Zahl um zwei Stellen nach rechts (links) verschoben bzw. beim Potenzieren mit 3 um je 3 Stellen nach rechts (links).

5 a) 5; 9; 11; 12; 25; 100
   b) 0,2; 0,4; $\frac{1}{2}$; 0,5; $\frac{6}{7}$; 0,03
   c) 3; 5; 8; 10; 12

6 a) 1,73; 2,24; 2,45; 3,16; 7,07; 8,94; 10,54; 17,32
   b) 0,10; 0,71; 1,58; 1,20; 4,20; 5,98; 0,71
   c) 1,26; 1,39; 0,34; 2,82; 9,01

7 a) $\sqrt{6}$ cm ≈ 2,45 cm b) $\sqrt{20}$ cm ≈ 4,47 cm c) $\sqrt{30}$ cm ≈ 5,48 cm

8 a) 1 2; 6,3245...; 20; 63,245...; 200; 632,45; 2000; 6324,5...
      2 3; 9,4868...; 30; 94,868...; 300; 948,68...; 3000; 9486,8...
      3 1; 2,15443...; 4,64158...; 10; 21,5443...; 46,4158...; 100; 215,433...
      4 2; 4,30886...; 9,28317...; 20; 43,0886...; 92,8317...; 200; 430,886...
   b) Multipliziert man die Zahl unter einer Quadratwurzel schrittweise mit 10, so verzehnfacht sich der Wert der Wurzel nach jeweils 2 Schritten, denn $\sqrt{100}$ = 10.
      Multipliziert man die Zahl unter einer Kubikwurzel schrittweise mit 10, so verzehnfacht sich der Wert der Wurzel nach jeweils 3 Schritten, denn $\sqrt[3]{1000}$ = 10.

9

	Kantenlänge	Volumen	Oberfläche
a)	4 cm	64 cm³	96 cm²
b)	1,5 m	3,375 m³	13,5 m²
c)	9 cm	729 cm³	486 cm²
d)	7,5 m	$421\frac{7}{8}$ m³	337,5 m²
e)	8 mm	512 mm³	384 mm²
f)	4,5 m	91,125 m³	121,5 m²
g)	3,9 dm	59,319 dm³	91,26 dm²

Seite 47

10 a) 2   b) 6   c) 9   d) 12
    e) 15 f) 20 g) $\frac{2}{3}$ h) $\frac{6}{5}$
    i) $\frac{2}{3}$

11 a) $\sqrt{3 \cdot 8} = \sqrt{24}$; $\sqrt{3} + \sqrt{8}$; $\sqrt{\frac{3}{8}}$
    b) $\sqrt{\frac{27}{18}} = \sqrt{\frac{9}{2}}$; $\sqrt{27} - \sqrt{18}$; $\sqrt{27 \cdot 18} = \sqrt{486}$
    c) $\sqrt{99} - \sqrt{11}$; $\sqrt{99} + \sqrt{11}$; $\sqrt{\frac{99}{11}} = \sqrt{9} = 3$
    d) $\sqrt{2,5 \cdot 4} = \sqrt{10}$; $\sqrt{2,5} + \sqrt{4}$; $\sqrt{2,5} - \sqrt{4}$

12 a) $\sqrt{2 \cdot 20 + 6 \cdot 10} = \sqrt{100} = 10$
    b) $5 \cdot \left(\sqrt{0,25} + \frac{3}{4}\right) = 6\frac{1}{4}$
    c) $\sqrt{75 \cdot 4} \cdot \sqrt{3 \cdot 4} = \sqrt{300 \cdot 12} = \sqrt{3600} = 60$
    d) $\sqrt{\frac{2(\sqrt{2})^2}{3 \cdot 12}} = \sqrt{\frac{4}{36}} = \sqrt{\frac{1}{9}} = \frac{1}{3}$

13 a) $\sqrt{2} \cdot \sqrt{25} = \sqrt{50}$ b) $\sqrt{49} \cdot \sqrt{4} = \sqrt{196}$
    c) $\sqrt{20} \cdot \sqrt{5} = \sqrt{100}$ d) $\sqrt{432} : \sqrt{12} = 6$
       $\sqrt{30} \cdot \sqrt{5} = \sqrt{150}$
    e) $\frac{\sqrt{1083}}{\sqrt{3}} = 19$ f) $\sqrt{5} \cdot \sqrt{57,8} = 17$

14 a) $\sqrt{4}$ = 2 rational; $\sqrt{6}$ irrational; $\sqrt{8}$ irrational; $\sqrt{100}$ = 10 rational; $\sqrt{104}$ irrational; $\sqrt{400}$ = 20 rational; $\sqrt{1000}$ irrational
    b) 0 rational; 1 rational; $\sqrt{0}$ = 0 rational; $\sqrt{1}$ = 1 rational; $\frac{1}{3}$ rational; $\sqrt{\frac{1}{3}}$ irrational; $\frac{1}{9}$ rational; $\sqrt{\frac{1}{9}} = \frac{1}{3}$ rational; $\sqrt{\frac{12}{7}}$ irrational

15 Die Aussage ist richtig.

16 Die Aussage ist richtig.

17 Die Aussage ist falsch. Richtig ist: $\sqrt[3]{5^3} = 5$

18 Die Aussage ist falsch. Die Seitenlänge eines Quadrats kann man mithilfe der Quadratwurzel aus dem Flächeninhalt eines Quadrats bestimmen.

19 Die Aussage ist richtig.

20 Die Aussage ist falsch. Ein Quadrat mit dem Flächeninhalt 5 m² hat die Seitenlänge $\sqrt{5}$ m ≈ 2,24 m.

21 Die Aussage ist richtig. Der Flächeninhalt beträgt jeweils 12 cm².

22 Die Aussage ist falsch.
$\sqrt{100} + \sqrt{49} = 10 + 7 = 17$
$\sqrt{100 + 49} = \sqrt{149} ≈ 12,21$

23 Die Aussage ist richtig.

24 Die Aussage ist richtig. $\sqrt{100} : \sqrt{36} = \sqrt{\frac{100}{36}} = \frac{10}{6} = \frac{5}{3}$

25 Die Aussage ist richtig.

26 Die Aussage ist falsch. Eine irrationale Zahl lässt sich eben nicht als Bruch darstellen.

27 Die Aussage ist falsch. Es gibt auch Brüche, die sich in periodische Dezimalbrüche umwandeln lassen.
Beispiel: $\frac{1}{3} = 0,33333…$

28 Die Aussage ist richtig.

29 Die Aussage ist falsch. Die Quadratwurzeln von Quadratzahlen beispielsweise sind rational. Beispiel: $\sqrt{4} = 2$.

30 Die Aussage ist nur richtig, wenn man die Quadratwurzeln von Quadratzahlen ausnimmt. Hierfür ist sie falsch, weil diese selbst eine natürliche Zahl ergeben.

Lösungen zu „3.10 Das kann ich!" – Seite 74

1 a) Zylinder: kongruente Kreise als Grund- und Deckfläche, Rechteck als Mantelfläche

b) Quader (bzw. Prisma) mit rechteckiger Grundfläche: Sechs Rechtecke als Seitenflächen, wobei gegenüberliegende Rechtecke kongruent sind.

c) Quader (bzw. Prisma) mit quadratischer Grundfläche: Sechs Rechtecke als Seitenflächen, wobei gegenüberliegende Rechtecke kongruent sind, bei quadratischer Grundfläche sogar alle vier Seitenflächen.

d) Pyramide mit rechteckiger Grundfläche: Rechteck als Grundfläche, Seitenflächen sind Dreiecke, von denen gegenüberliegende Dreiecke kongruent sind. Alle Dreiecke treffen sich in einer Spitze.

e) Pyramide mit dreieckiger Grundfläche: Dreieck als Grundfläche, Seitenflächen sind Dreiecke, die sich in einer Spitze treffen.

f) Zylinder: kongruente Kreise als Grund- und Deckfläche, Rechteck als Mantelfläche

g) Kegel: Die Grundfläche ist ein Kreis und die Seitenfläche ein Kreissektor.

h) Kegel: Die Grundfläche ist ein Kreis und die Seitenfläche ein Kreissektor.

i) Prisma mit zwei kongruenten rechtwinklig-gleichschenkligen Dreiecken als Grund- und Deckfläche; drei Rechtecke als Seitenflächen, wobei die beiden an den Schenkeln des Dreiecks anliegenden Rechtecke kongruent sind.

2 a) Prisma mit Sechseck als Grundfläche, das in der Spitze in einen Kegel übergeht

b) Würfel als Haus mit quadratischer Pyramide als Dach. Der Anbau ist ein Prisma mit Trapez als Grundfläche.

c) Zylinder mit aufgesetztem Quader (bzw. Prisma mit quadratischer Grundfläche)

d) Der Turm besteht aus einem Quader (bzw. Prisma) mit quadratischer Grundfläche, dessen Dach eine quadratische Pyramide ist. Der rote Anbau besteht aus einem auf der Seite liegenden Quader (bzw. Prisma mit quadratischer Grundfläche), dessen Dach ein dreiseitiges Prisma ist mit einem gleichschenkligen Dreieck als Grundfläche. Der grüne Anbau ist ein Quader (bzw. Prisma) mit quadratischer Grundfläche.

3 a) Quader bzw. Prisma mit rechteckiger Grundfläche (Sonderfall: Würfel)

b) Prisma mit dreieckiger Grundfläche

c) Würfel, Quader, vierseitiges Prisma

d) Kegel   **e)** Zylinder   **f)** Kegel

4 a)   **b)**   **c)**

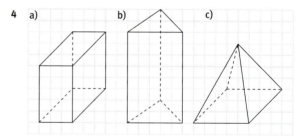

5 a)

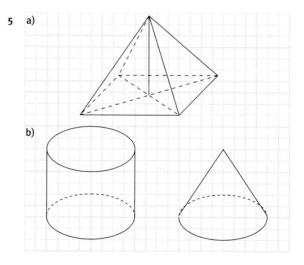

b)

6 a) 1 rechteckige Pyramide
2 dreieckige Pyramide
3 rechteckiges Prisma, Quader
4 Zylinder, Kugel, Kegel von unten

b) 1 Kugel, Zylinder auf der Seite, liegender Kegel
2 Pyramide, dreiseitiges Prisma auf der Seite
3 Würfel, Quader, rechteckiges Prisma
4 Quader, rechteckiges Prisma

7 a) b)

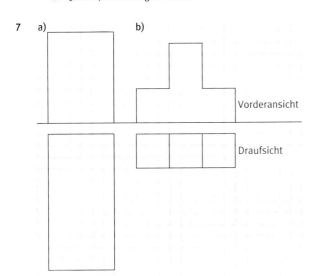

Vorderansicht

Draufsicht

Seite 75

8 a) b)

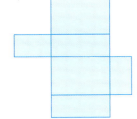 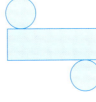

c) d)

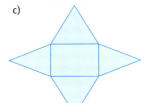 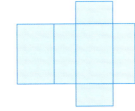

9 a) Würfel   b) sechseckiges Prisma
c) dreiseitige Pyramide   d) Quader
e) dreiseitiges Prisma   f) quadratische Pyramide
g) fünfseitiges Prisma

10 a) Quader (rechteckiges Prisma)   b) quadratische Pyramide
c) Kugel   d) Kegel
e) dreiseitiges Prisma   f) Pyramide
g) Kegel

11 a) $a^2 + c^2 = b^2$ b) $d^2 + e^2 = f^2$ c) $h^2 + i^2 = g^2$

12 a) $c = \sqrt{80}$ dm ≈ 8,9 dm   b) $a = \sqrt{28\,800}$ m ≈ 169,7 m
c) $a = \sqrt{605}$ mm ≈ 24,6 mm   d) $b = \sqrt{230,75}$ m ≈ 15,2 m

13 a) $x = \sqrt{337}$ cm ≈ 18,4 cm   b) $y = \sqrt{46}$ dm ≈ 6,8 dm
c) $z = \sqrt{23,54}$ m ≈ 4,9 m

14 Die Aussage ist falsch. Die Kanten werden auf die Hälfte gekürzt und unter einem Winkel von 45° gezeichnet.

15 Die Aussage ist richtig.

16 Die Aussage ist falsch. Bei einem Zweitafelbild werden die Vorderansicht und die Draufsicht gezeichnet.

17 Die Aussage ist falsch. Bei einem rechtwinkligen Dreieck ist die Summe der Quadrate über den Katheten genauso groß wie das Quadrat über der Hypotenuse.

18 Die Aussage ist richtig.

19 Die Aussage ist richtig.

Lösungen zu „4. 7 Das kann ich!" – Seite 98

1 a) 16 ist der Prozentwert P, 18 ist der Grundwert G. Gesucht ist der Prozentsatz p %.
b) 20 % entspricht dem Prozentsatz p %, 15 € dem Prozentwert P. Gesucht wird der Grundwert G.
c) 25 € ist der Grundwert G, 20 % der Prozentsatz p %. Gesucht wird der Prozentwert P.

2 a) 102 €   b) 2,88 m   c) 33,6 t
d) 3,696 m³   e) 272 min   f) 39,355 ha

3

	a)	b)	c)	d)
G	240 cm	30,25 t	77,5 l	120 s
p %	25 %	60 %	24 %	85 %
P	60 cm	18,15 t	18,6 l	102 s

4 a) 1 1,75 €   2 1,98 €   3 112,56 €
4 9,13 €
b) 1 85,75 €   2 97,22 €   3 5515,44 €
4 447,14 €

Lösungen zu „Das kann ich!"

4 a) ① 1,75 €   ② 1,98 €   ③ 112,56 €
   ④ 9,13 €
   b) ① 85,75 €   ② 97,22 €   ③ 5515,44 €
   ④ 447,14 €

5 Anzahl der Minuten eines Tages: 24 · 60 min = 1440 min
Zeit des Stillstandes: 1440 min − 45 min = 1395 min
Anteil: p % = $\frac{1395 \text{ min}}{1440 \text{ min}}$ ≈ 0,969 = 96,9 %

6 a) G ≙ 100 %   p % = 10 % $G^+ = G \cdot \left(1 + \frac{p}{100}\right)$
   G⁺ ≙ 110 % $G^+ = 2{,}40 \text{ €} \cdot 1{,}10$
   $G^+ = 2{,}64 \text{ €}$

b) G ≙ 100 % $G^- = G \cdot \left(1 - \frac{p}{100}\right)$
   G⁻ ≙ 84 %   p % = 16 % $G^- = 980 \text{ €} \cdot 0{,}84$
   $G^- = 823{,}20 \text{ €}$

c) G ≙ 100 %   p % = 4 % $G^+ = G \cdot \left(1 - \frac{p}{100}\right)$
   G⁺ ≙ 104 % $G^+ = 23{,}50 \text{ €} \cdot 1{,}04$
   $G^+ = 24{,}44 \text{ €}$

7 Chanel berechnet zunächst mit dem Dreisatz den Prozentwert, der zu 6 % gehört und addiert ihn anschließend zum Grundwert.

Jenny berechnet den zu 6 % zugehörigen Prozentwert zunächst als Teil vom Grundwert und addiert ihn ebenfalls zum Grundwert hinzu.

Enna bestimmt direkt den vermehrten Grundwert, indem sie den Grundwert mit dem vermehrten Prozentsatz multipliziert.

8

	a)	b)	c)	d)
alte Größe	120 kg	33 min	86 m²	480 m
Änderung in %	+ 12 %	− 5 %	− 8 %	+ 20 %
Änderung als Dezimalzahl	1,12	0,95	0,92	1,2
neue Größe	134, kg	31,35 min	79,12 m²	576 m

9

Prozentrechnung	Zinsrechnung
Grundwert	Guthaben, Kapital, Kreditbetrag, Darlehen, Geldanlage
Prozentwert	Jahreszinsen, Kreditzinsen, Guthabenzinsen
Prozentsatz	Zinsatz

Seite 99

10

	a)	b)	c)	d)	e)
K	460 €	1200 €	245 €	780 €	3600 €
p %	4 %	6,5 %	2 %	6 %	3,5 %
Z	18,40 €	78 €	4,90 €	46,80 €	126 €

11 a) Darlehen: K = 5400 €
   b) Zinsen: Z = 12,80 €
   c) Zinssatz: p % = 2,5 %

12 Z (30 Tage) = 350 € · 0,12 · $\frac{30}{360}$ = 3,50 €

13

	a)	b)	c)	d)
K	2500 €	680 €	1400 €	1800 €
p %	6 %	4 %	3 %	4 %
Zeit	4 Monate	8 Monate	3 Monate	120 Tage
Z	50 €	18,13 €	10,50 €	24 €

14 Jahreszinsen: Z = 80 € · 0,02 = 1,60 €
Zinsen 1. Quartal: $Z_1 = 1{,}60 \text{ €} \cdot \frac{3}{12} = 0{,}40 \text{ €}$
Zinsen 2. Quartal: $Z_2 = 1{,}60 \text{ €} \cdot \frac{6}{12} = 0{,}80 \text{ €}$
Zinsen 3. Quartal: $Z_3 = 1{,}60 \text{ €} \cdot \frac{9}{12} = 1{,}20 \text{ €}$
Zinsen 4. Quartal: $Z_4 = 1{,}60 \text{ €}$
Zinsen insgesamt: $Z_g = Z_1 + Z_2 + Z_3 + Z_4 = 4{,}00 \text{ €}$
Am Ende des ersten Jahres hat Herr Müller 320 € + 4 € = 324 € auf seinem Konto.

15 Jahreszinsen: Z = 130 € · 0,035 = 4,55 €

		1. Quartal	2. Quartal	3. Quartal	4. Quartal
a)	Zinsen	1,14 €	2,28 €	3,41 €	4,55 €
b)	Zinsen	0 €	1,14 €	2,28 €	3,41 €

Zahlt man zu Beginn des Quartals ein, so hat man „ein Quartal Vorsprung" und erhält deswegen mehr Zinsen.

16 K (4) = 1000 € · 1,03⁴ ≈ 1125,51 €
K (4) = 2500 € · 1,03⁴ ≈ 2813,77 €

17 $K(2) = K \cdot \left(1 + \frac{p}{100}\right)^2$
$561{,}80 \text{ €} = 500 \text{ €} \cdot \left(1 + \frac{p}{100}\right)^2$
Probieren liefert: p % = 6 %
Das Kapital wurde zu 6 % verzinst.

18 Die Aussage ist richtig.

19 Die Aussage ist richtig.

20 Die Aussage ist falsch. Es gilt: G⁺ = G + P.

21 Die Aussage ist richtig.

22 Die Aussage ist falsch. Die Jahreszinsen entsprechen dem Prozentwert bei der Prozentrechnung.

23 Die Aussage ist falsch. Bei 100 € erhält man 2 € Zinsen, bei 200 € entsprechend 4 €.

24 Die Aussage ist richtig.

25 Die Aussage ist falsch. Eine Rate ist eine regelmäßige Einzahlung, deren Höhe unverändert bleibt.

Lösungen zu „5.8 Das kann ich!" – Seite 122

1 a) Rangliste:
1; 1; 1; 2; 2; 3; 3; 4; 4; 4; 4; 5; 5;
6; 6; 6; 7; 7; 8; 8; 9; 11; 13; 13; 15

Modalwert: 4
Median: 5
$\bar{x} = \frac{148}{25} = 5{,}92 \approx 6$

Es sind verschiedene Argumente möglich.
Beispiel: Der Median scheint ein geeigneter Mittelwert zu sein, weil im oberen Bereich der Rangliste größere „Sprünge" enthalten sind, die den Median weniger stark beeinflussen als das arithmetische Mittel.

b)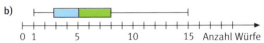

2 a) 6:36 | 7:12 | 7:20 | 7:27 | 7:51 | 7:57 | 8:11 | 8:12 |
8:17 | 8:18 | 8:20 | 8:24 | 8:39 | 8:39 | 8:49 |
9:03 | 9:08 | 9:28 | 9:37 | 9:42

b)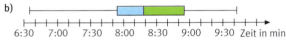

Lösungsmöglichkeiten:
Die untere Hälfte verteilt sich über einen größeren Bereich als die obere Hälfte.
Der zeitliche Abstand der mittleren Hälfte beträgt etwa 1,5 min. Insgesamt streuen die Daten über gut 3 min.

3 a) $\bar{x} = \frac{104}{30} \approx 3{,}47$

b)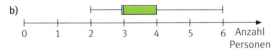

c) Diagramm 2 beschreibt die Verteilung.
Bei Diagramm 1 fehlt ein Bereich (4 statt 5), bei Diagramm 3 sind 3 Bereiche gleich stark und 2 Bereiche gleich stark, was nicht der Verteilung entspricht.
Vielmehr kommen zwar 3 und 4 Personen etwa gleich häufig vor, 2 Personen jedoch erkennbar häufiger als 5 und nur einmal eine Familie mit 6 Personen. Dieses ist mit Diagramm 2 am besten möglich.

4 a) Es ist kein Zufallsversuch, denn das Rad Fahren wurde erlernt.
b) Es ist ein Zufallsversuch, bei dem der Ausgang ungewiss ist.
c) Es ist ein Zufallsversuch wie beim Glücksrad, wenn Laurin keine Übung damit hat.
d) Es ist ein Zufallsversuch, wenn die Karten gut gemischt sind.

5 Man muss den Versuch sehr oft durchführen (am besten mehr als 2000-mal), sodass sich die relativen Häufigkeiten der einzelnen Positionen bei einem Wert stabilisiert haben. Dieser Wert kann als Schätzwert für die Wahrscheinlichkeit verwendet werden.

6 Man kann erwarten, dass etwa die Hälfte der Gefangenen frei kommt, da sich bei der großen Anzahl von Gefangenen die relative Häufigkeit bei $\frac{1}{2}$ stabilisieren müsste.

7 A: „Die Zahl ist ungerade." $P(A) = \frac{3}{6} = \frac{1}{2}$ mögliches Ereignis
B: „Die Zahl ist größer als 1." $P(B) = \frac{5}{6}$ mögliches Ereignis
C: „Die Zahl ist eine Primzahl." $P(C) = \frac{3}{6} = \frac{1}{2}$ mögliches Ereignis
D: „Die Zahl ist der größte oder kleinste Wert." $P(D) = \frac{2}{6} = \frac{1}{3}$ mögliches Ereignis
E: „Die Zahl ist 9." $P(E) = \frac{0}{6} = 0$ unmögliches Ereignis
F: „Die Zahl ist 6." $P(F) = \frac{1}{6}$ mögliches Ereignis

8 P(„Schwarzer Peter") = $\frac{1}{5}$ = 20 %
Mit einer Wahrscheinlichkeit von 20 % zieht Benny den „Schwarzen Peter".

9 Michelle benötigt eine „6". P(„6") = $\frac{1}{6}$

10 $\bar{A}$: „Im August scheint nicht jeden Tag die Sonne." oder
$\bar{A}$: „An mindestens einem Tag im August scheint die Sonne nicht."
$\bar{B}$: „Das nächste Kind, …, ist kein Mädchen." oder
$\bar{B}$: „Das nächste Kind, …, ist ein Junge."
$\bar{C}$: „Hiran wird heute nicht in Geschichte abgefragt."

Seite 123

11 Bei jeder Ziehung ist die Wahrscheinlichkeit einer Zahl, gezogen zu werden, gleich groß. Weder „12" noch „16" hat eine größere Wahrscheinlichkeit.

12 a) P(„Rot") = P(„Gelb") = … = $\frac{1}{6} \approx 16{,}7$ %
b) Ella muss den Kreisel sehr oft drehen. Die relativen Häufigkeiten für die einzelnen Farben sollten sich bei $\frac{1}{6}$ stabilisieren.

13 Die Aussage ist richtig.

14 Die Aussage ist falsch.
Beispiel: Minimum 0, Maximum 10, Spannweite 10.

15 Die Aussage ist richtig.

16 Die Aussage ist falsch. Die relativen Häufigkeiten stabilisieren sich.

17 Die Aussage ist richtig.

18 Die Aussage ist richtig, denn bei 60 Würfen kann man davon ausgehen, dass mindestens eine 1 darunter ist.

19 Die Aussage ist im Allgemeinen falsch.
Laplace-Wahrscheinlichkeiten lassen sich nur für solche Zufallsexperimente angeben, bei denen alle möglichen Ergebnisse gleich wahrscheinlich sind.

20 Die Aussage ist richtig.

21 Die Aussage ist falsch. Jede Kugel hat die gleiche Wahrscheinlichkeit, gezogen zu werden.

22 Die Aussage ist falsch. Jede Zahlenkombination hat die gleiche Wahrscheinlichkeit, gewürfelt zu werden.

23 Die Aussage ist falsch. Wegen der geringen Anzahl an Versuchsdurchführungen kann man nicht auf eine gezinkte Münze schließen.

24 Die Aussage ist richtig, denn die Summe aller Wahrscheinlichkeiten beträgt 100 %. Sofern der Würfel alle Ziffern von 1 bis 6 umfasst, bleiben für die anderen Ziffern nur noch 25 % Wahrscheinlichkeit insgesamt übrig.

25 Die Aussage ist richtig, wenn der Würfel nicht manipuliert wurde.

Lösungen zu „6.9 Das kann ich!" – Seite 152

1 a)

Schritt	1	2	3	4	5	6
sichtbare Flächen	5	8	11	14	17	20

b) Bei jedem Schritt kommen 3 sichtbare Flächen hinzu. Nur beim 1. Schritt hat man 3 + 2 Flächen. Term für die sichtbaren Flächen beim n-ten Schritt: $3 \cdot n + 2$

2 a)

Schritt	1	2
1	$2 \cdot 1 = 2$	$3 + 2 \cdot 1 = 5$
2	$3 \cdot 2 = 6$	$3 + 2 \cdot 2 = 7$
3	$4 \cdot 3 = 12$	$3 + 2 \cdot 3 = 9$
4	$5 \cdot 4 = 20$	$3 + 2 \cdot 4 = 11$
5	$6 \cdot 5 = 30$	$3 + 2 \cdot 5 = 13$
6	$7 \cdot 6 = 42$	$3 + 2 \cdot 6 = 15$
7	$8 \cdot 7 = 56$	$3 + 2 \cdot 7 = 17$
8	$9 \cdot 8 = 72$	$3 + 2 \cdot 8 = 19$

b) ① Anzahl der Punkte beim n-ten Schritt: $(n + 1) \cdot n$
② Zahl der Punkte beim n-ten Schritt: $3 + 2 \cdot n$

3 a) $3x + 8,2y - 4$ b) $-x^2 + 2,5x + 9y$
c) $\frac{2}{5}x + 1\frac{1}{5}y$ d) $-3x + \frac{4}{5}y$
e) $-2x + 2\frac{2}{3}y + 14$ f) $16,1ab - 6,9b$
g) $2x^2 - 12xy - x + 18y - 3$ h) $8x^2 + 20x + 8$

4 a) $2x + \frac{1}{2}x = 2\frac{1}{2}x$
b) $3\frac{1}{3}s + 1 - \frac{1}{3}s = 1 + 3s$
c) $2 \cdot \left(\frac{1}{9}u + \frac{2}{7}v\right) = \frac{2}{9}u + \frac{4}{7}v$
d) $(28 + 5t) : (-4) = -7 - 1,25t$

5 a) $x^2 - 2x - 3$ b) $a^2 - 2a - ab + 2b$
c) $-3x^2 + 14x - 8$ d) $2,5xy + 7x - 2,5y^2 - 7y$
e) $1,44s^2 - 1,2st - 0,6s + 0,5t$ f) $-0,9a^2 + ab + 5,4a - 6b$

6

	gemeinsamer Faktor	vereinfachter Term
a)	7x	$7x(x + 3)$
b)	6a	$6a(2b - 6a + 3b^2)$
c)	$3x^2$	$3x^2(5x + 4y)$
d)	0,4kl	$0,4kl \cdot (m + 5km - 4)$
e)	0,2x	$0,2x \cdot (4x + 2a - 1)$
f)	$-t^2$	$-t^2 \cdot (t^2 + 1,2 + 4,8ts)$

7 a) $x^2 - 3x + 2,25$ b) $64x^2 - 4y^2$
c) $27 + 18h + 3h^2$ d) $4x^2 + 24x + 36$
e) $-81y^2 + 90xy - 25x^2$ f) $\frac{3}{16}a^2 - \frac{3}{16}ab + \frac{3}{64}b^2$

8 a) $(a - 2b)^2$ b) $(3 + 4z)^2$
c) $(2,5 - 2y)(2,5 + 2y)$ d) $-(1 + 2r)^2$
e) $(1,2x - 0,8a)(1,2x + 0,8a)$ f) $(17y - 2)(17y + 2)$

9 $(x - 5)^2 = 56,25$
$x - 5 = 7,5$
$x = 12,5$
Das Quadrat hatte ursprünglich eine Seitenlänge von 12,5 cm.

10 a) $12x - 1 = 2 \cdot (5x + 8)$
$12x - 1 = 10x + 16$
$x = 8,5$
$\mathbb{L} = \{\}$ in $\mathbb{D} = \mathbb{N}$

b) $-2,5 + 4x = 4 - (x - 2,5 + 4x)$
$-2,5 + 4x = 4 - x + 2,5 - 4x$
$x = 1$
$\mathbb{L} = \{1\}$ in $\mathbb{D} = \mathbb{Z}$

c) $-z \cdot (2 - z) = (2 - z)^2$
$-2z + z^2 = 4 - 4z + z^2$
$z = 2$
$\mathbb{L} = \{2\}$ in $\mathbb{D} = \mathbb{Q}$

d) $(2x + 3)^2 = 4x \cdot (x + 6)$
$4x^2 + 12x + 9 = 4x^2 + 24x$
$x = \frac{3}{4}$
$\mathbb{L} = \{\frac{3}{4}\}$ in $\mathbb{D} = \mathbb{Q}$

11 $19\text{ cm} = (x + 2\text{ cm}) + x + (x - 1\text{ cm})$
$19\text{ cm} = 3x + 1\text{ cm} \quad | - 1\text{ cm}$
$18\text{ cm} = 3x \quad\quad\quad | : 3$
$6\text{ cm} = x$
Seitenlängen: a = 8 cm, b = 6 cm, c = 5 cm
Die Konstruktion ist nach SSS möglich.

12 a) $x = -\frac{3}{5}$ b) $r = 3$ c) $y = -6$ d) $q = \frac{1}{3}$

Seite 153

13 a) $\mathbb{D} = \mathbb{Q}\backslash\{2\}; \mathbb{L} = \{\frac{23}{5}\}$ b) $\mathbb{D} = \mathbb{Q}\backslash\{2\}; \mathbb{L} = \{6\}$
c) $\mathbb{D} = \mathbb{Q}\backslash\{0\}; \mathbb{L} = \{\frac{4}{3}\}$ d) $\mathbb{D} = \mathbb{Q}\backslash\{0\}; \mathbb{L} = \{\frac{1}{2}\}$
e) $\mathbb{D} = \mathbb{Q}\backslash\{0\}; \mathbb{L} = \{\frac{2}{3}\}$ f) $\mathbb{D} = \mathbb{Q}\backslash\{0\}; \mathbb{L} = \{1\}$
g) $\mathbb{D} = \mathbb{Q}\backslash\{0; 4\}; \mathbb{L} = \{-4\}$ h) $\mathbb{D} = \mathbb{Q}\backslash\{0; 1\}; \mathbb{L} = \{-1\}$
i) $\mathbb{D} = \mathbb{Q}\backslash\{-3; 5\}; \mathbb{L} = \{13\}$ j) $\mathbb{D} = \mathbb{Q}\backslash\{0; 2\}; \mathbb{L} = \{8\}$
k) $\mathbb{D} = \mathbb{Q}\backslash\{-1; 1\}; \mathbb{L} = \{\frac{13}{3}\}$ l) $\mathbb{D} = \mathbb{Q}\backslash\{2\}$
$\mathbb{L} = \{\}$, da x = 2 nicht in der Definitionsmenge

14 Gleichung ② ist richtig.

15 a) $U = R \cdot I$ $\quad U = 12\,\Omega \cdot 20\,A = 240\,V$
   b) $R = \frac{U}{I}$ $\quad R = \frac{220\,V}{25\,A} = 8{,}8\,\Omega$
   c) $I = \frac{U}{R}$ $\quad I = \frac{220\,V}{8\,\Omega} = 27{,}5\,A$

16 a) Die Formel beschreibt den Inhalt der Oberfläche eines Quaders.
   b) 1 $\;O = a(2b + 2c) + 2bc$
   $\quad a = \frac{O - 2bc}{2b + 2c}$
   2 $\;O = b(2a + 2c) + 2ac$
   $\quad b = \frac{O - 2ac}{2a + 2c}$
   3 $\;O = c(2a + 2b) + 2ab$
   $\quad c = \frac{O - 2ab}{2a + 2b}$

17 Die Aussage ist richtig.

18 Die Aussage ist falsch.
   In allen Summanden muss jeweils derselbe Faktor vorkommen.

19 Die Aussage ist falsch.
   Ausklammern und ausmultiplizieren sind entgegengesetzte Operationen.

20 Die Aussage ist falsch. Richtig ist:
   $(x + y)^2 = x^2 + 2xy + y^2$

21 Die Aussage ist falsch. Die Lösungsmenge einer Gleichung darf sich bei einer Äquivalenzumformung nicht ändern.

22 Die Aussage ist richtig.

23 Die Aussage ist falsch. Eine Formel ist eine Gleichung, die man mithilfe von Äquivalenzumformungen umstellen kann.

24 Die Aussage ist richtig.

25 Die Aussage ist falsch. Diese Zahl gehört nicht zur Definitionsmenge und damit auch nicht zur Lösungsmenge.

26 Die Aussage ist falsch. Richtig ist:
   $(a + b)(a - b) = a^2 - b^2$

27 Die Aussage ist richtig.

Lösungen zu „7.13 Das kann ich!" – Seite 186

1 a) $u \approx 35{,}8\,cm; A \approx 102{,}0\,cm^2$ b) $u \approx 15{,}7\,cm; A \approx 19{,}6\,cm^2$
   c) $u \approx 113{,}0\,mm; A \approx 1017{,}4\,mm^2$
   d) $u \approx 942\,m; A \approx 7{,}1\,ha$ e) $u \approx 19{,}5\,cm; A \approx 30{,}2\,cm^2$
   f) $u \approx 6{,}0\,km; A \approx 2{,}9\,km^2$

2 a) $r \approx 26{,}27\,m; A \approx 2167\,m^2$ b) $r \approx 0{,}32\,km; A \approx 0{,}32\,km^2$
   c) $r \approx 1{,}43\,m; A \approx 6{,}42\,m^2$ d) $r \approx 1{,}18\,dm; A \approx 4{,}37\,dm^2$
   e) $r \approx 6369\,km; A \approx 127\,371\,465\,km^2$
   f) $r = 1{,}0\,m; A \approx 3{,}14\,m^2$

3 a) $r \approx 13{,}2\,cm; u \approx 82{,}9\,cm$ b) $r \approx 0{,}80\,m; u \approx 5{,}02\,m$
   c) $r = 25{,}0\,m; u \approx 157{,}08\,m$ d) $r \approx 1{,}57\,km; u \approx 9{,}86\,km$
   e) $r \approx 387\,m; u \approx 2430\,m$
   f) $r = 1\,km; u \approx 6{,}28\,km$

4 $d \approx 29{,}9\,cm; A \approx 702\,cm^2$
   ($d \approx 6{,}5\,dm; A \approx 33{,}2\,dm^2$)
   ($d \approx 1{,}20\,m; A \approx 1{,}13\,m^2$)

5 $d \approx 1{,}13\,cm$ $\quad$ ($d \approx 10{,}1\,mm; d \approx 6{,}6\,mm$)

6 $A_{Kreisring} = A_{großer\,Kreis} - A_{kleiner\,Kreis}$
   $A_{Kreisring} = \pi \cdot 7{,}5^2 - \pi \cdot 5{,}8^2 \approx 176{,}6 - 105{,}6 = 71{,}0$
   Der Kreisring hat einen Flächeninhalt von ungefähr 71 cm².

7

	a)	b)	c)	d)	e)
r	6 cm	2,88 m	0,35 m	1,25 mm	2,00 m
A_O	452,16 cm²	104,17 m²	1,5 m²	19,63 mm²	50,24 m²
V	904,32 cm³	100,01 m³	0,18 m³	8,18 mm³	33,51 m³

8

	a)	b)	c)
r	85 mm	3,7 cm	5,17 cm
A_O	90 746 mm²	171,9 cm²	335,7 cm²
V	2 571 137 mm³	212,1 cm³	580 cm³

	d)	e)	f)
r	1,29 m	2,48 cm	5,57 dm
A_O	20,91 m²	77 cm²	390 dm²
V	9 m³	63,86 cm³	723,5 dm³

9 $u = 2\pi r$ $\quad r = \frac{u}{2\pi}$ $\quad r \approx 9{,}2\,cm$
   $A_O = 4\pi r^2$ $\quad A_O \approx 1063\,cm^2$
   Oberfläche mit Verschnitt:
   $A_{O\,gesamt} = 1{,}15 \cdot A_O = 1{,}15 \cdot 1063 \approx 1222$
   Man benötigt etwa 1222 cm² Leder.

10 $r = 6\,cm = 0{,}6\,dm$ $\quad V = \frac{4}{3}\pi r^3$
   $V \approx \frac{4}{3} \cdot 3{,}14 \cdot 0{,}6^3 \approx 0{,}9$
   Masse der Kugel:
   $m = 2{,}4 \cdot 0{,}9 = 2{,}16$
   Die Kugel wiegt etwa 2,2 kg.

11

	a)	b)	c)
A_G	$A_G = \frac{1}{2}ab$ $A_G = 4{,}32\,cm^2$	$A_G = a \cdot h_a$ $A_G = 42{,}0\,cm^2$	$A_G = \frac{a+c}{2} \cdot h_a$ $A_G = 15{,}4\,cm^2$
h	5,6 cm	5,6 cm	5,6 cm
A_O	$a^2 + b^2 = c^2$ $c \approx 4{,}3$ $A_O = 66{,}32\,cm^2$	247,52 cm²	$b = d; \frac{a-c}{2} = 1{,}5$ $b^2 = h_a^2 + 1{,}5^2$ $b \approx 3{,}2$ $A_O = 128{,}24\,cm^2$
V	24,192 cm³	235,2 cm³	86,24 cm³

12 a = b = c $\left(\frac{a}{2}\right)^2 + h_a^2 = a^2$
    $h_a^2 = a^2 - h_a^2$ $h_a^2 = 12^2 - 6^2 = 108$
    $h_a \approx 10{,}4$
    $A_{Dreieck} = \frac{1}{2} \cdot a \cdot h_a$ $V_{Prisma} = A_{Dreieck} \cdot h$
    $A_{Dreieck} = \frac{1}{2} \cdot 12 \cdot 10{,}4 = 62{,}4$ $V_{Prisma} = 62{,}4 \cdot 8 = 499{,}2$
    $A_O = 2 \cdot A_{Dreieck} + 3 \cdot a \cdot h$
    $A_O = 2 \cdot 62{,}4 + 3 \cdot 12 \cdot 8 = 412{,}8$
    Das Volumen beträgt etwa 500 cm³ und die Oberfläche 413 cm².

13 a)

    b) $A_{Trapez} = \frac{a+c}{2} \cdot h_a$
        $A_{Trapez} = \frac{72 + 25}{2} \cdot 9 = 436{,}5$
        $V_{Prisma} = A_{Trapez} \cdot h$
        $V_{Prisma} = 436{,}5 \cdot 98\,000 \approx 42\,777\,000$
        $V_{Prisma} = 42\,777\,000$ m³ ≈ 0,043 km³
        Tom hat nicht Recht mit seiner Behauptung.

14 Hinweis: Alle Ergebnisse wurden auf eine Dezimale gerundet.
    Es wurde mit den gerundeten Werten weitergerechnet.

	a)	b)	c)	d)	e)
r	3,6 cm	25 mm	6,8 cm	3,1 dm	8,7 dm
A_G	40,7 cm²	19,6 cm²	145,2 cm²	30 dm²	2,4 m²
h	7,8 cm	7,3 cm	22,4 cm	12 dm	3,1 dm
A_M	176,3 cm²	114,6 cm²	956,6 cm²	233,6 dm²	169,4 dm²
V	317,5 cm³	143,1 cm³	3249 cm³	360 l	750 l

15 r = 10 m $V = \pi r^2 \cdot h$ $h = \frac{V}{\pi r^2}$ h ≈ 22,9
    Der Behälter ist 22,9 m hoch.

16 $V = \pi \cdot 1{,}40^2 \cdot 8 \approx 49{,}2$
    Der Brunnen kann maximal etwa 49 m³ fassen.

17 $V_{Pyramide} = \frac{1}{3} abh$ $V_{Pyramide} = 76\,500$ mm³
    $h_a \approx 90$ mm $A_{Dreieck\,a} = 2025$ mm²
    $h_b \approx 88$ mm $A_{Dreieck\,b} = 2640$ mm²
    $A_O = 12\,030$ mm² = 120,3 cm²

Seite 187

18

	a)	b)	c)	d)
a	8,2 cm	3,5 cm	9,0 cm	15,0 cm
h	17,0 cm	9,8 cm	6 cm	10,6 cm
s	18,0 cm	10,2 cm	8,7 cm	15 cm
h_a	17,5 cm	10,0 cm	7,5 cm	13 cm
A_O	354,2 cm²	82,3 cm²	216 cm²	615 cm²
V	381,0 cm³	40,0 cm³	162 cm³	795 cm³

19 a = 150 mm $h_a \approx 130$ mm
    $A_{Dreieck} = 9750$ mm²
    $A_{O\,Pyramide} = 39\,000$ mm² = 390 cm² $V_{Pyramide} = 398\,125$ mm³

20 a) $V_{Kegel} \approx 142{,}3$ cm³   b) r ≈ 40 mm
       s ≈ 9,4 cm $V_{Kegel} \approx 75\,360$ mm³
       $A_{O\,Kegel} \approx 168{,}3$ cm² $A_{O\,Kegel} \approx 12\,560$ mm²
    c) r ≈ 1,4 m; s = 5 m   d) r ≈ 1,4 cm; h ≈ 3,1 cm
       $V_{Kegel} \approx 9{,}8$ m³ $V_{Kegel} \approx 6{,}4$ cm³
       $A_{O\,Kegel} \approx 28{,}1$ m² $A_{O\,Kegel} \approx 21{,}1$ cm²

21 a) r ≈ 6,9 cm; s ≈ 13,8 cm; $A_O \approx 448{,}5$ cm²
    b) r ≈ 7,3 cm; h ≈ 15,4 cm; $A_O \approx 557{,}0$ cm²; V ≈ 859,0 cm³
    c) r ≈ 1,3 m; s ≈ 23,2 m; h ≈ 23,2 m; V ≈ 41,0 m³

22 a) $V_{Gesamt} = V_{Quader} - V_{Halbzylinder}$
       $V_{Gesamt} \approx 70\,875$ mm³ − 8549 mm³ = 62 326 mm³
       $A_O \approx 10\,534$ mm³
    b) $V_{Gesamt} = V_{Quader} - 3 \cdot V_{Zylinder}$
       $V_{Gesamt} \approx 456$ mm³ − 118 mm³ = 338 mm³
       $A_O \approx 556$ mm²
    c) $V_{Gesamt} = V_{äußerer\,Zylinder} - V_{innerer\,Zylinder}$
       $V_{Gesamt} \approx 74\,575$ mm³ − 57 751 mm³ = 16 824 mm³
       $A_{O\,Gesamt} \approx 12\,102$ mm²

23 Die Aussage ist richtig.

24 Das ist falsch. Der Radius wird quadriert, um den Flächeninhalt zu berechnen.

25 Das ist falsch. Der Mantel ist ein Kreissektor, der normalerweise einen anderen Flächeninhalt hat als die Grundfläche.

26 Die Aussage ist falsch, wie Übungsaufgaben aus dem Kapitel gezeigt haben (Beispiel Aufgabe 17).

27 Die Aussage ist falsch, das Volumen verachtfacht sich.

28 Die Aussage ist falsch. Das Volumen ist in diesem Fall ein Drittel des Produkts.

29 Die Aussage ist richtig.

30 Die Aussage ist richtig.

31 Die Aussage ist falsch. Die Oberfläche besteht aus einer Kreisfläche als Grundfläche und einem Kreissektor als Mantelfläche.

32 Das ist falsch. Das Volumen eines Prismas ist das Produkt aus dem Flächeninhalt der Grundfläche und der Höhe des Prismas.

33 Das ist richtig.

Stichwortverzeichnis

Aktie 96
Anteile 80
Äquivalenzumformung 138, 154
arithmetisches Mittel 104, 124
ausklammern 130, 154
ausmultiplizieren 130, 154

Basis 32, 48
binomische Formeln 134, 154
Boxplot 104, 123
Bruch 80
Bruchgleichungen 142

Cavalieri, Francesco 179

Definitionsmenge 138, 154
Dezimalbruch 80
Draufsicht 58, 76
Dreieck, rechtwinkliges 64
Dreisatz 8
Dreitafelbild 59
Durchmesser eines Kreises 158, 188

Ecke 52, 76
Ereignis 112, 114, 124
– mögliches 106
– sicheres 106
– unmögliches 106
Ergebnis 106, 112, 124
Ergebnismenge 106
Exponent 32, 48

Flächen 52
Flächeninhalt eines Kreises 160, 188

Gegenereignis 114, 124
Gesetz der großen Zahlen 108, 124
Gleichungen 138
Graph 8, 28
Grundfläche
– Kegel 170
– Kreiskegel 166
– Prisma 164, 168
– Pyramide 166, 170
– Zylinder 164, 168
Grundwert 80, 84, 100
– vermehrter 84, 100
– verminderter 84, 100

Häufigkeit, relative 108, 124
Heronverfahren 44
Hohlmodell 62
Hypotenuse 64, 76

Intervallhalbierungsverfahren 45
irrationale Zahlen 40, 48

Jahreszins 88, 100

Kante 52, 76
Kantenmodell 62
Kapital 88, 100
Kathete 64, 76
Kegel 52, 76, 166
Körper 62, 76, 176
Körpernetz 60, 76
Kreis 188
– Durchmesser 158, 188
– Flächeninhalt 160
– Oberfläche 188
– Umfang 158, 188
Kreiszahl 158, 160, 188
Kubikwurzel 34, 48
Kubikzahl 32, 48
Kugel 172, 174, 188

Laplace, Pierre Simon 112
Laplace-Wahrscheinlichkeit 112, 124
lineare Zuordnungen 12
Lösungsmenge 138, 154

Mantelfläche 52, 164, 166
mathematisch modellieren 24
Maximum 104
Median 124
Minimum 104
Mittel, arithmetisches 104, 124
Modalwert 104, 124

Näherungsverfahren 44
Netze 60, 76, 162

Oberes Quartil 123
Oberfläche
– Kegel 166
– Kreiskegel 188
– Kugel 174, 188
– Prisma 164, 188
– Pyramide 166, 188
– Zylinder 164, 188

Potenzieren 34, 48
Prinzip von Cavalieri 179
Prisma 52, 76, 164, 188
Produktgleichheit 8, 28
proportionale Zuordnung 28, 80
Proportionalitätsfaktor 11 f., 28
Prozente 80
Prozentrechnung 80
Prozentsatz 80, 100
Prozentwert 80, 84, 100
Pyramide 52, 76, 166, 188
Pythagoras von Samos 67

Quader 52, 76
Quadratwurzel 34, 48
Quadratzahl 32, 48
Quartile 104, 123
Quotientengleichheit 8, 28

Radizieren 34, 48
Raumdiagonale 68
rechtwinkliges Dreieck 64
relative Häufigkeit 108, 124

Satz des Pythagoras 64, 76
Schrägbild 54, 76
Spannweite 104, 124

Tabelle 28
Tabellenkalkulation 15, 87, 111
Taschenrechner 35, 43
Terme 128, 154

Umfang eines Kreises 158, 188
umgekehrt proportional 28
unteres Quartil 123

Variablen 128, 142
Verhältnisgleichheit 8, 28
Verknüpfungstabelle 131
Viète, François 137
Vollmodel 62
Volumen
– Kegel 170
– Kreiskegel 188
– Kugel 168, 172, 188
– Prisma 168, 188
– Pyramide 170, 188
– Zylinder 168, 188
Vorderansicht 58, 76

Wahrscheinlichkeit 108, 124
Würfel 52, 76
Wurzeln 34, 38, 48

Zinsen 88, 100
Zinseszins 93, 100
Zinssatz 88, 100
Zufallsversuch 106, 124
Zuordnungen, lineare 12
zusammengesetzte Körper 176
Zweitafelbild 58, 76
Zylinder 52, 76
– Oberfläche 164, 188
– Volumen 168, 188

Bildnachweis

Bayerischer Stenografenverband, Straubing – S. 181; © Bildagentur Hamburg / Marian René Menges, Hamburg – S. 31; CARO / Kroppa, Berlin – S. 157; dreamstime / Alexandr Kurganov – S. 21; euroluftbild.de / VISUM, Hamburg – S. 51; Fotolia / ankiro – S. 103; - / Anna – S. 7; - / arsdigital – S. 79; - / ASonne30 – S. 13; - / Birgit Reitz-Hofmann – S. 164; - / by-studio – S. 106; - / Carmen Steiner – S. 9, 23; - / coprid – S. 87; - / cpask – S. 29; - / Doc Rabe – S. 17 (6); - / ExQuisine – S. 71; - / Falzbeil – S. 105; - / ferkelraggea – S. 92; - / fotokalle – S. 23; - / Foto-Ruhrgebiet – S. 115; - / Grecaud Paul – S. 87; - / hegadex.com – S. 53; - / Helmut Niklas – S. 175; - / Henner – S. 87; - / icholakov – S. 174; - / Jason Stitt – S. 118; - / Jgz – S. 158; - / Kadmy – S. 161; - / Kautz 15 – S. 16; - / kontur-vid – S. 23; - / Martin Pateman – S. 176; - / Martina Chmielewski – S. 23; - / MichaA,owski – S. 23; - / Michael Eichhorn – S. 183; - / Mixage – S. 14; - / modul_a – S. 37; - / Olivier Le Moal – S. 57; - / Peter Pyka – S. 19; - / Petrus Bodenstaff – S: 96; - / PRILL Mediendesign – S. 158; - / Rido – S. 82; - / shootingankauf – S. 24; - / Soloshenko Irina – S. 24; - / synto – S. 175; - / Thomas Wagner – S. 181; - / Turbowerner – S. 173; - / twoandonebuilding – S. 102; - / unpict – S. 162; - / Werner Hilpert – S. 181; - / Yanterric – S. 87; Toralf Hieb, Kirschkau – S. 172; iStockphoto / Henrik5000 – S. 8 (2), 21 (2); - / Paulbr – Einband, S. 1; - / spooh – S. 8, 21; Georg Klingler, Rot – S. 167; Matthias Ludwig, Würzburg – S. 159, 160, 179; NASA / JPL / University of Arizona – S. 173; NASA / Mariner 10, Astrogeology Team, U.S. Geological Survey – S. 173; Orlamünder, Dach-Wand-Abdichtungen, Göppingen – S. 167; © pitopia / Werner Nick, 2006 – S. 53; Thinkstock – S. 150, 184; www.wikipedia.org / aiwaz.net – S. 41; - / DesertEagle – S. 97; - / Dr. Manuel – S. 137; - / Goldi64 – S. 53; - / Jett Wilcox – S. 176; - / Laslovarga – S. 185; / Marie-Lan Nguyen – S. 159